일본 종교사

국립중앙도서관 출판시도서목록(CIP)

일본 종교사 / 스에키 후미히코 지음 ; 백승연 옮김
-- 서울 :논형, 2009 (논형일본학 ; 18)

원표제: 日本宗教史 원저자명: 末木文美士
참고문헌 수록, 일본어 원작을 한국어로 번역
ISBN 978-89-6357-401-1 94910 : ₩20000
ISBN 978-89-90618-50-4(세트)

일본(국명)[日本]
종교사[宗教史]

209.13-KDC4
200.952-DDC21 CIP2009001828

일본 종교사

스에키 후미히코 지음 · 백승연 옮김

논형

日本宗教史 末木文美士 著, 岩波書店

NIIHON SHUKYOSHI by Fumihiko Sueki

일본 종교사

지은이 스에키 후미히코
옮긴이 백승연

초판 1쇄 발행 2009년 7월 17일
초판 2쇄 발행 2019년 5월 30일

펴낸이 소재두
펴낸곳 논형
편　집 김현경, 김가영
표　지 김예나
홍　보 박은정

등록번호 제2003-000019호
등록일자 2003년 3월 5일
주　소 서울시 영등포구 양산로 19길 15 원일빌딩 204호
전　화 02-887-3561
팩　스 02-887-6690

ISBN 978-89-6357-401-1 94910
값 20,000원

이 책은 일본국제교류기금의 지원으로 제작되었습니다.

한국어판 서문

이 책은 사상사 측면에 중점을 둔 일본 종교사의 개설이다. 이번에 이 책이 한국어로 번역 출판되게 된 것은 매우 기쁜 일이다. 일본과 한국은 가까운 곳에 있으면서도 과거의 불행한 역사적 경위로 인해 충분한 상호이해가 있었다고는 할 수 없다. 일본인도 한국의 역사·사상·종교를 더욱 배워야 하며, 한국인도 일본의 역사·사상·종교를 더욱 더 이해해 주었으면 하는 바람이다. 이 책이 그 하나의 계기가 된다면 저자로서 그 이상의 기쁨은 없다.

그런데 일본의 사상사·종교사를 일본인들이 충분하고 정확하게 이해하고 있는가 하면, 반드시 그렇다고는 말할 수 없다. 일본 사상사·일본 종교사 연구는 일본에서도 매우 뒤처져 있다. 여기에는 몇 가지 이유를 생각해 볼 수 있다. 하나는 일본의 사상은 불교·유교·고쿠가쿠國學·신도神道·기독교 등 다양한 조류潮流가 마치 개별적으로 독립된 전통을 가지고 있는 것처럼 여겨져 있어 그것들을 통합적으로 파악하기 어렵다. 그로 인해 불교사·유교사·신도사 등이 개별적으로 연구되기는 해도, 그것들이 유기적인 관련을 가지고 전개하는 총체總體로서의 사상사·종교사가 되기는 어렵다.

또한 근대가 되어 구미의 새로운 철학 및 과학이 도입되었을 때, 그것과 비교해서 일본의 사상이 매우 빈약하다고 하여 부정적으로밖에 여겨지지 않아, 그 연구가 소홀했다는 점도 지적할 수 있다. 프랑스 철학을 배운 나카에 조민中江兆民(1847~1901)은 "일본에 철학은 없다"고 주장했는데, 그의 설은 그 후의 일본 지식인들에게 계승되었다. 일본 아카데미즘 세계에서 인도 철학·중국 철학은 주요한 국립대학에 강좌가 개설되어 연구와 교육이 이루어져 왔지만, 일본 사상사 강좌는 도호쿠東北대학에 밖에 없고, 또한 일본 철학사 전문강좌의 경우는 겨우 1995년에 교토京都대학에 설치되었을 정도로 연구의 역사가 깊지 않다. 일본에서 '철학'이라고 하면, 구미 철학으로 한정되는 것이 보통이다.

이렇게 비뚤어진 현상을 지니게 된 배경에는 근대 일본이 천황 절대주의를 채택하고, 그것을 지탱하는 이데올로기로서 곳카신도國家神道를 창설하여 그것에 대한 비판을 허락하지 않았던 특수한 사정을 고려해야 한다. 천황제와 신도는 역사의 시작부터 불변하는 존재였고, 그것이 불교를 비롯한 외래사상에 의해 불순하게 왜곡되어 왔다는 것이다. 그로 인해 근대의 천황제와 곳카신도는 그 왜곡을 바로잡고 고대의 순수한 일본의 정치·종교 형태로 돌아가는 것이라고 주장되었다. 이렇게 해서 사실은 근대의 창작에 지나지 않는 새로운 정치·종교시스템이 일본 고유의 것으로 여겨져, 그것에 대한 비판적 연구가 금지되었던 탓에 일본의 사상·종교 연구는 매우 뒤처지게 되었다.

1945년 패전에 의해 이러한 터부는 없어졌지만, 이번에는 전전戰前의 곳카신도에 대한 혐오감에서 일본의 지식인들은 전통사상 및 종교를 모두 부정하고, 그것을 바르게 이해하려는 노력을 포기해 버렸다. 자국의 전통문화를 모르면 모를수록 진보적·개명적이고, 전통문화에 대해 연구하거나 이야기하는 것은, 그것만으로 반동적 민족주의자로 간주되는 풍조가 생겨났다. 그러나 그들이 전통적이라고 여겼던 것은 실은 메이지 이후에 만들어진 천황제 및 곳카신도였으며, 그 이전의 사상·종교의 실태는 거의 알려지지 않은 채였다. 사실은 순수한 신도라는 것은 애당초 없고, 불교와 신도가 두 개의 종교로 나뉜 것은 근대 이후에 지나지 않는다는 단순한 사실조차 공유하고 있지 못하며, 아직도 그것을 말하면 놀라는 일본 지식인이 적지 않다.

물론 일본의 전통적 사상·종교를 통합적으로 이해하려고 하는 선구적 연구자가 없었던 것은 아니다. 쓰다 소키치津田左右吉·와쓰지 데쓰로和辻哲郎·무라오카 쓰네쓰구村岡典嗣 및 마르크스주의에서 출발했던 나가타 히로시永田廣志·사이구사 히로토三枝博音 등은 20세기 전반부터 훌륭한 성과를 올려왔다. 그러나 1945년 패전 이후 이 방면에서 가장 큰 영향을 남긴 것은 마루야마 마사오丸山眞男(1914~1996)였을 것이다.

마루야마는 사상 연구가 어려웠던 전쟁 중에 근세의 정치사상을 대상으로 사상연구를 진행하여 패전 후에 그것을 『일본정치사상사연구日本政治思想史研究』(1952)로 출판하여 큰 영향을 미쳤다. 마루야마는 여기에서 일본의 근세에도 근대에도 이어지는 사상이 있다는 것을 명백히 하고, 그 전형으로서 오규 소라이荻生徂徠와 모토오리 노리나가本居宣長를 들었다. 이것은 일본의 근대 사상이 구미로부터의 수입에 의해 시작된 것이라는 상식에 도전하는 것이었다. 그후 마루야마는 더 나아가 일본의 고대·중세로까지 거슬러 올라가 거기에서 근대화를 저해하는 고층의 존재를 인정하게 되었다. 그것에 관해서는 이 책의 '서문'에서 거론했다. 이미 시대가 변하여 오늘날에는 마루야마의 연구가 그대로 통용되지는 않게 되었지만, 방법론적인 문제의식을 명확하게 제시했던 그의 연구는 일본 사상사 연구의 새로운 단계를 여는 것으로서 오늘날까지 살아 있으며 검토할 만한 가치가 있다.

이처럼 일본의 사상사·종교사 연구에서 충분히 검토를 거친 정설定說을 제시하기는 어렵다. 이 책이 어디까지나 시론試論으로서 종래의 상식과 다른 사설私說을 대담하게 제시했던 것은 이러한 이유 때문이다.

또한 지금까지 사상사와 종교사를 나란히 논해왔는데 물론 양자가 동일한 것은 아니다. 사실 종교사는 사상사 이상으로 연구가 뒤처져 있다. 마르크스주의를 가장 급진적으로 보는 전후戰後의 연구에서, 종교는 합리적인 과학사상이 보급되기 이전의 전근대적인 미신으로만 여겨졌다. 그로 인해 종교 본래의 의미가 문제시 되는 일 없이, 민중 억압의 이데올로기, 혹은 역으로 우매한 민중해방 바람의 발로라는 평가밖에 받지 못했다.

분명히 종교에는 지식인이 합리화시킨 사상의 틀 속에는 들어맞지 않는 민중의 의식이 반영되어 있는 것도 사실이다. 그러나 그것이 전부는 아니다. 본래 합리적, 정합적으로 설명되었던 사상만으로 복합적인 인간의 문제가 해결될 수 있다고 생각한다면 그것은 어처구니없는 오해다. 합리화될 수 없는 인간의 '심층' 및 고층은 종종 종교라는 형태로 나타나는 것 외에는 방법이 없다. 내가 사상사에 깊은 관심을 가지면서 굳이 종교사로 서술했던 것은 표면의 합리성만으로는 완전히 해석될 수 없는 일본인의 마음의 궤적軌跡을 조금이라도 이해하고 싶었기 때문이다.

2008년 7월 30일부터 8월 5일까지 서울대학교에서 제22회 세계철학자회의(World Congress of Philosophy)가 열렸다. 여기에 구미 뿐 아니라 아시아, 아프리카, 남아메리카 등의 연구자도 다수 모여, 종래의 구미중심주의 철학에 대한 재고를 진지하게 논의했다. 넓은 시야에서 전통적 사상·종교를 재고하는 것은 결코 편협한 내셔널리즘이 아닌, 오늘날의 비구미지역의 모든 지역에 요구되는 것이다. 이러한 사정은 일본의 경우에도 한국의 경우에도 마찬가지다. 양국의 사상·종교 사이에는 유사성도 있고 차이도 있다. 나는 이를 단순히 '동아시아 사상'이라고 하여 모든 것을 평판화平板化하고 동질적으로 다루는 것에는 반대한다. 앞으로 각각 자국의 전통을 바로 연구함과 동시에, 그 발상의 차이도 포함하여 상호 이해를 깊이 해가는 것이 불가결하다. 일본의 식민지 지배 문제도 그것만을 따로 떼어 놓고 문제시할 수는 없으며, 긴 상호 전통의 복잡한 뒤얽힘이라는 과거를 분명히 짚고 넘어갈 필요가 있다.

한국과 일본의 언어적 차이의 문제도 양자의 상호 이해를 방해하는 하나의 원인이다. 나조차도 한국의 사상·종교를 더 이해하기 원하면서도, 부끄럽게도 한국어를 습득하지 못해 원서를 읽을 수가 없다. 그 때문에 얼마 안 되는 번역서에 의존할 수밖에 없어서 답답하다. 그것은 한국 측도 마찬가지일 것이다. 이 책의 옮긴이 백승연 씨는 도쿄대학 대학원에 재적하면서 나의 지도를 받아 중세의 신불습합을 중심으로 일본 종교사에 넓은 지견知見을 가진 유망한 신진 연구자다. 이번 번역에 있어서는 원서에 없는 다수의 역주를 달아 이 책을 원서 이상의 가치 있는 역서로 만들어 주었다. 이 책을 단서로 하여 한국 분들과 양국의 사상·종교에 관해 논의가 깊어지는 기회가 마련될 수 있기를 마음 깊이 바란다.

2008년 9월

스에키 후미히코

서문

일본 종교사를 어떻게 볼 것인가?

일본 사상사와 고층론

마루야마 마사오丸山眞男(1914~1996)는 에도江戸시대 사상사 연구에서 출발해 전전戰前의 파시즘 연구로 진행하여 사상사 연구의 한 획을 그었다. 그 후 학문적 장으로 돌아온 마루야마가 일본 사상사를 구축하는 가운데 도달한 입장 중 하나가 고층론古層論이었다. 그는 「역사의식의 고층歴史意識の古層」(『충성과 반역[忠誠と反逆]』에 수록)이라는 논문에서, 기기신화記紀神話[1] 서두의 서술로부터 '나루なる, 쓰기つぎ, 이키오이いきほひ'[2]라는 세 가지 범주를 추출하여, 이 세 범주가 집요한 지속저음持續底音(basso ostinato)으로서 "일본의 역사

---

1 기기(記紀)란 『고지키(古事記)』와 『니혼쇼키(日本書紀)』를 아울러 부르는 명칭으로서, 이 두 책에서 유래하는 신화를 기기신화라 한다.

2 마루야마에 의하면 고층은 '나루(되다), 쓰기(次·繼), 이키오이(勢·機)'라는 세 범주에 의해 구성된다고 보았다. 마루야마에 의하면 '나루'는 염세적인 색채를 띤 세계관조차 완화시켜, "생장증식이라는 우주창성의 이미지"를 만들어 낸다. '쓰기'는 시간을 좇아 연속적으로 전개하는 표상을 그려낸다. 즉 혈통이나 집안의 연속성을 의미하는 '대 이음(世繼ぎ)'이 "역사적 전개 일반의 상징으로까지 확대된다". '이키오이'는 『고지키』 『니혼쇼기』 신화에서 '실질적 발상'으로 나타나는데, 그것은 '나루' '이키오이'의 범주와 화합하면서 "일종의 역사적 낙천주의의 원점"이 된다.

서술이나 역사적 사건에 대한 접근방법의 기저에 소리 없이 혹은 소리 높게 영향을 미쳐왔다"고 말한다. 여기에는 전후戰後,[3] 근대적·합리적인 사고를 일본 속에 뿌리내려 다시는 전전戰前으로 돌아가서는 안 된다고 주장해 온 마루야마가, 그 시도에 실패하고 일본의 뿌리 깊은 전통적 사고에 두 손을 들고 말았던 상황이 반영되어 있는 듯하다.

마루야마는 그 완고한 고층의 배경에 "우리의 '나라(國, 쿠니)'에는 영역·민족·언어·벼농사 양식, 그리고 그것과 연결된 취락과 제사의 형태 등이 세계의 '문명국'들과 비교해 보면 매우 예외적이라고 할 수 있을 만한 등질성等質性을, 늦어도 후기 고훈古墳시대[4]로부터 천 수 백년에 걸쳐서 계속 유지해 왔다는 그 무거운 역사적 현실이 가로질러 있다"고 지적한다.

마루야마의 고층론에 대한 오늘날의 평가는 그다지 좋지 않다. 분명히 '예외적이라고 할 수 있을 만한 등질성'이 역사적으로 유지되어 왔다는 전제는 이미 붕괴되었다. 이렇게 본다면, 소위 말하는 유사有史 이래 변하지 않는 발상법發想法이란 너무 비현실적이며, 그대로 인정할 수 없다는 것은 분명하다. 불변不變의 발상양식發想樣式을 전제로 하는 사고는 형이상학적 결정론에 빠지게 된다. 그렇다고 해서 고층이라는 발상을 전면적으로 부정할 수 있는가 하면, 그것 역시 또 다른 극단을 향해 치닫게 되고 만다. 우리의 발상은 결코 백지상태에서 자유롭게 형성된 것이 아니다. 우리의 현재는 과거의 제약을 받고 있다. 게다가 우리를 제약하는 과거가 반드시 표층表層에 나타나 있다고는 할 수 없다. 그것은 언설화言說化 된 사상의 깊은 곳에 잠재되어

---

3 전쟁 전을 말하는 전전은, 특히 일본에서는 일반적으로 2차 세계대전 이전을 말하며, 1945년 패전을 기점으로 하여 그 이후를 전후(戰後)라고 한다.

4 야요이시대 이후의 시대로서 3세기 중엽에서 7세기에 해당한다. 이 시기 일본에서는 대형 고분이 다수 만들어졌다.

있다. 그렇다고 한다면 그것을 고층이라고 부를 수 있다. 그러나 그것이 선험적a priori으로 역사 전체를 통해 동일한 발상양식으로 변하지 않고 존재한다고는 할 수 없다.

고층은 역사적으로 형성된다

그렇다면 선험적이지 않으면서 우리의 현재를 제약하는 고층은 그 자체가 역사적으로 형성되어 왔다고 생각하는 것이 가장 타당한 것은 아닐까? 그것은 바로 우리가 서 있는 지면이 긴 지구의 역사 속에서 형성되고 축적되어 온 지층 위에 있다는 사실과 같은 것이다. 사상사·종교사의 최대 과제는 표층으로부터 소리 없이 축적되어 온 고층을 찾아내 현재화顯在化시키고, 그 고층이 어떻게 형성되어 왔는지 검증하는 것은 아닐까? 이러한 작업을 통해 우리는 고층 속에서 계승해야 할 것은 무엇이며 개선해 나아가야 할 것은 무엇인지를 통찰할 수 있다. 물론 복잡하게 얽혀 있는 과거를 그 정도로 단순화하여 해결할 수 있다고는 생각하지 않지만, 적어도 그 방향에 대한 청사진을 제시할 수는 있을 것이다. 아마도 그것이 고층과 씨름했던 마루야마의 문제제기를 우리가 계승해 나갈 수 있는 길일 것이다.

마루야마는 비판적 입장에서 고층이라는 개념을 설정했지만, 그가 역사를 통해 변하지 않는 무언가를 설정한 것에 대해서는 오히려 긍정적으로 보는 입장이 많다. 일본 정신이나 신도神道 정신을 예로부터 오늘날까지 변하지 않는 것이라고 보는 것은 전전戰前 일본주의의 상투적 사고방식이었으며, 그것은 오늘에 이르기까지 모습을 달리하면서 반복되어 왔다. 일본인의 발상의 원형이 마치 조몬繩文시대나 야요이彌生시대에 결정되어 버린 것처럼 주장하는 논자들도 많다. 또한 일반인들은 애니미즘에서 일본 고래古來의 발상법을 볼 수 있다는 주장을 그대로 받아들이기도 한다. 이러한 다양한 동향은 마루야마가 착안한 용어를 다소 응용하여 활용한 것이지만, 넓게 보면 모두 일본적 발상의 고층을 추구하는 활동이라고 할 수 있다.

일본인의 발상을 역사 이전으로 거슬러 올라가 규명하려는 것은 야나기다 구니오柳田國男(1875~1962)[5]의 민속학의 과제이기도 했다. 『선조 이야기先祖の話』(1945)는 불교가 일본에 전래되기 이전의 일본인의 사후死後 영혼관을 밝히려는 목적에서 그가 집필한 책이다. 이 책에서 야나기다는 "일본인의 사후 관념, 즉 영혼은 영원히 이 국토 속에 머물러 있어 저 먼 곳으로 떠나 버리는 일은 없다는 신앙이 태초부터 적어도 오늘날까지 매우 뿌리 깊게 지속되어 왔다"고 주장한다.

그러나 죽은 이가 우리의 가까운 주변에 머물고 있다는 사고방식은 적어도 죽은 이를 부정不淨하고 두려운 존재로 여겨왔던 관념이 바뀌어 그다지 두려운 존재가 아닌 시대가 되어서야 비로소 성립될 수 있었던 것이다. 그러므로 이러한 사고방식이 '태초부터' 있었을 리가 없으며, 기껏해야 근세가 되어서야 성립된 것에 지나지 않는다. 그리고 실질적으로 이 관념은 장례葬禮 불교에 의해 보급된 것이다. 이렇게 본다면 '태초부터'의 일본인의 신앙을 규명하려는 야나기다의 시도는 실패했다고 하지 않을 수 없다. 야나기다 역시 고층에 현혹된 사람 중 하나였던 것이다.

---

5 메이지에서 쇼와기에 걸쳐서 활약한 민속학자. 정부 관료와 신문사 논설위원 등을 지낸 경력도 있다. 민간전승에 관심을 기울여 전국 각지의 산간지방을 돌아, 1909년에는 일본 민속학의 출발점이 되는 『후렵사기(後狩詞記)』를 출판했다. 이후 일본 민속학의 발전에 진력하여 '야나기다 민속학'을 수립했다.

고층의 형성과 그 '발견'

이와 같이 나는, 고층은 역사 속에서 일관되게 관철되어 온 것이 아니라, 역사적으로 형성된 것이라고 생각한다. 앞으로 이 책에서 분명히 하겠지만, 신도는 고래로부터 변하지 않고 있었던 것은 아니다. 예를 들어 애니미즘론만 보더라도, 애당초 풀 한 포기, 나무 한 그루에도 신이 머물고 있다는 발상이 고대 일본에 존재했다는 것 자체가 성립되지 않는다. 역사적으로 알려진 범위 안에서는, 신은 특수한 자연물(산, 바위, 거목 등)에 강림하거나, 뱀이나 여우 등의 특수한 동물들이 신 혹은 신의 사자使者라고 여겨졌을 뿐 모든 자연물 그 자체가 신으로 생각된 것은 아니다. 자연 그 자체를 절대시하는 것은 오히려 불교의 영향하에서 형성되어 슈겐도修驗道에서 일반화된 것이다.

조금 과감하게 도식화한다면 고층은 고대에서 중세에 걸쳐서 중적重積되고 침전沈澱한다. 특히 6세기 말에서 7세기 초가 획기적인 시기로서, 이때 처음으로 문헌적 자료가 형성된다. 그 후 신불神佛의 교섭에 의해서 만들어진 고층의 생성과 침전은 중세까지 이어진다. 이에 대해 근세 후기 이후의 내셔널리즘의 움직임과 함께 6~7세기의 기기신화 등이 재고再考되어, 그것이 '역사를 관철하는 고층으로서 일관되게 변하지 않는 것으로 평가되기 시작한다. 그 후 그 이전의 고층을 '발견'하기 위한 민속학이나 최근의 조몬문화론, 그리고 애니미즘론에 이르기까지 다양한 시도가 이루어진다. 이와 같이 일본 정체성으로서의 고층을 '발견'하는 것 자체가 소위 새로운 고층으로 전통화된다. 그러나 '발견'된 고층과 침전된 고층이 반드시 동일한 것은 아니다. 하물며 역사를 통해 전혀 변하지 않는 것을 인정하려고 한다면 그것은 억지이며 허구가 될 수밖에 없다. 이러한 가운데, 망각 속에 침전된 고층은 심층深層으로부터 근대까지도 규정하게 되는 것이다.

'종교'란?

앞에서 나는 사상사·종교사라는 용어를 사용했다. 왜, 특히 종교에 초점을 맞추어 종교사라는 형태를 취할 필요가 있는 것일까? 이에 관해서는 우선 종교란 무엇인가라는 문제에 대해 생각해 볼 필요가 있다. '종교宗教'라는 말은 원래 불교 용어인데 오늘날과 같은 의미로 사용되기 시작한 것은 훨씬 최근의 일이다. 10장에서 언급하겠지만 종교란 단어는 메이지明治시대 초기에 구미歐美의 'religion'(라틴어의 religio)의 번역어로 사용되기 시작했다. 구미의 'religion'은 기독교의 긴 역사를 배경으로 하고 있기 때문에 당연히 기독교적 형태가 모델이 되어 있다. 그로 인해 '종교'는 개인의 마음心에 관계되는 신앙의 문제로서 매우 강한 의미를 지니게 되었다.

그러나 일본의 불교도 신기신앙神祇信仰(신도)도 모두 습속화習俗化되고 제도화되었기 때문에 꼭 개인의 강한 신앙을 요구하지는 않는다. 세례나 신앙고백과 같은 것도 존재하지 않는다. 이렇게 되면 'religion'의 번역어로서 '종교'란 단어는 딱 들어맞지는 않는다. 특히 신도는 전전戰前의 곳카신도國家神道가 종교가 아니라고 규정되었기 때문에, 전후戰後 신도가 '종교' 속에 편입되고 나서도 무언가 석연치 않은 점이 남는다. 이것은 일본인의 '무종교'가 종종 문제시되는 이유다.

또한 에도시대의 유교(유학)가 종교인가 아닌가 하는 것도 매우 미묘한 문제다. 심학心學과 같은 것도 종교와 윤리의 중간에 위치하는 것으로서, 엄밀한 의미에서는 종교의 범주에 들어가기 어려울지도 모른다. 그러나 이러한 사상을 제외하고 에도시대의 종교를 이야기할 수 없다. 에도시대의 사상은 신·불·유 삼교를 중심으로 전개되었으며, 그 중 하나를 빼고 에도시대의 사상을 논하는 것은 불가능하다. 그렇게 되면 종교의 개념을 어디까지 확대시킬 것인지가 문제가 된다.

그렇다면 종교를 어떻게 규정하면 좋을까? 종교의 정의는 큰 문제로서 연구자의 수만큼이나 서로 다른 정의가 있다고 한다. 지금 여기에서 종교에 대해서 엄밀히 정의하는 것은 그다지 의미 있는 일이 아닐 것이다. 다만 여기에서 말할 수 있는 것은, 종교는 이 세계의 합리적 질서를 초월한 문제와 관계되는 것이라는 점이다. 과학은 물론 윤리도 이 세계 속의 인간관계를 문제로 하는 한 그 안에서 해결책을 찾을 수 있으며, 따라서 종교와 직접적으로는 관계하지 않는다. 그러나 이 세계에서 해결할 수 없는 문제에 부닥쳤을 때는 합리적으로 검증할 수 있는 영역을 초월할 수밖에 없게 된다. 그것이 종교의 문제다. 유교가 어디까지나 현세의 윤리만을 문제로 삼는 한 종교와는 무관하지만, 그것이 신이나 죽은 자의 문제와 결부될 때에는 어쩔 수 없이 종교의 문제에 발을 들여놓게 되는 것이다. 종교의 정의에 대해서는 이 책의 마지막 장인 12장에서 다시 한 번 생각해 보기로 하자.

심층의 역동성

이처럼 종교는 단순히 언설화 된 사상의 수준을 넘어 보다 심층 속의 역동성을 분명히 밝혀준다. 고층이 어떻게 침전되고 또 어떻게 '발견'되는가는 표면의 언설 수준에서만 해명할 수는 없다. 고층은 내 개인의 과거의 경험이 아님에도 나를 심층에서부터 규정한다. 그것은 긴 역사의 전통 속에서 점차적으로 형성되고 또 다시 침전되어 온 것이다. 어떠한 전통 속에서 살아간다는 것은 그 축적된 전통을 짊어지는 것이며, 깊은 곳에 침전되어 있는 고층으로부터 무의식중에 규정을 받는 것이다. 그것을 현재화顯在化 시키고 비판적으로 검토해 나가기 위해서는 표층의 사상사를 초월한 종교 문제로까지 심화시켜야 한다.

종교는 사상(교리)·의례·교단·제도 등 여러 가지 면을 포함하지만, 이 책에서는 이러한 문제의식 중에서 사상적인 면을 중심으로 다룰 것이다. 표층 수준의 언어화 된 사상을 실마리로 하면서, 그렇게 언어화 된 사상처럼 정리되지 않은 여러 사료들도 참고로 하여 심층의 수준까지 심화해 가고자 한다. 이러한 작업을 통해 표층과 심층의 역동적인 관계에 대해 다소라도 시사하는 점이 있었으면 하는 바람이다. 장대한 역사의 과정을 불과 신서新書 한 권의 분량으로 정리하려는 것 자체가 무모한 일이라고 할지 모르겠지만, 저자가 바라는 바는 하나의 시론試論으로서 문제를 제기하고자 하는 것이다.

그와 동시에 종교도 역사 속에서 발현하는 것인 이상 역사를 구성하는 갖가지 요소, 특히 정치와 어떻게 관계하는가가 항상 문제시된다. 종교의 역동성은 종교뿐만 아니라 종교를 짊어진 인간의 역동성이기도 하다. 표층적 사상으로 자기표현되지 않은 민중의 심정은 종종 종교라는 형태로 분출된다. 그러나 종교는 정치적인 민중운동과는 달리, 정치와의 긴장관계 속에서 정치 차원에서 해결할 수 없는 문제로 인도한다. 이 책에서도 종교와 정치의 문제는 항상 큰 주제가 된다.

일본의 역사를 고찰할 때 종교와 정치 사이에서 숨바꼭질하는 것이 바로 천황天皇 문제다. 이 책에서도 천황 문제는 여러 곳에서 거론되지만, 충분히 논의되지는 못했다. 일본의 종교사·사상사를 고찰할 때 천황이 어떠한 위치에 존재하는가에 대해 그 변천을 확인하는 것은 앞으로의 커다란 과제다.

시대구분에 대하여

이 책에서는 시대를 고대·중세·근세·근대의 네 시대로 나눈다. 이는 상식적인 구분을 그대로 따른 것이긴 하지만 전혀 근거가 없는 것은 아니다. 일본의 종교사를 일관하는 커다란 흐름은 신불관계神佛關係다. 앞으로 살펴보겠지만, 일본에 예로부터 신神에 대한 신앙이 있었다고 하더라도 역사적으로 알 수 있는 신에 대한 신앙의 형태는 불교가 전래된 이후의 일이며, 불교 전래 이전의 신에 대한 신앙의 형태를 찾기는 어렵다. 따라서 고대·중세는 신불관계의 시대라고 볼 수 있다. 고대와 중세의 구분에 대해서는 역사학 방면에서 여러 가지 학설이 나와 있다. 그러나 여기에서는 고대의 신기신앙神祇信仰이 점차 자각되고 이론적으로 '신도'로서 형성되기 시작한 시대를 중세라고 한다. '신도'라는 말은 『니혼쇼키』에서 처음 볼 수 있는 말인데, 그것이 하나의 종교체계를 의미하게 되는 것은 중세가 되어서의 일이다. 따라서 고대의 신 신앙에 관해서는 신도라는 용어를 사용하지 않고, 신기숭배神祇崇拜 혹은 신기신앙이라는 말로 표현하고자 한다.

16세기에 일본에 들어온 기독교는 한시기 동안 커다란 영향을 미치지만, 17세기 전반에는 기독교에 대한 탄압으로 인해 쇠퇴하고 만다. 17세기에는 유교가 무사武士를 중심으로 커다란 영향을 미치게 됨으로써 종래의 신불관계에서 신·불·유 삼교의 상호관계를 중심으로 하는 시대로 전환한다. 이것이 근세다. 예전에는 근세를 단순히 유교의 시대라고 생각했지만 근년에는 유교만이 우월한 위치를 차지했던 것이 아니라 불교도 중요한 역할을 담당해 왔다고 해석되고 있다.

다음으로 19세기 후반에는 개국開國에서 메이지유신明治維新을 거쳐 유럽의 문명이 유입되면서 새로운 기독교가 큰 영향을 미치게 된다. 한편, 신도는 곳카신도로서 일반적인 종교와는 다른 특별한 위치에 서게 됨과 동시에, 바쿠후幕府 말기에 발생한 신종교가 교파신도敎派神道로서 민중 속에 스며들기 시작한다. 따라서 근대는 불교·기독교·신도의 삼교 교섭의 시대라고 할 수 있다. 2차 세계대전 이후 곳카신도는 해체되지만 기본적으로는 불교·기독교·신도의 삼교와 신종교를 중심으로 하는 시대라고 해도 좋다.

종래의 대부분의 일본 종교사는 불교·신도·기독교 등을 서로 개별적으로만 취급해 왔지만, 이 책에서는 앞에서 말한 것과 같이 가능한 한 이들 종교의 관계를 종합적으로 파악하여 고층의 위치를 확인해 보고자 한다.

차례

일러두기

일본어표기법은 한글맞춤법통일안에 준하였다.

원저에는 각주가 없으나 주요 용어 해설을 각주로 처리했다.

01

불교의 침투와 신들

[고대]

1장

신들의 세계

1. 기기신화의 구조

고층 형성의 시대

무엇을 통해 일본 고대의 종교에 대해 알 수 있을까? 예를 들어 매장된 뼈의 형태나 토우土偶 등의 고고학 유물로부터 조몬繩文시대 이래 무언가의 종교 행위가 있었다는 것을 알 수 있고, 또한 대규모의 고분 등에서는 사후세계에 대한 신앙을 엿볼 수 있다. 특히 다카마쓰고분高松塚 등의 발굴에 의해 일본 고대 종교에 대륙 종교의 영향이 분명히 있었음을 알게 되었다. 중국 측의 사료도 중요한 정보를 제공해 준다. 『위지魏志』의 왜인전은 야마타이국邪馬臺國[1]에는 샤먼인 히미코卑彌呼에 의한 신성神聖정치가 행해졌다고 기록하고 있다.

그러나 일본인이 쓴 정리된 형태의 문헌은 이보다 훨씬 이후에 출현한다.

---

1 중국의 『왜인전』에 전하는 3세기경의 일본에 있었던 여왕 히미코가 지배하던 나라.

만약 쇼토쿠 태자聖德太子와 관련된 기록 중에서 실제로 쇼토쿠 태자 당시로 거슬러 올라갈 수 있는 것이 있다면 가장 오래된 사실史實일 것이다. 그러나 쇼토쿠 태자와 관련된 기록들은 대부분 신빙성이 결여된 것들이기 때문에 그대로 신용할 만한 것들이 없다. 그렇게 되면 일본인이 쓴 고대의 종교에 관한 기록은 7세기 말에서 8세기 초 무렵까지 거슬러 내려가야 한다. 중국에서는 기원전 5세기경에 이미 공자를 비롯한 사상가들이 각각 깊은 사색을 전개하였으며, 그 이후에도 끊임없이 많은 문헌들을 저술해 온 것을 생각하면 일본은 매우 늦은 것이다.

여하튼 일본은 이 무렵에 대륙문화의 영향하에 일제히 정치체제가 정비되고 동시에 다양한 문화의 꽃이 피기 시작한다. 이 시기는 덴무天武・지토持統・몬무文武・겐메이元明・겐쇼元正 천황으로 이어지는 시기로서, 천황을 중심으로 하는 중앙집권화가 이루어지고 율령체제律令體制가 완성된다. 이러한 율령체제하에서 『고지키古書記』와 『니혼쇼키日本書紀』 같은 역사서가 나오고, 『만요슈萬葉集』의 대 가인歌人 가키모토노 히토마로柿本人麻呂가 출현한다. 대사원大寺院이 건립되고 대륙으로부터 다수의 불교 경전이 들어옴으로써 불교는 최신의 대륙전래문화를 자랑하게 된다. 한편 천황이라는 호나 일본이라는 국명을 처음으로 사용하여 일찍부터 대륙에 대해 독자의 문화를 주장하는 내셔널리즘의 동향이 엿보이기 시작한다.

이 시대는 에도시대의 고쿠가쿠國學・홋코신도復古神道에서 메이지유신明治維新으로 연결되는 흐름 속에서 이상시理想視 된다. 메이지유신 정부는 당초 진기칸神祇官과 다이조칸太政官이라는 두 관청을 두고 의사擬似 고대국가로서 출발했다. 이 제도가 해체된 이후에도 『고지키』의 신화는 교육을 통해 '일본 신화'로서 주입되고, 『만요슈』는 이전까지 중시되었던 『고킨슈古今集』

나『신고킨슈新古今集』에 대신하여 변함없이 중요시되었다. 이런 의미에서는 이것들이 성립된 시대는 일본 문화의 고층이라고 할 수 있는 근간이 구축된 중요한 시대라고 말할 수 있다. 실제로 문헌적으로는 이 이전에는 하나로 정리된 문헌이 없었기 때문에 고대의 사상이나 종교를 알 수 있는 가장 오래된 시대라고 할 수 있다. 그러나 그렇다고 해서 그것들이 그대로 그 이전으로 거슬러 올라갈 수 있는 것은 아니다. 또한 가까스로 중앙집권화 하면서도, 한편으로는 고대의 소박함이 그대로 남아 있던 시대가, '부국강병富國强兵'에 의해 강권적인 지배와 침략을 지향하는 근대국가의 모델이 되었을 리도 없다. 근대에 행해졌던 과거의 발견이란 곧 과거 속에서 근대에 적합한 고층을 만들어 내는 작업이었다.

신들과 세계의 탄생

이 시대에 성립한 문헌 중에서 뒷날 종교사에 가장 커다란 영향을 끼친 것은 단연 기기신화라고 총칭되는 『고지키』와 『니혼쇼키』의 신화일 것이다. 그것은 그야말로 국가신화로서 형성되어 천황의 권위를 신화적으로 확증하는 것이었다. 여기에서 이 신화의 골격구조를 간단히 살펴보기로 하자.

『고지키』의 서두는 "천지가 처음으로 나뉘었을 때 다카마노하라高天の原에서 태어난 신의 이름은 아메노미나카누시노카미天之御中主神, 그 다음이 다카미무스히노카미高御産巣日神, 그 다음으로 가미무스히노카미神産巣日神였다"라는 장엄한 천지개벽으로부터 시작된다. 이미 이 이야기에서 다카마노하라는 당연한 것으로 전제되어 다카마노하라 자체가 어떻게 성립되었는가에 대해서는 아무런 언급이 없다. 다카마노하라는 차례차례 신들이 태어나는 신 생성의 장場인 것이다. 이 다카마노하라에서 태어난 신들은 먼저 5대에

걸친 고토아마쓰카미別天つ神와 그 후의 가미요神代 7대인데, 그들은 그 이름만 열거되어 있다. 가미요 7대의 맨 마지막에 등장하는 것이 이자나미신과 이자나기신이며, 여기에서 비로소 신화다운 이야기가 시작된다.

남신男神인 이자나기와 여신女神인 이자나미는 혼돈상태의 바다에 오노고로섬을 만들고 그 섬에 강림하여 계약을 맺은 후, 지금의 일본열도의 형태가 되는 많은 섬들을 낳고, 그 후 많은 신들을 낳는다. 그런데 이자나미는 마지막으로 불의 신인 가구쓰치를 낳을 때 음부가 화상을 입어 죽게 되며, 그로 인해 죽은 자들의 나라인 황천黃泉으로 가 버린다. 이 이야기에서 세계의 출산은 결코 무無에서 창조된 것이 아니라 생식生殖을 모델로 하여 전개하고 있는데, 이 발상은 뒷날 신도에서도 중시된다.

이 이야기에서 주목되는 것은, 여기에는 국토와 신들의 탄생은 설명되어 있지만 인간의 생성은 설명되어 있지 않다는 것이다. 황실은 아마테라스의 자손이라고 설정되어 있고, 또한 유력한 호족豪族에 대해서도 그 선조신先祖神이 설정되어 있다. 그러나 이처럼 유력한 호족 이외의 사람들은 어떻게 태어나게 되었는지에 대해서는 아무런 언급이 없다. 일반사람들은 아마도 국토와 함께 태어난 듯 하며 '아오히토쿠사青人草' 또는 '히토쿠사人草'라고 불리며 소위 국토의 부속물처럼 취급되었다. 때문에 이 신화는 어디까지나 지배자들의 정통성을 부여하는 이야기로서 일반 사람들은 전혀 문제시되어 있지 않다.

한편 이자나기와 이자나미의 두 번째 신화는 이자나기의 황천 방문에 관한 이야기다. 죽은 이자나미가 그리워진 이자나기는 황천을 방문한다. 거기서 이자나기는, 봐서는 안 된다는 이자나미의 모습을 훔쳐보게 되는데, 그것은 구더기가 들끓는 흉측한 모습이었다. 자신을 뒤좇아 오는 이자나미를 가까스로 쫓아버린 이자나기는 부정不淨을 물로 씻어 버리는 미소기라는 의식을 통해 사후세계의 부정을 씻어버리고 몸을 정결하게 한다. 이 때 또 다시 신들이 탄생하는데 맨 마지막에 왼쪽 눈을 씻을 때 태어난 신이 아마테라스, 오른쪽 눈을 씻을 때 태어난 신이 쓰쿠요미, 코를 씻을 때 태어난 신이 스사노오다.

이 이야기에서 우리는 고대의 생사관生死觀을 볼 수 있다. 죽은 이가 가는 황천국은 구더기가 들끓는 시체가 방치되어 있는, 부정함으로 가득 찬 혐오스러운 묘지墓地의 이미지이다. 그것은 산 사람에게는 금기시되는 세계로서 요모쓰히라黃泉比良라는 고개에 의해 이승과 나뉘어져 있다. 죽음에 대한 부정은 물로 몸을 씻어 정결하게 하는 미소기라는 의식에 의해 제거하지 않으면 안 된다. 이 미소기는 신도의 중요한 행사로서 정착한다. 그리고 이 미소기에 의해 또 다시 신들이 탄생하여 마지막에 아마테라스·쓰쿠요미·스사노오라는 세 명의 귀공자가 탄생하게 된 것이다.

세 귀공자 중에서 쓰쿠요미는 그 후 거의 활약을 하지 않지만, 아마테라스와 스사노오는 다음 이야기의 주역이 된다. 이자나기·이자나미는 국토와 신들을 창조했지만 아마테라스와 스사노오는 천상(다카마노하라)과 지상의 질서 형성에 관여하는데, 다카마노하라의 지배권을 장악한 것이 바로 아마테라스다. 아마테라스는 태양신의 성격을 지니며 또한 무녀巫女(샤먼)의 신격화라고도 일컫는다. 그러나 기기신화 속에서는 그것이 모두 천황의 권위를 뒷받침하는 황조신皇祖神으로서의 역할로 집약되어 있다.『니혼쇼키』에서 아마테라스는 '천하의 주권자'라고 불린다.

다카마노하라 계열의 아마쓰카미天神에 대립하는 지상의 구니쓰카미國神 계보의 시조始祖가 스사노오다. 스사노오는 매우 거칠고 폭력적인 신인데 격정적이고 행동적인 영웅신의 성격을 강하게 지닌다. 스사노오는 죽은 어머니가 있는 나라인 '하하노쿠니'로 가고자 난동을 일으키며 행패를 부렸고, 이를 못마땅하게 여긴 태양의 신 아마테라스는 아메노이와야라는 동굴 속으로 숨어 버린다. 이에 신들은 아마테라스를 동굴 속에서 나오게 할 묘책을 궁리한 끝에 아메노우즈메 여신의 에로틱한 춤으로 소란을 피워 아마테라스를 동굴 속에서 끌어내는 데 성공하게 된다. 이것은 동지冬至의례의 신화화神話化, 또는 일식日食신화 등으로 불리는 것으로서 태양신으로서의 아마테라스의 성격을 잘 보여준다.

지상의 질서

다카마노하라에서 추방당한 스사노오는 이즈모노쿠니出雲國에서 야마타노오로치[2]를 퇴치하고 이즈모노쿠니에 정주하게 되는데, 그 자손으로 오쿠니누시가 출현한다. 오쿠니누시도 영웅신적인 성격이 강한 신인데 스사노오로부터의 시련을 극복하고 딸인 스세리히메를 부인으로 둔 것으로부터도 알 수 있드시 스사노오의 성격을 계승한 지상의 지배자로서의 역할이 부여돼 있다. 이 오쿠니누시가 다카마노하라 계열의 신들에게 복종할 것을 서약하게 되는데(국토의 양도), 여기에서 아마테라스의 혈통을 계승하는 천황의 국토지배가 합리화된다.

천지의 질서가 확립된 후 드디어 천황의 지배원천이 되는 천손강림天孫降臨 이야기로 진행된다. 아마테라스의 자손은 아메노오시호미미인데 그는 지상에 내려가야 할 임무를 자식인 니니기에게 양보하여, 니니기는 아메노우즈메 등과 함께 쓰쿠시筑紫의 다카치호高千穗 봉우리[3]에 강림한다. 니니기에

2 8개의 머리와 꼬리를 가지고 있다는 『고지키』 신화에 등장하는 괴물.

3 쓰쿠시는 지금의 규슈(九州)를 말하는데, 기기신화에는 아마테라스의 손자에 해당하는 니니

게는 호데리와 호오리라는 두 명의 자식이 있었는데 이들 형제 간의 싸움은 일본인들에게 우미사치히코海幸彦와 야마사치히코山幸彦 이야기로 친숙하다. 산 속의 사냥꾼이었던 호오리는 바다의 어부였던 형 호데리와 역할을 교환하여 경쟁을 해 보았는데, 바닷속의 해신궁海神宮을 방문한 호오리는 해신의 도움으로 형과의 싸움에서 승리할 수 있었다. 호오리와 해신의 딸인 도요타마히메와의 사이에서 얻은 자식이 우가야후키아에즈이고, 우가야후키아에즈와 도요타마히메의 여동생인 다마요리히메와의 사이에서 태어난 신이 가무야마토이와레히코, 즉 덴무天武 천황이다. 니니기, 호오리, 우가야후키아에즈 삼대는 신화에서 역사로의 과도기적 성격을 지니고 있다. 우미사치히코·야마사치히코 신화와 같은 이야기들은 여기에 들어갈 필연성은 없는 것이지만, 이는 천황의 지배가 수렵자와 어업자를 모두 포함하는 세계에 관한 것이라는 것을 보여주고 있다.

여기까지가 『고지키』의 상권으로 『니혼쇼키』에서도 신대로서 다뤄지는 범위다. 그 신화는 먼저 고토아마쓰카미別天つ神와 가미요神代 7대의 이름만을 열거하는 천지개벽기의 신들의 세대, 두 번째로 이자나기·이자나미에 의한 국토와 신들의 출산, 세 번째로 아마테라스·스사노오에 의한 다카마노하라와 지상의 질서 형성, 네 번째는 천손강림에 의한 역사시대로의 과도기라는 네 단계로 나뉘어져, 다카마노하라의 지배자인 아마테라스로 시작되는 계보를 통해 천황 지배의 정통성을 확립하려는 의도가 있다.

기 등이 규슈의 남부지방인 휴가(日向)국에 있는 다카치호에 처음으로 내려왔다고 하여 천손강림신화를 전하고 있다.

신화에서 역사로

진무神武 천황에 대한 기사부터 『고지키』는 중권中券으로 들어가고 『니혼쇼키』도 새로운 권으로 들어간다. 신화와 역사가 명확하게 구분되어 인식되고 있는 것이다. 이전까지는 신이라는 존재이기 때문에 수명도 무덤도 없었지만 진무 천황부터는 수명과 무덤이 기록되기 시작한다. 그러나 역사시대로 접어들었다고 해서 물론 그것이 실제의 역사를 기록하고 있다는 것은 아니다. 진무(가무야마토이와레히코) 이야기와 같이 도저히 있을 수 없는 이야기들이 마치 현실처럼 크게 확대되어 회자되기 시작한 것은 메이지明治시대가 되어서의 일이다. 오늘날 2월 11일이 일본의 건국기념일로 제정되어 있는데, 그 원형인 기원절紀元節은 음력 정월 초하루를 양력으로 계산한 것으로, 메이지 5년(1872)에 처음으로 제정되었으며, 그것도 당초는 1월 29일이었다. 또한 진무 천황을 모시는 가시하라신궁橿原神宮도 메이지 22년(1889)에 창건된 것으로 결코 역사적으로 오래된 것이 아니다.

역사적으로 그 존재가 확인 되는 것은 『송서宋書』 왜국조倭國條에 기록된 왜의 5왕시대로서 5세기의 일이다. 그것은 제21대인 유랴쿠雄略 천황 때로 추정된다. 매우 흥미로운 것은 『고지키』에서는 유랴쿠 천황 때까지는 각각의 천황의 조에 여러가지 이야기들이 꽤 많은 분량을 차지하고 있지만, 그 이후가 되면 이야기가 매우 간략해지며 이야기다운 이야기는 거의 없어진다는 것이다. 때문에 유랴쿠 천황 때까지는 소위 신화와 역사의 중층성을 지니고 있었다고 볼 수 있다. 특히 게이코景行 천황대의 오우스(야마토타케루) 이야기나 주아이仲哀 천황대의 진구 황후神功皇后 조선 출병은 야마토 조정의 세력 확대를 과시하려는 의도에서 만들어진 이야기다. 『고지키』가 관심을 갖는 것은 여기까지이며, 이는 그 다음 시대의 역사에 크게 관심을 두고 많은 분량을 할애하고 있는 『니혼쇼키』와의 차이를 두드러지게 보여준다.

기기의 상이점

『고지키』와 『니혼쇼키』는 아울러서 기기記紀라고 부르는데 이처럼 그 기술 내용이 꼭 일치하는 것은 아니다. 『니혼쇼키』에서 신대神代는 1권, 2권을 차지하고 있는데 전체는 11단으로 나뉘어져 본문의 기술 뒤에 '일서왈一書曰'이라고 하여 여러 가지 이설異說을 들고 있다. 이러한 이설을 통해 우리는 기기의 편찬과정에 반드시 통일적인 신화가 있었던 것이 아니라, 신화를 구축해 가는 과정에서 여러 가지 시행착오가 있었음을 알 수 있다. 오랫동안 주로 사용되어 왔던 것은 『니혼쇼키』였고 『고지키』의 '발견'은 모토오리 노리나가本居宣長[4]를 기다려야 했다.

『니혼쇼키』 본문의 서두는 "그 옛날 하늘과 땅이 아직 나뉘어지지 않아 음양이 나뉘어지지 않았을 때 혼돈스럽기가 계란과 같았으며 어렴풋하나마 싹을 포함하고 있었다"라고 되어 있는데, 이것은 중국의 『회남자淮南子』 등의 문헌에 나오는 구절을 나열한 것이라고 알려져 있다. 또한 "먼저 하늘이 생기고 땅이 나중에 정해졌다"라고 되어 있는데, 이것은 『고지키』에서 '다카마노하라'가 전제되어 있는 것과는 상이한 점이다. 『고지키』에서 '다카마노하라'라는 신의 세계를 무대로 하여 신화가 출발하는 것과 달리 『니혼쇼키』에서는 하늘과 땅이라는 두 극단의 대비를 축으로 신들의 탄생신화가 펼쳐진다. 그러나 이들은 모두 천황 지배의 정통성을 기초짓기 위해 작성된 것임에

---

4 1730~1801. 미에(三重)현 마쓰자카(松坂) 출신의 에도시대 중기의 고쿠가쿠학자. 상인의 아들로 태어나 의사가 되지만, 현편으로는 일본 고전 연구에 몰두한 학자이다. 주요 저서에 『고지키전(古事記傳)』『다마쿠시게(玉くしげ)』등이 있다. 『고지키전』에서는 『고지키』 속에야말로 유학이나 불교의 영향을 받지 않은 순수한 일본 정신이 담겨 있다고 주장했다.

틀림없다. 그 기본적인 구조 속에서 보다 유래가 오래된 이야기나 호족들이 가지고 있던 신화가 삽입되어 간 것이다.

2. 기기의 시대

제정일치의 율령제

그렇다면 이러한 기기는 어떻게 성립되었는지 조금 더 자세히 살펴보기로 하자. 『고지키』에는 와도和銅 5년(712)의 유명한 오노 야스마로太安万侶의 서문이 있다. 이 서문에 의하면 672년 천황에 즉위한 덴무 천황이 "제가에 전해지는 천황의 계보帝紀나 전승들에 관한 기록本辭들은 이미 사실과 다르며 허위가 가미되어 있다"고 지적하고 "천황의 계보에 관한 기록을 찬록撰錄하고 신화와 전승들에 관한 기록들을 엄밀히 검토하여 거짓을 삭제하고 진실을 바로잡아 후대에 전하기를 원한다"라는 칙명을 내려 히에다노 아레稗田阿禮에게 암송하도록 했다. 그러나 시대도 흘러가 버렸기 때문에 겐메이元明 천황 때인 와도和銅 4년(711)에 오노 야스마로에게 칙명을 내려 히에다노 아레가 암송하고 있던 것을 필록筆錄하도록 했던 것이다. 한편 『니혼쇼키』에 대해서 『쇼쿠니혼기續日本紀』에는 겐쇼元正 천황 때인 요로養老 4년(720)에 찬술을 마쳤다고 기록되어 있다. 또한 지금 문제시하고 있는 『니혼쇼키』에 의하면 덴무 천황 10년인 681년에 천황의 계보 등에 관한 기록들을 편찬하기 시작했다고 한다. 이것들을 아울러 보면 7세기 후반인 덴무 천황 시대에 역사서의 편찬이 시작되어 8세기 전반인 겐메이·겐쇼 천황시대에 그것이 완성되었다고 생각된다.

시대배경을 보면 7세기 중엽인 소위 '다이카 개신大化改新'[5] 무렵부터 진행된 중앙집권화가 진신의 난壬申の亂(672)[6]을 통해 정권을 확립한 덴무 천황과 그의 처 지토持統 천황시대에 크게 발전하게 된다. 지토 천황 때인 689년에는 아스카기요미하라령飛鳥淨御原令이 제정되고 그것은 다이호大寶 1년(701)의 다이호율령大寶律令 때에 거의 완성된다. 호적이 작성되고 조세제도도 정비되는 등 이른바 공지공민公地公民제도가 완성되어, 천황을 정점으로 하는 정치 시스템이 확립된다.

율령제는 진기칸神祇官에게 다이조칸太政官에 필적하는 높은 위치를 부여함으로써 신기神祇 제도의 확립을 도모하고, 그것을 국가의 기반으로 삼았다. 그 점에서 명실상부한 제정일치의 체제라고 할 수 있다. 진기령神祇令에는 "무릇 진기칸은 천신지기天神地祇에 관해서 모두 통상의 정해진 법도에 따라 모실 것"이라는 취지와 함께 사계절의 제사나 천황 즉위 후의 다이조사이大嘗祭 등이 제정되어 있다. 천신天神·지기地祇란 중국에서 유래된 말로서 하늘의 신과 땅의 신이란 의미인데 아마도 아마쓰카미·구니쓰카미라는 구분도 이것을 모방하여 이 무렵에 만들어 졌다고 본다. 아울러 진기령에 대응하는 것 중에서 불교에 관한규정은 소니령僧尼令이 있는데 그것은 승려의 활동을 제한하고 벌칙을 규정한 것으로서 진기령과는 아주 다른 내용의 것이다. 신기와 불교는 종종 세트를 이루고 있지만 양자가 반드시 유사한 것이라고

---

5 645년에 나카노오에(中大兄) 황자(덴지 천황)와 나카토미노 가마타리(中臣鎌足)가 중심이 되어 일으킨 정치개혁. 중국 당나라의 제도를 본뜬 천황을 중심으로 하는 중앙집권국가의 건설을 목표로 당시 권력을 지니고 있던 소가씨(蘇我氏) 가문을 무너트리고 정치개혁을 단행했다.

6 덴지 천황이 죽은 이듬해 인 임신년(672)에 일어난 일본 고대 최대의 내란. 덴지 천황이 죽은 후 그의 아들 오토모(大友) 황자가 그 뒤를 잇자, 일단 요시노에 은둔해 있던 천황의 동생인 오아마(大海) 황자가 이에 반기를 들고 일어난 왕위계승을 둘러싼 내란. 결국 오아마 황자가 승리를 거두고 672년에 덴무 천황에 즉위하게 된다.

는 할 수 없다.

기기신화의 정치성

기기는 이러한 정치=제사체제라는 이데올로기적 측면을 형성하는 것이다. 기기신화가 황조신皇祖神인 아마테라스를 강조하고 다카마노하라에서 천황에 이르는 계보를 축으로 하고 있는 것도 그 때문이다. 스사노오 - 오쿠니누시 계열의 구니쓰카미가 국토를 양도한 것도, 오우스小碓신이나 진구황후의 전쟁 업적을 과시하는 것도 모두 조정에 의한 통일과 제 호족에 대한 지배권 확립을 보여주는 것이다. 『고지키』 서문에 "거짓을 삭제하고 진실을 바로잡는다"라는 구절이 있었는데 이것이야말로 이러한 목적을 위해서 신화를 바꾸고 창작했다는 것을 의미한다.

기기의 성립시대는 『만요슈万葉集』의 가키모토노 히토마로柿本人麻呂가 활약했던 시대로서 히토마로는 특히 지토 천황대를 중심으로 조정의 시인으로서의 역할을 담당했다. 지토 천황에 대해서 "천황은 신이시므로 하늘 구름을 지배하는 우레 위에 집 지으시고 계시는도다"(『만요슈』 3권)와 같은 시를 헌상했는데, 여기에는 천황을 신과 동등한 존재로 여기는 사상이 표명되어 있다. 또한 덴무 천황과 지토 천황의 아들로서 황태자였던 구사카베草壁 황자가 지토 3년에 세상을 떠나자 그것을 추모한 노래에서는 "천지가 시작되었을 때의 일로, 하늘의 큰 평지에서 수많은 신들이 한 데 모여 서로의 영역을 나눌 때, 하늘을 비치는 태양의 여신(아마테라스)은 하늘을 다스리시게 되고, 아시하라의 미즈호의 나라(일본)를 하늘과 땅 맞닿은 데까지 다스릴 존귀한 신으로서……"(『만요슈』 2권) 등 기기신화와 축을 같이 하는 이야기를 볼 수 있다.

기기신화의 기본 구상이 이 시대 조정의 권력투쟁과 깊은 관계 속에서 창작된 것이라는 점은 특히 천손강림 신화에서 가장 잘 드러난다. 왜 아마테라스의 아들인 아메노오시호미미가 아닌 손자에 해당하는 니니기가 강림했는지는 매우 의문스럽지만 그것은 당시의 황위 계승 문제와 깊게 관련되어 있다. 덴무 천황 이후 황후였던 지토가 황위를 계승하였고 그의 아들인 구사카베 황자에게 황위를 물려줄 예정이었지만 구사카베는 황위계승까지 기다리지 못하고 병사하고 만다. 이에 구사카베의 어린 아들, 즉 지토 천황에게는 손자에 해당하는 가루輕 황자가 성장하기를 기다려 몬무文武 천황으로 즉위시켰던 것이다. 여신인 아마테라스에게는 여제女帝 천황인 지토 천황의 모습이 반영되어 있고 아마테라스→니니기라는 조모祖母→손자의 계승은 지토 천황→몬무 천황의 계승과 평행관계에 있는 것으로, 후자의 계승을 순조롭게 하는 기능을 담당한 것이다. 이처럼 아마테라스를 정점으로 하여 천황으로 이어지는 기기신화의 기본 구도는 결코 오래된 것이 아니라 기기가 편찬되었을 당시에 구상되었다고 볼 수 있다.

이세신궁의 황조신화

아마테라스를 모시고 있는 것은 이세신궁伊勢神宮인데 이세신궁의 아마테라스에게 황조신皇祖神으로서의 특별한 지위가 부여된 것도 이때와 비슷한 시기의 일이다. 지금의 이세신궁의 정식명칭이 신사神社가 있는 지명을 딴 것이 아닌 일반적 호칭인 '신궁'이라는 것으로부터도 알 수 있드시 일본 신도의 가장 핵심적인 역할을 담당하고 있다. 내궁內宮과 외궁外宮의 두 곳으로 구성되어 내궁에는 아마테라스를, 외궁에는 식물신食物神인 도요우케豊受신을 모신다.

『니혼쇼키』에 의하면 10대 천황인 수진崇神 천황 때 그때까지 궁중에서 모셔왔던 아마테라스를 야마토倭의 가사누이노무라笠縫邑[7]로 옮겨 도요스키이리히메에게 제사지내게 했고, 또 다시 11대 천황인 수이닌垂人 천황 때에 야마토히메가 천황의 명령을 받들어 각지를 둘러본 후 이세에 진좌鎭坐시켰다고 한다. 그러나 물론 이것은 신용할 만한 이야기가 아니며, 실제로 조정과 이세가 관계를 가지게 된 것은 덴무·지토 천황 때의 일이다. 즉, 진신의 난으로 인해 오아마大海人 황자(이후 덴무 천황)는 동국東國[8]에 기반을 두고, 전대 천황인 덴지天智 천황의 아들로서 후계자로 알려져 있던 오토모大友 황자를 무너뜨렸는데, 그 때 이세의 호족들을 자기 편으로 끌어들이고 그들의 신을 참배한 것이 실제로 조정과 이세의 관계를 볼 수 있는 일화다. 『니혼쇼키』에 의하면 오아마 황자는 도오카와迹太天(아사케 강[朝明川])[9] 부근에서 이세를 참배했다고 한다. 직접 신궁에 참배하지 않은 것은 그 무렵에는 아직 신궁이 후대와 같이 정비되어 있지 않았다는 것과, 조정과의 관계가 그다지 밀접하지 않았다는 점을 보여준다. 그러던 것이 덴무·지토 천황 때 발전하여 황조신으로서 특별한 지위를 부여받게 된 것으로 보인다.

황조신은 원래 궁중에서 모시거나 적어도 궁중의 근처에서 모셔야 하지만, 『니혼쇼키』의 수진 천황기에는 "이 신의 힘이 두려워 함께 거주하기 불안하다"라는 기록이 있는데, 이 때문에 일부러 도읍에서 멀리 떨어진 땅을 황조신을 모시는 곳으로 정한 것으로 보인다. 앞서 율령체제의 특징을 제정일치라고 규정했다. 이를 보다 정확하게 말하면, 예를 들어 야마타이국의

7 현재의 나라(奈良) 분지 중앙부.

8 긴기(近畿) 지방에서 볼때 동쪽에 있는 지방, 즉 동일본(東日本)을 말함.

9 미에현에 그 사적이 남아 있다.

히미코 여왕이 샤먼왕이었던 것과 같은 의미에서의 완전한 제정일치가 아닌, 신의 제사와 천황의 정치와는 어떤 거리를 둔 제정일치인 것이다. 그것이 이세의 제사에도 나타나 있다고 할 수 있다.

아마테라스와 불교

물론 아마테라스가 완전히 이 시대의 창작물이라는 것은 아니다. 소박한 태양신 신앙은 널리 볼 수 있었던 것인데, 그것이 이 시대에 황조신 아마테라스오미카미天照皇大神로 확립된 것이다. 거기에는 또한 불교의 영향도 엿볼 수 있다. 아마테라스의 찬란하게 빛나는 절대자의 관념에서는 바로 불상을 떠올릴 수 있다. 훗날 아마테라스는 밀교의 대일여래大日如來와 습합하게 되는데 그 토대는 애초에 아마테라스의 성립 과정 속에 있었던 것이다. 특히 지적되는 것은 『금광명경金光明經』의 영향이다. 『금광명경』에는 부처가 광명으로 빛나는 절대자로 표현되었을 뿐 아니라, 한편으로는 호국경전護國經典으로서 국가와의 관계를 강조하는 것도 『금광명경』의 특징이다. 덴무·지토 천황시대는 불교신앙도 융성했으며 그 가운데에서 『금광명경』은 가장 중요한 위치를 차지하고 있었다. 나라奈良시대가 되면 신역新譯 『금광명최승왕경金光明最勝王經』이 전해져 고쿠분지國分寺[10]의 창설 등에도 영향을 미친다. 그 뿐 아니라 『금광명최승왕경』은 『니혼쇼키』의 찬술에도 영향을 미치게 되었는데, 『니혼쇼키』의 불교 전래 기사 속에 『금광명최승왕경』이 사용되고 있는 것도 잘 알려져 있다. 아마테라스가 최고신으로서 천황을 수호한다는 발상은 부처가 호법의 왕을 수호한다는 구조와 매우 유사한 것으로서

---

10 741년 쇼무(聖武) 천황이 국가의 평안과 오곡풍양을 위해 고쿠분니지(國分尼寺)와 함께 전국 각지에 건립한 관립(官立) 사찰.

후자로부터의 영향을 엿볼 수 있다.

원래 일본 신화에는 그리스 신화처럼 개개의 신이 개성을 가지고 서로 관계를 갖는 성격은 없다. 주요한 신들이 각각의 개성을 가진 기기신화는 아마도 불교의 제불諸佛·보살이야기를 수용하면서 형성된 것이 아닌가 여겨진다. 기기신화는 자칫하면 불교와는 무관한 것으로 취급되기 쉽지만 그것이 7세기 후반부터 8세기에 걸쳐서 획기적으로 형성된 것이라고 본다면 당시 대륙으로부터 전래된 문화로서 큰 영향력을 지녔던 불교로부터 아무런 영향을 받지 않았다고 보는 것이 오히려 이상한 일이다. 『니혼쇼키』의 편찬에는 당나라 유학에서 돌아온 승려 도지道慈가 관계했다고 알려져 있다. 그렇다고 한다면 『니혼쇼키』를 편찬하는 데 다분히 불교의 영향을 받았다고 해도 전혀 이상한 일은 아니다.

물론 불교가 전래되기 이전에도 토착의 신에 대한 신앙은 있었겠지만, 현재의 기기신화를 가지고 불교 이전의 고층 신앙이라고 생각하는 것은 타당하지 않다. 역사적으로 해명할 수 있는 한, 일본의 신들은 그 출발점에서부터 본다면 부처와의 교섭 속에서 자기형성을 해왔던 것이다.

2장

신과 부처

1. 불교 전래와 신들

『니혼쇼키』의 불교 전래 기사

기기신화가 불교가 전래되기 이전의 일본 고대의 세계관을 보여준다는, 얼핏 보면 지당한 듯한 이 설은 더 이상 통하지 않는다. 이들 신화는 불교 및 중국 문화의 영향하에서 형성되었다. 그렇다면 조금 더 시대를 내려가 역사시대의 종교 문제에 대해서 살펴보자. 역사시대가 되면 『고지키』보다 『니혼쇼키』가 더욱 주목을 받게 된다. 그러나 신화가 작위적으로 만들어진 것임을 인정한다면 역사시대에 대해서도 그대로 믿을 수 있을지가 의문이다. 최근의 연구는 『니혼쇼키』의 많은 부분이 역사적 사실이라기 보다는 창작된 것이라고 보는 경향이 강하다.

그 전형적인 예로 불교 전래의 문제를 살펴보자. 불교가 전래된 것은 『니혼쇼키』에 의하면 긴메이欽明 천황 13년인 임신壬申년(552), 『간고지연기元興寺緣起』 및 『상궁쇼토쿠법왕제설上宮聖德法王帝說』에 의하면 긴메이 천황

7년인 무오戊午년(538)이라고 전해진다. 이처럼 서력으로 환산할 때 그 차이가 나는 것은 이 시대의 기년紀年에 혼란이 있기 때문이다. 『니혼쇼키』에 따르면 백제의 성명왕聖明王(성왕)이 석가의 불상 한 구와 그 장식인 번개幡蓋, 그리고 몇 권의 경전經典과 논서論書를 전했다고 한다.

그러나 『니혼쇼키』의 불교 전래에 관한 기술은 신뢰성이 희박하다. 그 가장 큰 이유는 『니혼쇼키』에 실려 있는 성명왕의 표문表文에 『금광명최승왕경』이 사용되고 있는 것이다. 예를 들면 "이 법은 모든 법 중 가장 뛰어난 법입니다. 깨닫기 어렵고 입문하기 어렵습니다. 주공周公과 공자孔子도 이 법을 깨달을 수 없었습니다. 이 법은 무량무변無量無邊한 복덕과보福德果報를 가져다 주며 또한 최상의 보리菩提를 완성시켜 줍니다"라는 구절은 『최승왕경』의 여래수량품如來壽量品에 나오는 문장과 거의 일치한다. 단지 『최승왕경』에서 '이 금광명최승왕경'이라고 되어 있는 것을 '이 법'으로 바꾸고, '성문聲聞과 연각緣覺'이라고 되어 있는 것을 '주공과 공자'로 바꾸었을 뿐이다. 그러나 『최승왕경』은 703년에 한역된 것이므로 그것이 불교가 전래된 552년에 사용되었다는 것은 절대로 있을 수 없는 일이다. 이 기사는 아무리 빨라도 703년 이후에 쓰여진 것이다. 『니혼쇼키』가 완성된 것이 720년이라고 한다면 그 때까지는 『최승왕경』이 일본에 전해져 읽히고 이용되었다는 것이 된다.

그렇다면 누가 이 기사를 쓴 것 일까? 이 기사를 쓴 가장 유력한 후보로 도지道慈(?~744)라는 승려를 들 수 있다. 도지는 다이호大寶 2년(702)에 견당사遣唐使를 따라 당나라에 들어가 요로養老 2년(718)에 일본으로 귀국한다. 도지는 삼론종三論宗[1]의 승려로 알려져 있는데 당시 당나라는 이미 삼론종이 쇠퇴한

---

1 중국 수나라 때 길장(吉藏)에 의해 대성된 불교 종파의 하나. 용수(龍樹, 나가르주나)의 『중론(中論)』『십이문론(十二門論)』과 그의 제자 제파(提婆)의 『백론(百論)』이라는 세 경전을 근

시기였기 때문에 도지가 누구에게 삼론종을 배웠는지는 확실히 알려져 있지 않다. 도지의 사적事績으로는 다이안지大安寺를 후지와라쿄藤原京[2]에서 헤이조쿄平城京[3]로 옮길 당시 큰 공적이 있었다고 알려져 있다. 도지는 덴표天平 9년(737)에 궁중에서 『최승왕경』을 강론했으며, 이 『최승왕경』을 일본으로 들여온 것도 사실은 도지일지도 모른다고 추측되고 있다. 그러한 이유로 『최승왕경』을 인용한 『니혼쇼키』의 불교 전래 기사는 도지가 기록한 것이라는 설이 꽤 유력하다. 『니혼쇼키』는 불교 전래 기사 외에도 불교 관계의 기사가 많고, 무엇보다 많은 불교 경전을 활용한 점으로 보아 『니혼쇼키』의 편찬에는 불교에 정통한 사람이 관계하고 있었다는 것은 확실하다. 최근의 연구에서는 도지가 불교 전래 기사 외에도 『니혼쇼키』의 편찬에 깊이 관여했다는 설들이 나오고 있다. 그러나 도지가 『니혼쇼키』에 관여했다고 명확하게 기술한 사료가 없기 때문에 이 점은 앞으로의 연구 과제로 남아있다.

불교가 신들을 변질시키다

『니혼쇼키』에 의하면 불교가 전래되었을 당시 긴메이 천황은 불교의 채택 여부를 신하들에게 논의하도록 했다. 그 결과 소가노 이나메蘇我稻目는 "서쪽의 제국들은 모두 (불교를) 예배하고 있기" 때문에 일본도 불교를 채택해야 한다고 역설하고, 모노노베노 오코시物部尾輿 측은 "아타시쿠니노카미蕃神(외국의 신)를 섬긴다면 아마도 구니쓰카미의 노여움을 초래하게 될 것"이

거로 하는 데서 삼론종이라 부른다.

2 중국의 도성(都城)을 본떠 건설한 일본 최초의 본격적인 도성으로 694년부터 710년까지 지토·몬무 천황 때의 수도였다. 지금의 나라현 가시하라시를 중심으로 했다.

3 후지와라쿄 이후(710년)부터의 일본 수도. 중국 당나라의 장안(長安)성을 본떠 세워졌으며, 지금의 나라시를 중심으로 했다.

라고 반대했다고 한다. 천황이 불상을 이나메에게 하사해 안치하도록 하자 나라 안에 역병이 유행하게 되었고, 오코시 측은 절을 불태우고 불상을 나니와難波의 호리에堀江[4]에 버렸다. 그러자 이번에는 궁전宮殿에 화재가 일어났다고 한다.

이와 비슷한 이야기가 불교 경전에도 있다는 지적이 있다. 『고승전高僧傳』 9권에 있는 불도징전佛圖澄傳에 후조後趙의 왕인 석호石虎가 불교의 옳고 그름에 대해서 의견을 묻자, 중서中書인 왕도王度가 부처는 '외국의 신'이므로 제사 지내서는 안 된다고 주장한 반면, 석호는 자신은 변경의 출신이기 때문에 '오랑캐의 신(이민족의 신)'인 부처를 모시는 것이 당연하다고 하여 불교를 채택했다고 한다. 『고승전』도 『니혼쇼키』도 모두 부처를 이국의 신으로 보고 그것의 채택 여부를 문제시 하고 있는 것이다.

이렇게 보면 불교의 전래에 관한 것도 전래 후의 숭불崇佛과 배불排佛 논쟁에 관한 것도 반드시 사실이라고는 볼 수는 없으며, 사료적으로 『니혼쇼키』보다 오래된 자료를 찾기는 어렵다. 사실 처음 불교가 일본에 전래 되었을 당시 불상을 이국의 신으로 여기는 인식이 어느 정도였는지도 의문이다. 신상神像은 불상의 영향으로 훨씬 후대에 만들어진 것으로서 그 존재를 확실히 알 수 있는 것은 헤이안平安시대가 되어서의 일이다. 그렇다고 한다면 불교가 전래되었던 당시에는 그다지 명확한 '타국의 신'이라는 인식은 없었을 것이다.

그러나 불교의 영향으로 신들에 대한 인식이 변한 것은 틀림없다. 그때까지는 아직 명확하지 않았던 신들의 개성이 차츰 명확해 짐과 동시에

---

4 지금의 오사카 시내에 만들어졌던 수로(水路) 혹은 운하.

사찰의 영향으로 고정된 장소에서 신을 모시는 신사가 출현하게 되었다. 그러나 일본의 신들은 불교로 인해 소멸된 것이 아니라 오히려 불교로 인해 자각했다고 할 수 있다. 또한 불교도 일본 속에 수용되어 가는 가운데 산악수행을 도입하는 등 변질해 간다. 나라시대에는 고쿠분지 및 고쿠분니지國分尼寺에 의해 불교가 넓은 지역에 침투하게 되고, 동시에 불교와 신들과의 관계도 보다 복잡하게 전개하게 된다.

쇼토쿠 태자를 둘러싼 문제

그런데 초기의 불교 전개를 고찰할 때 무시할 수 없는 것이 쇼토쿠 태자聖德太子(574~622)의 문제다. 『고지키』는 스이코推古 천황(재위기간 592~628)대로 끝나는데, 그 스이코 천황대에 쇼토쿠 태자가 출현하여 고대불교의 획기적인 시기를 맞이했다고 한다. 그러나 최근의 연구에서는 태자에 관한 사적事績의 대부분은 『니혼쇼키』가 만들어진 단계에서 창작된 것이라는 주장도 나오고 있다. 아래에서는 그 문제에 대해서 살펴보기로 하자.

『니혼쇼키』에 의하면 태자는 요메이用明 천황의 장남으로 이름은 우마야토厩戸 황자, 다른 이름에는 도요미미토쇼토쿠豊耳聰聖德, 도요토미미노노리노오키미豊聰耳法大王, 노리노우시노오키미法主王, 가미쓰미야上宮 등이 있다. 쇼토쿠 태자라는 이름은 『니혼쇼키』에서는 볼 수 없으며, 따라서 『니혼쇼키』 보다 더 후대의 것이라고 생각된다. 쇼토쿠 태자라고 하면 어떤 것들이 머릿속에 떠오를까? 스이코 천황의 황태자로서 6세기 말부터 7세기 초에 걸친 정치와 문화의 중심에 있었으며, 관위십이계冠位十二階[5] 및

---

5 일본 최초의 관위 제도로 관리의 등급을 열 두 계급으로 나누고, 관리를 관의 색깔로 구별했다.

17조 헌법十七條憲法[6]의 제정, 견수사遣隋使의 파견, 삼경의소三經義疏(법화의소[法華義疏], 승만의소[勝鬘義疏], 유마의소[維摩義疏])[7]의 찬술, 시텐노지四天王寺[8] 및 호류지法隆寺[9]의 창건 등이 태자의 주요업적으로 떠오를 것이다. 정치적으로는 후대의 율령제律令制로 이어지는 중앙집권체제의 방향을 제시하고, 문화적으로는 독실한 불교신앙에 근거한 아스카 문화飛鳥文化[10]의 꽃을 피웠다는 것 등일 것이다.

그런데 이러한 사적들의 대부분은 그 성립 연대에 의문이 제시되어 있다. 예를 들어 시텐노지는 소가노 우마코蘇我馬子가 모노노베노 모리야物部守屋를 무너뜨렸을 때 소가 측에서 참전했던 태자가 승전을 사죄하여 건립했다고 하지만, 이에 대한 오래된 기록은 없고 실제로 시텐노지가 건립된 것은 후대의 일이라고 여겨진다. 삼경의소 또한 쇼토쿠 태자의 진찬설眞撰說을 인정하는 연구자들도 있지만, 중국에서 찬술된 것이 일본에 유입되었다고 보는 설이 유력하다. 태자의 친필본親筆本이라고 하는, 궁내청宮內廳이 소장하고 있는 『법화의소』 사본은 덴표 19년(747)에 교신行信이 발견했다고 알려져 있으며 그 이전의 유래에 대해서는 전혀 알려져 있지 않다. 17조헌법에는 고쿠시國司[11]

6 관료 및 귀족에 대한 도덕적 규범을 17개 조목으로 나타낸 일본 최초의 법령. 유교와 불교의 영향을 엿볼 수 있다.

7 『법화경(法華經)』, 『승만경(勝鬘經)』, 『유마경(維摩經)』의 세 경전에 대한 주석서.

8 오사카 시내에 있는 일본 최초의 사찰. 『니혼쇼키』에는 요메이 천황 2년(587)에 창건되었다는 기사와 스이코 천황 1년(593)에 건립이 시작되었다는 기사가 있는데, 현재는 후자의 설을 따르고 있다.

9 나라현 이코마군(生駒郡)에 있는 쇼토쿠종 총본산. 금당, 오중탑을 중심으로 하는 서원(西院)과 몽전(夢殿) 등이 있는 동원(東院)의 두 부분으로 나뉘어 있으며, 서원의 가람은 현존하는 일본 최고(最古)의 목조건물이다.

10 7세기 초 백제 등의 대륙 문화의 영향을 받아 성립한 일본 최초의 불교 문화.

11 율령제하에서 중앙으로부터 지방행정 단위인 고쿠(國)에 파견된 행정관.

등 당시 존재하지 않았던 관직명이 나오는 등의 문제점이 지적되어 있다.

이와 같이 쇼토쿠 태자에 관한 사적의 대부분에 의문이 제시되어 있을 뿐만 아니라, 동시대의 것이라고 여겨졌던 사료들조차도 그대로는 신뢰할 수 없다는 것이 최근의 연구에 의해 알려졌다. 예를 들어 천수국수장天壽國繡帳은 태자가 세상을 떠난 후 그가 왕생했다는 천수국의 모습을 왕비인 다치바나노 오이라쓰메橘大郎女가 그렸다는 내용의 명문銘文이 남아 있는데, 그 명문은 '세간허가世間虛假 유불시진唯佛是眞'[12]이라는 태자의 말을 전하고 있는 것으로 유명하다. 그러나 거기에 기록되어 있는 간지干支가 지토持統 4년(690)에 채용된 의봉력儀鳳曆에 따른 것이라는 점에서 그 성립이 의문시되고 있다.

이처럼 태자에 대해서는 의문점이 많이 있으며 그 역사적 사실 또한 분명히 밝혀진 것이 아니다. 어디까지가 『니혼쇼키』의 단계에 창작된 것인가는 검토할 여지가 있지만 실제 우마야토 황자로서의 사적은 오늘날 전해지고 있는 것보다도 훨씬 적었다고 봐야할 것이다. 어쨌거나 『니혼쇼키』가 성립되었던 단계의 쇼토쿠 태자에게는 이미 보통사람을 초월한 성인으로서의 역할이 부여되어 있었으며, 그것은 이후의 태자 신앙으로 이어진다. 태자를 둘러싼 전설은 헤이안시대에 쓰인 『쇼토쿠태자전력聖德太子傳曆』에서 거의 완성된다. 그러나 그 후도 태자 신앙은 점점 더 번성한다. 신란親鸞이 두터운 태자 신앙을 가지고 있었다는 사실은 잘 알려져 있는 바다.

정치와 불교의 접점

어디까지가 역사적 사실인가 하는 문제는 앞으로의 연구에 맡긴다고

12 세속의 세계는 허망한 것이며 단지 부처만이 진실이라는 뜻. 세속적·현상적인 세계의 무상성과 부처의 절대성을 표명한 것. 『상궁쇼토쿠법왕제설』에 인용되어 있다.

해도, 어째서 태자 신앙이 이와 같이 번성하여 오늘날에 이르기 까지 소멸되지 않았던 것일까? 그 가장 큰 이유는 역시 천황제와의 관계에서 찾을 수 있을 것이다. 『니혼쇼키』에서 태자는 황태자이자 셋쇼攝政[13]라는 위치가 부여되어 있으면서도 천황에 즉위하지는 않았다. 황태자는 다음 대의 천황이 될 수 있는 지위지만 태자의 경우 그러한 여지는 전혀 예상되지 않았으며, 그로 인해 당시 빈번했던 황위를 둘러싼 논쟁도 일어나지 않았다. 사실 엄밀히 말하면 당시는 아직 황태자 및 셋쇼攝政제도도 없었으며, 실제로 태자가 어떠한 지위에 있었는지도 명확하지는 않다. 하지만 어찌하였든 천황에 가장 가까운 위치로서 분명히 천황이 될 수 있었으면서도 처음부터 천황이 되는 것은 염두에 두지 않은 인물로 만들어져 있다.

이것은 일본 사회에서의 불교의 위치를 상징적으로 보여준다. 불교는 국가체제의 가장 깊숙한 곳까지 침투해 있으면서도, 불교의 종교적 권위가 정치권력과 하나가 되는 일은 없었다. 바로 그 두 가지 권위가 아슬아슬하게 만나는 곳에 쇼토쿠 태자가 위치하고 있었던 것이다. 천황의 카리스마를 최대한 배경으로 하면서, 또 한편으로는 불교 신자로서 최고의 종교적 성인으로서의 권위를 겸비함으로써 자유롭게 전설을 부가해 갈 수 있었던 것이다.

이러한 태자의 위치는 다소 황당하게 들리지도 모르겠지만, 이 태자의 이야기는 『겐지모노가타리源氏物語』[14]의 히카루 겐지光源氏를 떠오르게 한다.

---

13 셋칸(攝關)정치의 하나. 천황이 어려서 직접 정치를 할 수 없을 때 천황을 대신해서 정치를 행하는 것을 셋쇼라고 한다. 이에 비해 천황의 최고 보좌관으로서, 성인이 된 천황을 대신하여 정치를 한 관직은 간파쿠(關白)라고 한다.

14 헤이안시대 중기에 여류작가 무라사키 시키부(紫式部)가 쓴 장편 궁중소설로서 주인공 히카루 겐지의 일생과 그를 둘러싼 귀족들의 생애를 그린 작품. 일본 고전문학의 정수로 손꼽히며

히카루 겐지도 역시 천황의 아들로서 장래 천황이 될 수도 있는 위치에 있었지만, 신적臣籍으로 강등되어 겐지源氏가 되었다. 이를 통해 천황의 카리스마를 계승하면서도 천황은 누릴 수 없는 인생의 자유를 획득하게 된다. 『겐지모노가타리』가 불후의 명작으로 오늘날까지 끊임없이 읽혀져 온 비밀 중의 하나가 이러한 히카루 겐지의 성격 만들기에 성공했기 때문은 아닐까? 쇼토쿠 태자의 경우와 비교해 볼 때 매우 흥미로운 점이다.

2. 신불습합의 여러 가지 모습

신불관계의 여러 가지 모습

불교와 신기신앙이 밀접하게 관계하며 때로는 일체화一體化 되기도 했던 형태를 신불습합神佛習合이라고 한다. 신불습합이란 말은 애매하다. 흔히 오해하는 것처럼 불교와 신도라는 두 개의 종교가 완전히 섞여 버렸다는 것은 아니다. 그것은 토착의 신기신앙과 불교와의 관계, 혹은 개별적인 신과 부처와의 관계다. 신불습합에는 여러 가지 형태가 있다.

1. 신은 방황하는 존재로서 부처의 구제를 필요로 한다는 사고방식
2. 신이 불교를 수호한다는 사고방식
3. 불교의 영향하에 새로운 신의 형태가 만들어지게 되는 경우
4. 사실 신은 부처가 중생을 구제하기 위해 모습을 바꿔서 세상에 나타난 것이라는 사고방식

후대 일본 문학에 큰 영향을 미쳤다.

이 중에서 첫 번째와 두 번째 형태는 나라시대부터 있었던 사고 방식이며, 세 번째, 네 번째 형태는 헤이안시대 이후부터 발전했다. 이러한 신불관계의 발상의 원류가 중국에 있다는 것이 최근에 밝혀졌고, 따라서 이것이 꼭 일본의 독자적 발상이라고는 할 수 없다. 중국의 관념을 사용하면서 그리고 그것을 응용하면서 일본의 신불관계는 전개한다. 게다가 일본의 신들은 불교가 전래된 이후 불교의 영향하에서 크게 변용되었기 때문에 그 이전의 모습을 명확하게 알 수 있는 것은 아니다. 그런 의미에서 신불습합이야말로 일본 종교의 가장 고층에 속하는 형태라고 말할 수 있다.

부처로부터 구제받는 신

가장 첫 번째 형태는 본래 일본의 신을 불교의 '천天'의 범주에 위치시킨 것에서 출발한다. 천은 인도의 신들의 세계인데 아직 육도六道 속에서 윤회하는 존재로서 해탈에 도달해 있지 않다. 육도는 지옥地獄 · 아귀餓鬼 · 축생畜生 · 아수라阿修羅 · 인人 · 천天을 말하는데 천은 그 중 최상위에 해당한다. 일본의 신도 마찬가지로 육도를 윤회하는 존재로서 고통으로부터 벗어나지 않았다고 여겨 불교에 의한 공양을 통해 비로소 그 고통으로부터 벗어날 수 있다고 생각했던 것이다. 그것을 '신신이탈神身離脱'이라고 한다. 이러한 이유에서 신사의 한쪽 편에 진구지神宮寺[15]를 건립하여 그곳에서 독경讀經 등의 공양을 드렸던 것이다.

빠른 예로서 레이키靈龜 연간(715~716)무렵에 후지와라노 무치마로藤原武智麻呂가 신탁神託을 받아 에치젠越前의 히코신궁比古神宮에 진구지를 건립했다

15 신사 안에 부속된 절로서 나라시대의 신불습합 현상과 함께 확산되었으나, 메이지시대의 신불분리령으로 인해 신사로부터 분리되었다.

는 『후지와라가전藤原家傳』의 기사나, 요로養老 연간(717~723)에 와카사히코진구지若狹比古神宮寺 가 건립되었다는 『니혼일사日本逸史』[16]에 수록되어 있는 『니혼후기日本後紀』[17]의 텐초天長 6년(829) 3월 16일의 기사 등이 있다. 전자에 의하면 무치마로의 꿈에 나타난 신이 '아무쪼록 나를 위해 절을 세워 나의 소원을 들어 주소서. 나는 숙업宿業으로 인해 오랫동안 신으로 살았습니다. 그러나 지금 불도佛道에 귀의하여 복업福業을 수행하고자 하오나 인연因緣이 없습니다. 저는 이것을 알려 드리기 위해 온 것입니다'라고 말했다고 한다. 이에 무치마로가 신을 위해 진구지를 세웠다는 것이다.

이처럼 고통 받는 신을 불교에 의해 구제하려는 형태는 이미 중국에서 볼 수 있다고 지적되어 있다. 안세고安世高는 파르티아Parthia 출신으로 후한後漢 시대에 경전을 번역했던 승려인데 『출삼장기집出三藏記集』 제13권에 나오는 안세고전安世高傳에 매우 흥미있는 이야기가 있다. 안세고가 로산廬山에 갔을 때 호수의 신의 요청으로 사당에 들어가자, 그 신은 '나는 원래 인도에서 당신과 함께 출가하여 수행을 했지만 화를 잘 내는 성격을 제어하지 못해 신이 되었다. 이대로라면 죽어서 지옥에 떨어지게 될 것이므로, 당신에게 견絹 등을 보시布施할테니 나를 위해 탑을 세워 주길 바란다'고 말하고 커다란 뱀의 모습을 드러낸 후 없어져 버렸다. 안세고가 그 보시로 절을 세워 주었더니 신은 환생하여 소년의 모습으로 안세고 앞에 나타났다. 이런 이야기는 『고승전高僧傳』 등에서도 수많이 전해지고 있다.

이 이야기는 윤회의 세계에서 고통하는 신을 불교의 힘으로 구제한다는

---

16 흩어져 없어져 버린 『니혼후기』의 기사를 보완하기 위해 사료를 근거로 편찬된 역사서. 전 40권으로 1692년에 완성된다.

17 쇼쿠니혼기(續日本記)를 잇는 칙찬(勅撰) 역사서. 792년부터 833년에 이르는 간무(桓武) 천황에서 준나(淳和) 천황 시대의 42년간의 기록을 편년체로 정리한 것. 840년에 완성된다.

기본적 발상이 일본의 진구지와 매우 흡사하다. 아니, 그보다도 일본의 진구지 등의 발상은 이러한 중국의 신불관계의 영향으로 생겨난 것이 아닌가 생각된다. 진구지가 출현한 것은 8세기 전반으로 바로 『고지키』와 『니혼쇼키』가 편찬된 시기와 비슷하다. 도지 등에 의해 새로운 중국 불교의 발상이 도입되어 그것이 다양한 형태로 일본의 상황에 적용되었다고 한다면, 신불습합 또한 같은 배경을 가지고 성립했다고 봐도 좋을 것이다.

이 구조는 불교 측에도 신기신앙 측에도 유리한 발상이었다. 불교 측에서 보자면 재래의 신을 그 지배하에 둠으로써 세력을 넓힐 수 있게 되었으며, 신기신앙 측에서 보자면 불교의 보호를 받음으로써 스스로의 지위 확립을 도모했다고 볼 수 있다. 양측의 이해관계가 일치함으로써 상하관계 속에서도 서로의 관계가 구조화되어 서로 그 존립存立을 인정받았던 것이다. 따라서 결코 토착신앙이 불교에 흡수되어 없어져 버린 것은 아니다. 즉 신이 해탈하여 부처가 된 것은 아닌 것이다.

불교를 수호하는 신들

두 번째 형태는 호법신護法神이라고 불리는 것으로, 이것 또한 불교에서 인도의 신의 위치를 정할 때 사용한 논법이다. 베다Veda[18] 이래의 인도의 신들은 불교의 세계관 속에서 불교를 지키는 위치에 자리하게 되었다. 그 대표적인 것이 제석천帝釋天과 범천梵天이다. 제석천은 베다의 천둥신인 인드라로,

18 인도 최고(最古)의 종교문헌으로서 바라몬교의 근본 성전. 인도의 종교, 철학, 문학의 원류를 구성하는 문헌으로 기원전 수십세기 무렵 인도의 서북부에 이주해 있던 아리아족이 위대한 자연현상을 찬미하여 노래한 서정시에서 출발하여 이후 천년간에 걸쳐 성립했다. 가장 오래된 리그베다, 그 뒤를 잇는 사마베다, 야주르베다, 그리고 다른 계통의 아타르바베다를 4대 베다라고 부른다.

이 세계의 주인으로서 영웅신적인 성격을 지닌다. 불교에서는 수미산須彌山[19]의 정상에 있는 도리천忉利天의 주인이다. 범천은 인도의 우주원리인 브라흐만을 인격화한 신 브라흐마로서 불교에서는 색계色界의 천天이다. 석가가 깨달음을 얻고 그대로 열반涅槃에 들어가려고 하자, 사람들에게 가르침을 베풀어 달라고 간청했던 것이 범천이라고 한다.

이러한 인도의 신의 관념이 일본의 신에게도 적용된 것으로서, 도다이지東大寺의 대불大佛을 건립할 당시 규슈九州의 우사하치만신宇佐八幡神이 그 대사업을 돕기 위해 상경上京했다는 이야기가 있는데, 이것이 바로 두 번째 타입의 예 중 가장 처음이자 대표적인 예이다. 하치만신의 본래 성격에 대해서는 확실하지 않지만, 기타큐슈北九州를 중심으로 세력을 가지고 있던 신으로서 오진應神 천황의 영靈이라고도 한다. 하치만신은 아마테라스와 대조적으로 불교와의 관계가 두드러진 신으로서 소교하치만僧形八幡 신상神像처럼 불교식의 모습을 한 도상圖像이나 조각으로 남아 있다. 또한 조정으로부터 대보살大菩薩이라는 호를 받기도 했다. 후대에는 겐지의 수호신으로서 무사에게도 존경받았다.

이 경우도 불교 측에서 본다면 불교가 토착신의 도움을 받음으로써 일본 사회로부터 저항을 받지 않고 쉽게 정착할 수 있었으며, 한편 신기신앙 측에서는 중앙의 권력과 결부된 불교의 힘을 빌어 세력을 넓힐 수 있었다는 쌍방의 이해가 일치하여 성공한 예이다. 이와 같이 신은 유행遊幸(遊行)할 수 있게 되어 요리시로ヨリシロ[20]의 이동과 함께 다른 곳으로 옮길 수 있다. 강력

---

19 산스크리트어 Sumeru의 음사(音寫)어. 불교의 세계관에서 세계의 중심을 이루는 거대한 산. 바다 속에 있으며 정상은 제석천이 사는 도리천으로, 중턱에는 사천왕이 산다. 주위는 9개의 산과 9개의 바다로 둘러싸여 있으며, 그 바닷속에는 섬부주(贍部州) 등의 4대 주가 있다고 한다.

한 신은 전국 각지에서 권청勸請을 받아 세력을 넓히게 된다. 또한 하치만신이 오진 천황의 영과 습합한 것처럼 부처와의 습합 뿐 아니라 다른 신들과의 습합도 가능하다. 이것을 신신습합神神習合이라고 부르기도 한다.

이밖에 불교와 습합한 유명한 신으로 이나리신稻荷神이 있다. 본래 식물 및 농업에 관계했던 이나리신은 구카이空海 앞에 나타나 도지東寺[21]의 수호를 약속했다. 이나리신은 불교를 매개로 하여 들어 온 인도의 신 다키니[22]와도 습합하여 불교와 한층 더 깊은 관계를 가지게 되었다.

신과 함께 모셔진 어령

세 번째 형태는 헤이안시대 초기의 어령신앙御靈信仰에서 전형적으로 볼 수 있다. 정치적 음모에 의해 불의의 죽음을 맞이한 인간의 영혼이 갖가지 재앙을 초래하여, 그 영혼을 달래기 위해 신으로 모셨던 것이다. 이것이 이른바 원령怨靈이다. 정치적으로 불안정한 시대였던 헤이안시대 초기에는 음모와 책략으로 많은 희생자가 나왔다. 그 후 역병이 유행하는 등 갖가지 악재가 계속 되었기 때문에 조간貞觀 5년(863)에 교토의 신센엔神泉苑에서 사와라早良 친왕을 비롯한 6명의 영을 모시게 된 것이 그 시작이라고 한다. 어령에게는 밀교의 명왕明王에서 볼 수 있는 분노하는 신의 성격이 부여되어 그것을 달래

---

20 신이 강림하는 내림대. 거목이나 암석 등이 대표적이다.

21 교토에 있는 진언종(眞言宗)의 총본산. 794년에 세워진 헤이안쿄의 진호를 위해 헤이안쿄의 조영에 즈음하여 창건되었다. 823년 구카이에게 하사하여 진언밀교 수행의 도장이 되었다.

22 인도의 여신으로 힌두교에서는 칼리신의 권속이다. 본래는 농업신이었지만 성과 애욕을 주재하는 신으로 여겨져 인육(人肉) 및 살아있는 사람의 심장을 먹는 악신이 되었다. 다키니는 불교에 도입되어 대일여래의 화신인 대묵천(大墨天, 마하카라)에게 패배하여 육식을 하지 않겠다고 맹세하였으나, 죽은 사람의 심장을 먹는 것 만은 허용되었다고 한다. 이후 다키니는 사람의 죽음을 6개월 전에 미리 알 수 있는 능력이 생겼다고 한다.

기 위해 밀교密敎 의례가 사용되었다.

어령신의 성격을 지닌 전형적인 신은 스가와라노 미치자네菅原道眞(845~903)의 영을 모셨던 덴만텐진天滿天神[23]이다. 미치자네는 1급 문인文人 정치가로서 우다이진右大臣까지 올랐던 인물이지만, 쇼타이昌泰 4년(901)에 다자이후大宰府[24]로 좌천되었다. 미치자네가 죽은 뒤 사회적 불안과 역병 그리고 낙뢰 등이 끊이지 않았는데, 이것을 미치자네의 어령 때문이라고 생각하여 그 영을 모시게 되었다. 이것이 기타노텐만구北野天滿宮다. 스가와라노 미치자네는 제사를 모시자 이번에는 국가를 수호하는 선신善神이 되어 널리 신앙의 대상이 되었다. 현대에는 생전의 문인이었던 미치자네의 성격에서 학문의 신으로 수험생들의 신앙의 대상이 되어 있다.

유명한 기온사祇園社(현재의 야사카신사[八坂神社])도 신도, 불교, 음양도陰陽道가 섞인 신앙 형태로, 재앙을 초래하는 음양도계의 신인 우두천왕牛頭天王을 모심으로써 그 재앙을 면하는 것을 목적으로 한다. 기온마쓰리祇園祭가 유명한데, 본래 여름의 더운 기운 때문에 오는 나쁜 병들을 떨쳐버리는 것이 그 목적으로, 다시山車[25] 및 야마보코山鉾[26]를 요리시로로 삼아 신이 유행하게 함으로서 충분히 즐기게 한 후 물러가게 하는 것이다.

이 밖에도 불교에 의해 새롭게 형성된 신격神格은 수없이 많다. 특히 슈겐도修驗道의 발전은 새로운 신격이 탄생하는 데 큰 기여를 했다. 예를 들면 자오곤겐藏王權現은 엔노교자役行者가 요시노吉野의 긴푸센金峰山에서 감득했

---

23 전국 각지에 있는 신사로 교토의 기타노텐만구(北野天滿宮)가 가장 유명하다.

24 율령시대에 규슈 지역을 통치했던 지방행정부.

25 마쓰리 때 끌고 다니는 각종 장식을 한 수레.

26 다시의 일종으로 산 모양의 장식대 위에 창과 칼 등을 꽂아 장식한 수레.

다고 하는 신인데, 명왕 계통을 잇는 분노를 띤 모습을 하고 한 쪽 발을 든 약동적인 모습을 하고 있다.

본지수적

네 번째 형태는 본지수적本地垂迹이라고 불린다. '본本'과 '적迹'이란 개념은 중국 육조시대六朝時代부터 볼 수 있는 것으로, 특히 일본에는 천태교학天台敎學의 영향으로 보급되었다. 천태에서는 『법화경法華經』을 가장 중요한 경전으로 여기는데, 『법화경』을 다시 전반부와 후반부로 나누어 전반부를 적문迹門, 후반부를 본문本門이라고 부른다. 본문에서 역설하는 영원한 붓다에 대해, 인도에서 태어나 80세에 죽은 역사상의 붓다는 영원한 붓다가 임시적으로 나타난 것(迹)이라고 설명한다. 그것을 부처와 일본의 신의 관계에 적용하여 부처를 본래의 모습인 본지로, 신을 부처가 임시적으로 나타난 모습인 수적으로 보는 것이다. 헤이안시대 말기에는, 히에日吉의 본지는 석가釋迦, 이세伊勢의 본지는 대일大日과 같이 구체적으로 각각의 신의 본지가 정해진다. 그렇지만 본지수적설은 천태교학만으로는 설명할 수 없고 밀교密敎에서 부처가 명왕의 모습을 취한 교령윤신敎令輪身[27]이라는 등의 사고방식도 관계하고 있을 것이다.

또한 일찍이 중국에서는 노자화호설老子化胡說이 성립했는데, 이것은 노자가 인도인을 교화하기 위해 인도에 건너가서 석가가 되었다는 이야기로, 불교에 대항하여 중국이 내놓은 설이다. 이와 반대로 불교 측에서는 붓다가

27 일본 밀교에서 금강계(金剛界) 만다라 속에 그려진 제존을 그 성격에 따라 분류한 '자성윤신(自性輪身)' '정법윤신(正法輪神)' '교령윤신(敎令輪身)' 중의 하나. 중생구제를 위해 교령(敎令)에 따라 강제적으로 교화시키는 분노를 띤 모습을 한 명왕 형태로 변한 것이 교령윤신이다.

중국인을 교화하기 위해 세 명의 보살을 중국에 보내어 공자・안회(공자의 첫 번째 제자)・노자가 되었다는 설도 내놓았다. 일본의 본지수적설이 형성되는 데에는 이러한 설도 큰 영향을 미쳤으리라 생각된다.

신들의 자각

이와 같이 신불습합은 여러 가지 형태를 취하면서 전개했는데, 기본적으로는 모든 형태가 불교 측이 이론적으로 이끌면서 일본의 신을 그 지배하에 두는 형태로 발전했다. 그러나 일본의 신이 불교에 의해 소멸된 것은 아니다. 신은 부처의 지배하에서 변모하면서도 완전히 섞여서 일체화되어 버린 것은 아니다. 신불격리神佛隔離라고 하여 신불습합시대에도 이세나 궁중의 의식처럼 불교적 요소를 의도적으로 배제하려는 경향도 있었다. 이렇게 신기신앙은 불교와 교섭하면서도 차츰 그 독자성을 자각하게 되고, 머지않아 일본이라는 땅에 적합한 종교 형태로서 자기주장을 하기 시작한다. 그것이 중세의 신도다.

3장

복합적 신앙의 전개

1. 불교 사상의 기저

불교의 문화와 교학

7~8세기 무렵의 불교는 대륙의 문화를 종합하는 존재로서 적극적으로 도입되었다. 불교는 단지 하나의 종교에 머물지 않았다. 웅장하고 아름다운 사찰은 최첨단 건축과 공예의 정수를 담고 있었고, 의학·치수治水 등의 과학기술부터 음악 등의 오락에 걸친 모든 분야를 커버하는 만능의 문화였다. 이러한 고대의 불교 문화가 정점에 달했던 것이 8세기 중엽의 쇼무聖武 천황 시대였다. 쇼무 천황은 자신을 '삼보三寶의 종복'이라고 표명하고 고쿠분지와 고쿠분니지를 건립한 후, 덴표쇼호天平勝寶 4년(752)에는 천하의 부를 다 모아 건립한 도다이지東大寺의 비로자나불의 개안공양開眼供養을 거행했다. 그러나 이미 율령제는 많이 쇠퇴해져 있었고 대불 건립도 민간불교의 지도자였던 교키行基(668~749)의 힘을 얻어서 실현되었던 것이었다.

이 시대에는 불교의 본격적인 연구가 시작되었는데, 그것은 남도南都[1] 6종六宗(구사[俱舍]·성실[成實]·율[律]·삼론[三論]·법상[法相]·화엄[華嚴])으로서 조직적으로 연구되었다. 본격적인 불교 연구를 위해서는 경전의 수입이 전제되어야 한다. 여기에는 도쇼道昭·도지道慈·겐보玄昉·감진鑑眞 등의 입당승入唐僧 및 도래승渡來僧의 노력이 컸다. 겐보는 당나라 개원開元 18년(730)에 『개원석교록開元釋敎錄』에 의해 막 정리가 된 대장경大藏經을 일찍이 덴표 7년(735)에 일본으로 들여왔다고 한다. 당시는 아직 인쇄기술이 없었기 때문에 경전을 들여온 다음에는 그것을 서사書寫해야 했는데, 그것을 위해서 도다이지에 사경소寫經所를 두고 국가사업으로서 대규모 사경사업에 착수했다. 가장 유명한 사경사업에는 고묘光明 황후의 발원發源으로 행해진 5월 15일 경經(덴표 12년, 740)이 있다. 이렇게 해서 불교는 마침내 본격적인 연구단계에 들어가게 된다. 일본인의 손에 의한 본격적인 주석서註釋書가 저술되기 시작한 것은 나라시대 후반이 되어서이며, 삼론종三論宗의 지코智光, 법상종法相宗의 젠주善珠 등이 유명하다. 삼론종과 법상종 사이에는 논쟁이 오고 갔는데, 이것은 형태를 달리하여 사이초最澄에 의한 천태 대 법상의 논쟁으로 이어졌다.

일본 불교의 기초 확립

나라시대 후반에 있었던 이와 같은 교학敎學의 융성隆盛을 이어받아, 사이초 및 구카이의 새로운 사상이 형성된다. 사이초와 구카이의 사상에 대해서는 근년에 재평가가 진행되고 있기는 하지만 아직도 일본 종교사 안에서의 위치가 충분히 규명되지는 않았다. 그러나 실은 일본 불교 사상의 기초는

1 지금의 나라 지방을 말함. 나라는 교토에 비해 남쪽에 있었던 것에서 남도라 불렀다.

사이초와 구카이 등이 활약한 헤이안시대 초기에 거의 확립되었으며, 가마쿠라鎌倉 불교를 포함하여 그 후의 사상적 발전은 그 기초 위에서 응용적으로 전개했다고 볼 수 있다.

그렇다면 이 시대에 일본 불교의 기초가 되는 사상이 어떻게 확립된 것일까? 교리적으로 말하면 사이초가 확립했던 일승사상一乘思想이 가장 크고, 계율적戒律的으로는 역시 사이초가 제안했던 대승계大乘戒 사상이 근본이며, 거기에 구카이가 제안했던 밀교의 즉신성불卽身成佛 사상 등이 더해진다. 그리고 이것들이 이른바 일본 불교의 고층적 기초를 형성하게 되어, 불교뿐만 아니라 그 후의 종교의 전개를 크게 규정짓게 된다.

국가와의 관계에서 본다면, 사이초의 천태종이나 구카이의 진언종眞言宗은 남도 6종처럼 국가에 의해 유지되는 국가 불교가 아닌, 진호국가를 표방하면서도 국가의 통제로부터 자립할 수 있는 힘을 기를 수 있게 되었다. 수도인 교토에서 떨어진 히에이산比叡山이나 고야산高野山에 본거지를 둔 것도 그 때문이다. 그렇게 함으로써 지금까지 개별적으로 행해졌던 교학과 수행修行을 유기적으로 조합할 수 있게 되었다.

사이초와 두 가지 논쟁

사이초(767~822)는 오우미국近江國[2] 사람으로 오우미 고쿠분지의 교효行表를 스승으로 삼아 출가한 후 도다이지에서 계를 받았지만, 곧바로 히에이산에 칩거하면서 12년간 수행을 쌓았다. 엔랴쿠延曆 23년(804)에 견당사遣唐使와 함께 당나라에 들어가 남방의 천태산天台山을 중심으로 수학한 후 1년 뒤에

---

2 지금의 시가(滋賀)현.

귀국했다. 엔랴쿠 25년(806)에는 간무桓武 천황의 원조를 받아 타 종파와 나란히 천태종도 매년 정식 출가자(넨분도샤[年分度者])를 인정받게 되었다. 그 후 구카이와의 교섭과 단교斷交 등을 거쳐 만년에는 남도를 상대로 한 두 가지 논쟁에 몰두했다. 그 첫 번째 논쟁은 법상종의 승려인 도쿠이치德一[3]를 상대로 한 일승一乘・삼승三乘 논쟁이고, 또 하나는 남도의 종파 전체를 상대로 한 대승계단大乘戒壇 설립을 둘러싼 논쟁이다.

일승・삼승논쟁은, 법상종이 성문聲聞・연각緣覺・보살菩薩이라는 세 종류의 수행자(삼승[三乘])에 따라 깨달음에 차이가 있다는 삼승설三乘說을 주장하는 것과 달리, 천태종은 모든 사람은 똑같이 부처가 될 수 있다는 일승설一乘說(일승사상[一乘思想])을 주장하는 것에서 기인했다. 일승설은 또한 모든 사람에게는 불성佛性이 있다는 실유불성설悉有佛性說과 같은 의미라고 생각해도 좋다. 이 이후의 일본 불교는 일승설・실유불성설이 주류를 이룬다. 다음 장에서 자세히 언급할 본각사상本覺思想은 물론 가마쿠라시대의 선禪 및 정토교淨土敎, 니치렌日蓮 계열 등의 사상도 모두 이 기초 위에 성립한 것이다.

또 하나의 논쟁은 대승계大乘戒 및 계단戒壇을 둘러싼 논쟁이다. 애초에 인도에서 불교가 생긴 이래, 대승불교도 부파불교의 계율을 따랐기 때문에 대승불교 독자의 계율을 가지고 있지 않았다. 『범망경梵網經』에 근거한 대승계(범망계[梵網戒])가 있기는 하지만 그것은 출가자 뿐 아니라 재가자에게도 통용되는 대승 정신의 획득을 의미하는 것으로서, 출가자를 배출하기 위한 계율은 아니다. 나라시대에 일본으로 건너온 감진鑑眞[4]은 출가자를 위한 계

---

3 생몰연대 미상. 헤이안시대 초기의 법상종 승려.

4 688~763. 중국 강소성(江蘇省) 출신의 당나라 승려로서 나라시대에 일본으로 건너와 수계제도를 창설한 인물이다. 도다이지에 머물면서 계율을 보급시키고 755년에는 계단원(戒壇院)을 개설했다.

율인 구족계具足戒를 일본에 들여 왔지만, 또 한편에서는 대불大佛 앞에서 쇼무聖武 천황 등의 재가자에게도 범망계를 주었다.

사이초는 이 범망계를 지금까지의 구족계를 대신하는 출가자의 수계용으로 이용하려고 했던 것이다. 그때까지는 도다이지, 시모쓰케 야쿠시지下野藥師寺,[5] 쓰쿠시 간세온지筑紫觀世音寺[6]의 세 계단三戒檀 중 어느 한 곳에 가서 계를 받아야만 했기 때문에, 계율을 받기 위해 히에이산에서 도다이지로 간 젊은 승려들이 수행이 엄격한 히에이산으로 돌아오지 않았던 실질적인 이유도 있었다. 그러나 그 보다도 대승이라면 대승불교의 독자적인 계율에 따라야 한다는 원칙을 관철하려는 순수 대승주의大乘主義의 주장이 그 밑바탕에 있었다. 히에이산의 대승계단은 사이초가 죽은 후인 822년에 조정으로부터 허가를 받아, 이후 히에이산에서 출발한 가마쿠라시대의 선종禪宗, 정토종淨土宗, 니치렌종日蓮宗 등의 각 종파는 이 범망계에 의해 수계가 행해졌다. 이 대승계에 의한 수계는 일본의 독자적인 것으로서 타 아시아 지역의 불교와 다른 일본 특유의 불교 교단의 모습을 보여주는 것이 되었다. 이 때 본래 범망계는 재가와 출가에 공통하는 계율이었던 것에서 재가와 출가의 구별을 애매하게 만드는 결과를 낳았으며, 나라시대 이후의 사도승私度僧(사적 출가자)이나 사미승沙彌僧(정식으로 수계하지 않은 출가자)의 전통과 결부되어 계율의 완화를 초래하게 되었다.

---

5 지금의 도치기(栃木)현 시모쓰케(下野)시에 있었던 사찰이나 지금은 그 터만 남아 있다. 7세기 말 덴무 천황이 건립한 것이라고 전해지는데, 761년 감진에 의해 계단이 설립된 것으로 유명하다.

6 지금의 후쿠오카(福岡)현 다자이후(太宰府)시에 있는 천태종 사찰. 덴지 천황의 발원으로 나라시대에 창건된 사찰로서 761년에 감진에 의해 계단이 설립된 이후 중세까지 규슈 지방 승려들의 수계의 장이었다.

밀교의 대성자: 구카이

한편, 사이초도 밀교를 도입하려고는 했으나 그가 전수받은 밀교만으로는 충분하지 않았다. 밀교는 이 이후의 일본 불교를 이해하는 데 있어서 가장 중요한 요소가 되었다. 구카이에 의해 시작된 궁중의 고시치니치노미시호後七日御修法[7]에서 전형적으로 볼 수 있듯이 초기의 밀교는 진호국가의 의례에 주로 사용되었으나, 이윽고 셋칸攝關정치가 진행됨에 따라 출산기원出産祈願이나 원적조복怨敵調伏 등 귀족의 개인적 욕망 성취를 위해 이용되기 시작했다. 또한 밀교적 발상은 주술과도 결부되어 민중 속에도 보급된 결과 토착종교가 정비되는 이론적·의례적 기반을 만들게 되었다.

이러한 밀교를 본격적으로 도입한 것이 구카이(774~835)다. 시코쿠四國의 사누키讚岐에서 태어나 한때 대학에 몸을 두기도 했고, 유불도儒佛道 삼교의 비교를 시도한 『삼교지귀三敎指歸』를 저술한 것 외에 젊은 시절의 사적은 잘 알려져 있지 않지만, 사도승으로서 시코쿠의 산속에서 수행을 했다고 한다. 그러던 구카이가 돌연 국가로부터 발탁되어 사이초와 함께 엔랴쿠 23년(804)에 견당사와 함께 당나라로 건너갔다. 당나라의 남쪽 지방에 머물고 있던 사이초와 달리 도읍인 장안長安으로 들어가 청룡사靑龍寺의 혜과惠果로부터 최신 밀교를 전수 받고 다이도大同 원년(806)에 귀국했다. 귀국 후 다카오산高雄山을 거점으로 수행하면서 사이초 등에게도 밀교의 관정灌頂을 수여하는 등의 활동으로 이름이 알려져, 국가로부터 고야산을 하사 받는다. 또한 만년에는 수도인 교토에 도지를 하사 받고, 궁중에 신곤인眞言院을 설치하여 밀교

---

7 매년 1월 8일부터 7일간 국가의 번영, 옥체안온(玉體安穩), 만민풍락(萬民豐樂), 오곡풍양(五穀豐穰) 등을 기원하여 행해진 진언종의 수행법. 834년 구카이가 조정의 칙허를 받아 수행했던 것이 시작이 되어, 궁중의 신곤인(眞言院)을 도장으로 삼아 메이지의 폐불훼석 때까지 이어졌다.

의 수법修法을 실시하는 등 세력을 확대했다.

구카이의 밀교는 태장계胎藏界와 금강계金剛界의 양부兩部(양계[兩界])를 세워 체계화 한 것이 특징이다. 태장계는 『대일경大日經』에 근거한 것으로 여성적 원리 혹은 리理(진리)를 나타낸다. 금강계는 『금강정경金剛頂經』에 근거한 것으로 남성적 원리 혹은 지혜智慧를 나타낸다. 만다라는 이 이대원리二大原理를 축으로 모든 부처와 타교의 신들을 배열함으로써 우주의 질서를 표현한 것이다. 양부의 발상은 중국의 전통적인 『역易』의 음양이원론陰陽二元論과도 상통하는 것으로서 그 응용범위가 넓고, 슈겐도修驗道나 료부신도兩部神道 등 토착종교를 불교에 의해 체계화하는 원리로 이용되었다.

밀교의 실천사상의 핵심을 이루는 것은 즉신성불卽身成佛 사상이다. 이 원리는 구카이의 『즉신성불의卽身成佛義』(구카이의 저서라는 것을 의심하는 설도 있음)에서 자세히 볼 수 있는데, 이 책에서 구카이는 만물을 관통하는 원리로서 지地·수水·화火·풍風·공空·식識의 육대六大를 들어 그것이 부처의 근원임과 동시에 우리 인간의 근원이라고도 한다. 따라서 근원적으로 우리 인간과 부처는 일치해 있는데, 그것을 만다라의 상징을 힌트로 해서 표현함으로써, 부처의 몸身體과 말言語과 마음心의 세 가지 활동인 삼대三大와 우리 인간의 세 가지 활동을 합일合一시키는 것이다. 이러한 사상을 근거로 밀교에서는 현세에서 곧바로 부처가 될 수 있다고 주장한다.

진언종뿐만 아니라 사이초도 천태종의 입장에서 즉신성불을 주장한다. 사이초의 경우 『법화경』 신앙에 근거하여 『법화경』을 통해 매우 쉽게 성불할 수 있다고 설명한다. 일반 불교의 사고방식에서는 부처의 깨달음을 얻기 위해서는 현세에서만으로는 불충분하기 때문에 몇 번이고 환생하여 수행을 계속해야 한다고 설명한다. 이에 비해 현세에서 그대로 부처가 될 수 있다는 즉신성불 사상은 획기적인 것이며, 깨달음을 매우 친근한 것으로 인식하게 했다. 이 사상은 다음에 언급하는 것처럼 있는 그대로의 현실을 그대로 깨달음의 세계라고 보는 본각사상으로 이어진다. 또한 살아 있는 사람이 의례를 지냄으로써 죽은 사람의 성불을 실현하는 장례불교葬禮佛敎의 발상도 즉신성불을 통해 성불이라는 개념과 친숙해진 토양 위에서 발전하게 된다.

사이초와 구카이 이후 진언종(도지를 중심으로 하기 때문에 도미쓰[東密]라고 부른다)은 물론이지만, 천태종에서도 밀교(천태종의 밀교라는 의미에서 다이미쓰[台密]라고 부른다)가 크게 발전한다. 다이미쓰는 엔닌圓仁[8]·엔친圓珍[9]을 거쳐 안넨安然(841~?)에 이르러 대성된다. 안넨은 일불一佛·일시一時·일처一處·일교一敎와, 모든 것은 '일一'로 통일된다고 역설하여 밀교의 절대성을 극한까지 끌어올린다. 마침 이 시기는 셋칸정치가 시작되어 거대한 장원을 기반으로 하는 귀족시대로 이행하는 때였으며, 또한 구카이 등을 대표로 하는 한시漢詩 등의 당나라 풍의 문화 대신 국풍문화國風文化의 시대로 이행하는 시기이기도 했다. 고야산과 히에이산은 모두 한동안 침묵하게 되지만 10세기 중반에 다시 일어나 새로운 시대에 대비하게 된다.

---

8 794~864. 헤이안시대 전기의 승려로 천태종 산몬파(山門派)의 시조. 15살에 히에이산에서 출가하여 사이초에게 사사 받고, 이후 44살에 당나라에 건너가 10년 가까이 당에 머물면서 밀교를 배운다. 귀국 후 다이미쓰의 기초를 세우고, 중국 오대산(五臺山)의 염불을 전하였는데, 이는 히에이산 정토교의 발상이 되었으며 훗날 정토교 발전에 큰 영향을 미쳤다. 저서로는 당나라 여행기인 『입당구법순례행기(入唐求法巡禮行記)』 등이 유명하다.

9 814~891. 헤이안시대 불교 승려로 천태종 지몬파(寺門派)의 시조. 제1대 천태좌주(天台座主) 기신(義眞)의 제자로, 853년에 당나라에 건너가 858년에 귀국한다. 특히 다이미쓰의 흥륭에 힘을 쏟는다. 그러나 이후 엔닌 문벌과 대립하여 분쟁이 일어나게 되고 엔친 문벌은 993년 히에이산을 내려와 온조지(園城寺)에 정착하게 된다.

『영이기』를 통해 본 천황과 불교

이와 같은 사도승이나 사미, 우바새優婆塞(재가신자) 등의 불교를 생생하게 그려낸 것이 헤이안시대 초기에 야쿠시지藥師寺의 승려 교카이景戒가 저술한 『니혼령이기日本靈異記』였다. 교카이 자신도 처자를 두고 속인과 같은 생활을 했다. 그 교카이가 이상시했던 것이 쇼무 천황 시대였으며, 교카이도 또한 천황과 불교와의 관계에 가장 깊은 관심을 쏟고 있었다. 상권의 앞머리에는 유랴쿠 천황의 가신인 지이사코베노 스가루小子部栖輕가 우레를 다스리는 이야기가 있다. 스가루는 "아무리 우레의 신이라 해도 어찌하여 천황의 말씀을 듣지 않는가"라고 우레를 엄하게 꾸짖고 우레가 떨어진 곳을 포착했다고 한다. 즉 이 이야기 자체가 천황의 영적인 위엄을 증명하고 있다.

불교와 천황의 관계라고 하면 당연히 쇼토쿠 태자가 자주 거론된다. 상권 제4화에는 유명한 가타오카산片岡山 전설이 전해진다. 태자가 가타오카산에서 산길에 쓰러져 있는 사람을 만났는데 그 쓰러져 있던 사람이 실은 성인聖人이었다는 이야기다. 이 이야기는 『니혼쇼키』에도 나오는 것으로 태자 전설 중에서도 가장 친숙한 것이다. 그러나 그보다도 흥미로운 것은 제5화다. 제5화에서 쇼무 천황은 쇼토쿠 태자가 환생한 것이며, 승려 교키는 문수보살이 환생한 것이라고 한다. 쇼무 천황은 그야말로 쇼토쿠 태자에 필적하는 존재로 간주되어 있으며, 그것과 함께 교키의 성인성聖人性이 클로즈업된다. 쇼토쿠 태자가 가지고 있는 천황과의 관계와 성인성聖人性이 쇼무 천황과 교키로 나뉘어져 있다고도 할 수 있다.

교키는 쇼토쿠 태자에 비견되는 성인으로 취급되고 있는데 중권의 제30화에서는 교키의 신비력에 대한 이야기가 실려 있다. 교키의 설법을 듣기 위해 몰려든 사람들 중에 어린 아이를 데리고 온 여성이 있었는데, 아이가

울음을 멈추지 않아 설법을 들을 수 없었다. 교키는 그 여자에게 명하여 아이를 연못에 던져버리게 했다. 그러자 그 아이는 연못 위로 떠올라 분해하며 "3년만 더 있었으면 잡아먹어 버릴 수 있었는데"라고 소리쳤다. 교키는, 여자가 전생에서 돈을 빌리고 갚지 않았기 때문에 돈 주인이 어린 아이로 환생하여 괴롭히고 있었던 것이라고 설명해 주었다. 교키에게는 이처럼 전생을 꿰뚫어 보는 능력이 있었다.

천황과 불교의 관계는 하권의 맨 마지막인 제39화에서도 볼 수 있다. 제39화에는 젠주善珠와 자쿠센寂仙이라는 두 고승이 나온다. 두 고승은 지혜와 덕행이 높았는데 이로 인해 젠주는 간무 천황의 11번째 황자인 다이토쿠大德 친왕으로 환생했고, 자쿠센은 간무 천황의 2번째 황자인 가미노神野 친왕으로 태어나 뒤에 사가嵯峨 천황이 되었다고 한다. 이러한 이야기의 배경에는 십선十善의 제왕帝王이라는 관념이 있다고 한다. 전생에서 십선(신[身]·구[口]·의[意]에 관련된 10가지의 기본적인 선)을 성취한 사람이 제왕으로 환생한다는 것이다. 따라서 원리적으로 볼 때 천황이 전생에 뛰어난 수행자였다는 것은 당연한 것이다. 불교의 발전 속에서 천황 역시 불교의 이법에 따르는 존재가 되었던 것이다.

『영이기』를 통해 본 신과 불

천황과 불교와의 관계와 동시에 신과 불의 관계도 또한 변해간다. 가쓰라기葛城[10]의 히토코토누시一言主 신은 길한 일도 흉한 일도 한마디로 단언하는 무서운 산의 신으로 알려져, 천황까지도 경의를 표할 정도의 힘을 가지고

10 나라분지 서남부 일대의 옛 지명.

있었다. 그런데 『영이기』에서 이 히토코토누시 신은 완전히 힘을 잃어버리고 그 대신 힘을 가지게 된 것이 엔노오즈누役小角(엔노우바소쿠[役優婆塞])였다. 상권 제28화에 의하면 엔노우바소쿠는 불법佛法을 신앙하고 공작명왕孔雀明王의 주법을 습득하여 귀신들을 자유자재로 부리고 있었다. 이에 히토코토누시 신이 천황에게 "엔노우바소쿠는 천황을 무너뜨리려는 모략을 꾸미고 있습니다"라고 모함하여 천황은 엔노우바소쿠를 잡아들이도록 했으나 실패하고 말았다. 결국 그의 어머니를 인질로 삼아 잡아들여 이즈伊豆로 유배시켰는데, 엔노우바소쿠는 낮에는 이즈에 있으면서 밤에는 후지산富士山에서 수행을 계속했다고 한다. 3년 후 용서를 받아 풀려난 뒤에는 선인仙人이 되어 하늘로 날아가 사라져 버렸다고 한다.

예전에는 천황을 초월하는 위력을 자랑했던 히토코토누시 신도 새로운 주력을 습득한 엔노우바소쿠 앞에서는 아무런 힘도 쓰지 못하고 단지 천황에게 모함하는 비굴한 역할로 전락한다. 이에 대신하여 위력을 가지게 된 엔노우바소쿠는 불교를 표방하면서도 산악 신앙과 도교적인 요소를 겸비한 강대한 주력을 습득하여, 새롭게 천황에 대항할 수 있는 만큼의 힘을 가지게 되었다. 엔노우바소코는 뒷날 슈겐도의 개조開祖가 된다. 이것이 『영이기』에 나타난 불교의 실태이기도 하다.

불교는 신들을 초월하는 위력을 보이지만, 그 불교는 반드시 고도의 이론이나 깊은 사색은 아니었다. 오히려 불교는 토착신들의 세계에 가까운 영역에서 신들을 능가하는 힘을 지님으로써 그 힘을 발휘하게 되는 것이다. 사이초나 구카이도 역시 히에이산 및 고야산이라는 산악수행의 장을 손에 넣어 산악불교를 재편함으로써 그 힘을 얻을 수 있었다. 여기에 일본 땅에서 토착화되어 가는 불교의 방향이 제시되어 있다.

2. 제 신앙의 중층

셋칸기의 신앙

헤이안시대 초기에는 간무 천황조를 중심으로 율령제의 재편성이 시도되었지만 성공을 거두지 못하고, 이윽고 9세기 후반에는 장원제를 기반으로 한 셋칸攝關정치의 시대로 이행한다. 그 속에서 종교 역시 국가 중심의 제사체제가 붕괴되어 간다. 황실의 행사도 국가적 제사라기보다는 천황의 사적인 제사로서의 성격을 가지게 되고, 아울러 귀족 개인이나 집안(이에[家])을 중심으로 한 기도가 성행하게 된다. 이것에 대응하여 가장 발전한 것이 밀교다. 밀교는 교리를 연구하는 교상教相과 여러 가지 수행법으로 이루어진 사상事相으로 나뉘어 지는데, 교상은 안넨의 시기에 거의 확립되었고 그 후는 사상이 복잡하게 전개되었다. 도미쓰東密에서는 크게 쇼보聖寶[11]에서 시작되는 오노류小野流와 야쿠신益信[12]에서 시작되는 히로사와류廣澤流로 나뉘며, 여기서 유파가 더욱 세분화된다. 다이미쓰台密에서는 사이초를 연원으로 하는 곤폰다이시류根本大師流, 엔닌을 연원으로 하는 지카쿠다이시류慈覺大師流, 엔친을 연원으로 하는 지쇼다이시류智證大師流로 나뉘며, 지카쿠다이시류가 다시 세분화 되어 전체적으로는 다이미쓰 13파라고 불렀다.

헤이안시대 중기에는 이러한 밀교를 중심으로 한 불교 외에, 이세伊勢, 이와시미즈岩清水, 가모賀茂 등의 22개 신사를 중심으로 한 신기신앙, 나아가서는 음양도陰陽道와 산악신앙도 성행하게 되어 다양한 신앙이 복합적으로

---

11 832~909. 야마토(大和, 지금의 나라) 사람으로 헤이안시대 초기의 진언종 승려이자 슈겐도 도잔파(當山派)의 시조이기도 하다.

12 827~906. 빈고(備後, 지금의 히로시마) 사람으로 헤이안시대 초기 진언종의 승려.

존재했다. 음양도는 원래 중국의 음양오행설陰陽五行說에 근거한 것으로 도교로부터도 큰 영향을 받았다. 율령시대에는 온묘료陰陽寮가 있어서 천문이나 역을 담당했는데, 이것이 이른바 음양도로서 확립한 것은 헤이안시대 중기인 10세기 무렵부터다. 음양도는 가모씨賀茂氏와 아베씨安倍氏에 의해 세습되어 아베 세이메이安倍晴明와 같이 전설화된 음양사도 나타났다. 모노이미物忌[13]나 가타타가에方違[14]는 부정不淨의 관념이 비대화됨과 함께 귀족의 생활 속에서 일상화 되어 간다. 부정은 이 무렵부터 매우 엄하게 금기시되고 불교 속에도 도입된다. 특히 죽음과 피는 엄격하게 금기시되어 그것이 여성차별을 조장하는 결과를 낳기도 했다.

새로운 의례의 형성

음양도는 신기신앙 및 불교, 그 중에서도 특히 밀교와 깊게 관계하면서 이때까지 없었던 새로운 의례를 만들어 냈다. 특히 밀교에서는 숙요도宿曜道가 성행했다. 숙요도는 인도의 밀교 및 중국의 점성술에서 유래하는 것으로 태양과 달, 화성·수성·목성·금성·토성의 다섯 혹성을 말하는 칠요七曜에, 라후羅睺와 계도計都라는 두 혹성을 더한 구요九曜의 활동으로 운세를 점치는 것이다. 이와 관련하여 성좌星座신앙이 성행했는데, 특히 북두칠성 중 하나를 태어난 해에 따라 본명성本命星이라고 하여 중시했다.

귀족사회는 격렬한 권력투쟁과 복잡한 인간관계 속에서 원령이나 귀신들이 활보하였고 그것에 대처하기 위한 다양한 주법呪法들이 왕성하게 행해

---

13 부정을 탄다고 하여 어떠한 행위나 물건들을 꺼리고 피하는 것, 혹은 일정기간 동안 음식과 행위를 삼가며 몸을 정결케하여 부정을 피하는 것을 말한다.

14 음양도 사상에 근거하여 헤이안시대 이후에 행해졌던 풍습 중의 하나로 외출시에 목적지의 방향이 불길하면 전날 길한 방향의 집에서 하루를 묵고 방향을 바꾸어 목적지로 가는 것.

졌다. 특히 질병이나 출산 등 생명에 관계하는 큰 일에는 여러 가지기도加持祈禱가 행해졌다. 원적怨敵을 저주하기 위한 육자하림법六字河臨法[15]이라는 수행법도 음양도의 영향 속에서 발전했다.

산악신앙도 이 무렵에 더욱 발전하여 슈겐도의 원형을 형성하게 된다. 토착의 산악신앙은 나라시대에 이미 불교 속에 도입되었으며, 앞에서 언급한 것처럼 구카이나 사이초도 관계가 깊다. 산악수행은 밀교적인 주력을 습득하는 것으로 밀교의 융성과 함께 더욱 성행하게 되었다. 특히 기이紀伊반도의 험악한 산악지대는 산악수행의 중심 영지靈地로 여겨 요시노吉野와 구마노熊野를 잇는 오미네大峯 산계에는 수행자가 몰려들었다. 이러한 산악신앙은 드디어 중세에 슈겐도로 체계화되어 천태종계의 혼잔파本山派와 진언종계의 도잔파當山派로 계열화된다. 엄한 산악수행이 발전함에 따라 영험한 성지에는 귀족을 비롯한 많은 사람들의 순례가 뒤를 이었다. 가장 순례가 왕성했던 곳은 구마노였는데, 인세이기院政期[16]에는 법황法皇·상황上皇을 비롯한 귀족들의 참배가 잇따랐다. 또한 나치那智의 세이간토지青岸度寺[17]를 첫 번째 후다쇼[18]로 하는 사이고쿠西國 33개소의 관음순례도 인세이기에 시작된다. 이 점에 대해서는 5장에서 언급하기로 한다.

한때 쇠퇴해 있던 고야산이나 히에이산도 헤이안시대 중기에 부흥하는데, 고야산의 부흥에는 고보弘法 대사 신앙의 발전이 함께 했다. 특히 고보

---

15 밀교, 특히 다이미쓰에서 강 가운데 배를 띄우고 관음을 본존으로하여 여섯 글자의 진언을 외움으로써 원적을 저주하는 수행법.

16 천황을 양위한 시라카와(白河)·도바(鳥羽)·고시라카와(後白河) 3대의 상황에 의한 정치가 행해졌던 시대로, 헤이안시대 후기에 해당한다.

17 와카야마(和歌山)현 히가시무로(東牟婁)군 나치산에 있는 천태종 사찰.

18 순례자가 이곳을 참배했다는 증거로서 참배표(후다, 札)를 받는 절.

대사(구카이)는 즉신성불의 경지에 달한 인물이었기 때문에 죽지 않고 고야산에서 선정禪定에 들어가 미래의 미륵보살의 출현을 기다린다는 신앙은 고야산을 성지화하는 데 큰 영향을 미쳤다.

여러 신앙의 분업과 질서

이러한 다양한 신앙은 복잡하게 얽혀 있는 것처럼 보이지만 무질서하게 얽혀 있는 것이 아니라 오늘날과 마찬가지로 어느 정도의 분업이 이루어져 있었다. 즉 죽음에 관한 의례는 불교가 독점하였고, 그에 비해 현세이익적인 면은 불교·신기신앙·음양도가 함께 담당했다. 현세이익 중에서도 적극적인 면에 해당하는 자손 번영이나 입신출세는 신기에게 기원하고, 역병이나 재앙의 제거 등의 소극적인 면에는 음양도의 힘을 빌렸으며, 불교는 양쪽 모두에 관여했다. 그러나 역시 불교·신기신앙·음양도 등은 각각 분리되어 있으면서도 서로 밀접하게 관련되어 있었기 때문에 분명하게 나눌 수 없는 부분도 적지 않다.

이러한 여러 가지 신앙의 근본에 있는 것은 '현세안온現世安穩, 후생선처後生善處' 즉, 현세를 안락하게 보내고 그 연장선상에 있는 내세도 정토에서의 생활을 향수한다는 바람이었다. 정토교는 겐신源信의 『왕생요집往生要集』[19]에 의해 기초가 만들어진 후 헤이안시대 중기에서 인세이기에 걸쳐서 성행하게 되는데, 정토교는 이러한 전체적인 신앙의 틀 속에서 생각하지 않으면 안 된다. 아미타불의 극락정토에서의 왕생과 함께 미륵신앙도 널리 퍼진다.

19 헤이안시대 승려 겐신이 985년에 저술한 불교서. 겐신은 정토교의 관점에서 많은 불교 경전과 논서로부터 극락왕생에 관한 중요한 문장을 모아 정리하고 그 문제점을 논했다. 이후 왕생요집은 일본 정토교 형성의 초석이 되었고 문학·예술 등에도 큰 영향을 미쳤다.

미륵신앙은 현재 미륵보살이 있는 도솔천兜率天에의 왕생을 바라는 상생上生 신앙과 함께, 56억 7000만 년 뒤에 미륵보살이 이 세상에 내려와 성불한다는 하생下生신앙도 번성했다. 우선은 극락정토에 왕생하여 미륵보살이 하생할 때에는 또다시 현세에 돌아오기를 바라는 큰 욕심을 가진 소원도 있었다. 고야산을 비롯해 영험이 있는 산들은 그대로 현세의 정토라고 여겨져 신앙의 대상이 되었다.

말법의 도래

말법사상末法思想도 이러한 흐름 속에서 형성되고 발전했다. 말법이란 석가가 입멸한 후 점차적으로 불법佛法이 쇠퇴해가는 모습을 정법正法·상법像法·말법末法이라는 세 시기로 나누는 일종의 하강사관下降史觀이다. 정법은 가르침敎과 수행行과 깨달음證이 모두 갖추어져 있지만, 상법에서는 가르침과 수행만이 있으며, 말법에서는 가르침만이 남아 수행도 깨달음도 없어진다는 것이다. 이 세 시기가 각각 어느 정도의 기간을 지속하는가에 대해서는 여러 가지 설이 있는데 일본에서는 정법 천년, 상법 천년, 말법 만년설이 널리 보급되었다. 이 경우에도 석가불이 언제 열반에 들어갔는가에 따라 계산이 달라지는데, 주周의 목왕穆王 53년(기원전 949) 입멸설入滅說이 널리 이용되어 왔기 때문에 이 때부터 계산하면 에이쇼永承 7년(1052)이 말법에 들어간 해가 된다.

말법의 도래는 귀족사회에 커다란 불안을 안겨 주게 되지만, 그렇다고 해서 말법의 도래가 반드시 불법이 소멸해 버리는 방향으로 전개했던 것은 아니다. 오히려 큰 사찰들이 스스로의 존재의의를 과시하기 위해 말법사상을 선전했다고 여겨진다. 말법시대야말로 그 시대에 적합한 불법을 믿지 않으면 구제받지 못한다는 논법으로 신앙을 강조하여, 불교에 관심을 갖도록 하기 위해 말법설이 이용되었다. 사이초가 저술했다고 전해지는 『말법등명기末法燈明記』라는 작품이 있다. 이 문헌에 대해서 사이초의 저술을 인정하는 설도 있지만, 아마도 인세이기에 만들어진 문헌이라고 생각된다. 이 문헌 속에서는 말법의 시대에는 계율에 따르지 않는 무계無戒의 이름뿐인 비구도 존중해야 한다고도 말하고 있는데, 이것은 말법설을 교묘하게 이용하면서 당시 불교계의 실정을 있는 그대로 인정하도록 하려는 의도가 명백하다.

말법설과 관계되는 것 중에 변토설邊土說이 있다. 이것은 일본을 석가가 태어난 나라인 천축天竺(인도)에서 멀리 떨어진 변토로 위치시키는 세계관이다. 말법시대의 변토는 원래 불교와 관계없는, 따라서 구제와는 인연이 없는 곳이지만, 그 곳에서 살아가는 중생을 구제하기 위해서 부처가 대자비심大慈悲心을 일으켜 갖가지 방편을 구사한다는 것으로서 본지수적설이 그 전형이다. 말법시대의 변토에는 부처가 그 모습 그대로 나타나 중생을 구제할 수 없기 때문에 일본의 신으로 수적垂迹하게 된다. 『비화경悲華經』의 구절로서 "내가 입멸한 후에 말법 속에서 대명신大明神으로 나타나 널리 중생을 구제하리라"는 말이 자주 인용되는데 실제로 이 구절은 『비화경』에는 나오지 않는다. 그러나 거기에는 본지수적의 원리가 명료하게 표명되어 있다. 이처럼 신이 아니면 구제할 수 없기 때문에 일본은 신국神國인 것이며, 원래 신국설이 일본의 우위를 말하는 것은 아니었다. 그것이 점차 역전하여 일본은 신에 의해 수호를 받는 특별한 나라라는 의미로 사용되게 된 것이다.

02

신불론의 전개

[중세]

4장

가마쿠라 불교의 세계

1. 실천사상으로서의 불교

현밀불교와 본각사상

가마쿠라鎌倉의 불교는 일본의 불교사, 나아가서는 종교사 속에서도 가장 빛나는 시대라고 여겨져 왔다. 특히 소위 가마쿠라 신新불교[1]는 극단적으로 말하면 일본의 종교사 속에서 유일하게 높은 평가를 받아 왔다고 해도 과언이 아니다. 그러한 가마쿠라 불교에만 편중된 평가로 인해 종교사 속에서 가마쿠라 불교 이외의 대부분은 빛을 잃었다. 가마쿠라 신불교 이전의 일본 종교는 가마쿠라 불교를 준비하기 위한 것이었으며, 가마쿠라 신불교 이후의 종교는 쇠퇴하기만 했다고 간주되어 왔다. 이러한 가마쿠라 신불교

1 선종이나 정토종 계열의 제 종파, 그리고 니치렌종 등 가마쿠라시대에 발생한 불교 종파를 특히 가마쿠라 신불교라고 부른다. 신불교에 대해 남도의 불교 및 진언밀교 등은 구불교 혹은 현밀불교라고 부른다. 그러나 이러한 신불교, 구불교라는 구분은 근대 이후에 생겨난 비교적 새로운 사고방식이다.

중심의 불교관은 메이지에 처음으로 출현한, 지극히 근대적인 사상이다. 그것은 근대의 고층 '발견'의 불교관이라고 해도 좋다.

근년, 이러한 신불교 편향이 비판받기 시작하면서 가마쿠라시대 이외의 종교도 관심을 받게 되었고, 가마쿠라시대의 종교에 대해서도 신불교 뿐 아니라 구舊불교 및 신불습합神佛習合의 중요성이 논해지기 시작했다. 현밀顯密 불교라고 불리는 천태종이나 진언종의 대사찰은 중세에도 커다란 장원莊園을 소유하며 거대한 경제력하에서 정치적인 영향력 역시 컸다. 이에 비해 이른바 신불교가 사회적으로 큰 힘을 가지게 되는 것은 무로마치實町 시대가 되어서다.

현밀불교 사상으로 근년 주목을 받고 있는 것이 본각사상本覺思想이다. 본각사상은 있는 그대로의 현실을 긍정하는 것으로서 가장 일본화 된 불교 사상이라고 한다. '본각本覺'이라는 말은 『대승기신론大乘起信論』(진제[眞諦] 역이라고 전해지고 있지만, 5~6세기 중국에서 찬술되었을 가능성이 크다)에서 나오는데, 그 연원을 인도까지 소급하기는 어렵고 중국에서 형성된 용어라고 판단된다. 본각은 중생의 방황하는 마음 속에 있는 깨달음의 원리이자, 동시에 목표로서의 깨달음이기도 하다. 그 본각에 대해 자각하지 못하고 방황하는 상태가 불각不覺이고, 불각에서 본각을 향해 나아가는 것이 시각始覺이다.

이처럼 본래 본각은 내재적 원리 또는 목표로서의 깨달음으로서, 현실을 그대로 긍정하는 것은 아니었다. 그러나 이 본각이 이미 실현되어 있다고 생각할 경우 현실이 있는 그대로 궁극적인 진리의 실현이라고 볼 수 있다. 그렇게 되면 이미 그 이상 수행을 해서 깨달음을 얻을 필요가 없어져 버린다. 본각사상이 수행불요론修行不要論에 빠져 버린다고 하여 이 시대부터 현대에 이르기까지 종종 비판받는 것은 이 때문이다. 그러나 한편으로는 그런 까닭에, 있는 그대로의 자연을 중시하는 중세 일본 문화에 들어맞아 폭넓게 영향을 미쳤다.

본각사상은 천태종에서 가장 중심적으로 발전했기 때문에 그 범위를 한정하여 천태본각사상이라고도 불리며, 초기에는 구전口傳이라는 형식으로 스승으로부터 제자에게로 전승되었다. 이른바 구전법문口傳法門이라 불리는 것으로, 그로 인해 문헌의 성립시기 등 알 수 없는 점이 많이 있다. 또한 천태종에 국한되지 않고 인세이기에서 가마쿠라시기에 걸쳐서 본각사상과 유사한 사상이 당시 불교계에 폭넓게 보여 광범위한 시대사조로서 인식되었다. 예를 들면 본지수적설만 하더라도 먼 곳에 있는 본지의 부처보다도, 이 말법・변토인 현실 속의 일본에서 친근하게 구원의 손길을 뻗는 신이 중시되었고 마침내 신과 불의 위치관계에 역전현상이 일어나는데, 이러한 동향도 현실중시의 본각사상과 무관하지 않다.

다만, 그것을 단순히 '일본적'이라는 말로 일반화시켜 이해할 수 있는가에 대해서는 신중하게 생각해야 한다. 분명히 이러한 사상이 고층으로 정착해 가기는 하지만, 한편 중국의 선종에서도 이와 유사한 수행불요론이 전개했다. '일본적'이라든가 '일본화'라는 표현을 안이하게 사용하는 것은 위험하다. 잘못하면 본각사상 역시 새롭게 '발견'된 고층으로서 실제 이상으로 이상시되어 버릴 수 있다.

'히지리'와 불교 개혁

인세이기의 불교는 복합적 신앙이 정점에 달했고 아울러 의례도 집대성되었다. 그러나 그것은 너무 번잡하여 실용적이지 못하다는 이유에서 이번에는 보다 단순화되고 실천적인 불교가 펼쳐진다. 그것을 가마쿠라 불교의 특징이라고 볼 수 있다. 그것은 아마도 일반 민중의 생활이 어느 정도 향상되고 상업 활동도 번성하게 됨에 따라 종교적 요청도 많아졌기 때문일 것이다. 가마쿠라시대는 불교계 전체가 활발하고 참신한 기운으로 넘쳐나 있었다. 그렇기 때문에 신불교와 구불교, 현밀불교와 이단파 등으로 나누기 보다는 불교계 전체에 개혁의 기운이 무르익어 다양하고 새로운 실천적 시도가 있었던 시대라고 보는 것이 옳다. 이때 기성 교단에 어느 정도 귀속되어 있는가에 따라 기성 교단 틀 내에서의 개혁을 도모하는 경우와, 기성 교단의 틀을 벗어나는 경우가 나온다. 그 차이는 반드시 신불교 대 구불교로 이분화할 수 없는 것도 있다.

이러한 가마쿠라시대의 불교 개혁을 지탱했던 것이 인세이기 무렵에 출현한 히지리聖라고 불리는 새로운 형태의 불교자 활동이다. 히지리란 본사本寺를 떠난 활동거점으로서의 사찰인 벳쇼別所를 중심으로 전통에 구애받지 않는 자유로운 수행과 표교활동에 종사하는 승려로서, 헤이안시대 중기의 구야空也(903~972)가 '이치노 히지리市の聖'로서 존경받았던 것에서 그 초기 형태를 볼 수 있다. 최근 가마쿠라시대의 새로운 불교의 특징을 '둔세승遁世僧'의 불교라고 말한다. 둔세승은 크게 말하면 히지리 등을 포함한 민간 승려로서 국가로부터 인정받고 급여를 받는 관승官僧과 대비된다. 이러한 형태로 자유롭게 활동하는 승려의 증가가 가마쿠라시대의 불교를 활성화시켰다고 할 수 있다.

호넨 교단의 과격함

가마쿠라 불교의 출발을 의미하는 '사건'은 역시 호넨法然 교단의 활동일 것이다. 호넨 자신은 마지막까지 천태종의 본산인 히에이산의 구로다니黑谷

벳쇼를 중심으로 활동하였는데 그 점에서는 히지리 불교의 전통을 잇고 있으며, 귀족과 관계하며 귀족들에게 가르침을 베풀었다는 점에서도 히지리의 성격을 강하게 가지고 있었다. 호넨의 문하에는 천태종 뿐 아니라 진언종이나 남도의 여러 종파로부터도 히지리들이 모여들었으며 그 교단은 히지리들의 집합체라는 성격이 강했다.

호넨法然(1133~1212)은 그의 주요 저서인 『선택본원염불집選擇本願念佛集』 등에서 입으로 소리내어 외는 칭명염불稱名念佛이야말로 아미타불阿彌陀佛의 본원本願에 의해 선택된 것이라고 역설하여, 부처를 관상하는 관념염불觀念念佛이나 염불 이외의 여러 가지 수행에 의한 왕생은 어렵다고 주장했다. 그 주장은 매우 명쾌했기 때문에 종래의 정토교가 가지고 있던 복잡한 의례적 측면이나 교리적 약점을 극복하고 정토교의 실천사상의 면을 강화시켰다. 그러나 종래의 불교 상식을 너무나 일탈하고 있는 점이 문제가 되었다.

또한 아미타불은 부귀·빈천·지혜·우치愚癡·다문多聞·소문小聞·지계持戒·파계破戒를 불문하고 모두를 평등하게 구제한다는 설은 많은 사람들의 공감을 얻어, 히지리를 비롯한 수많은 신자들이 몰려들었다. 이로 인해 종래의 히지리 집단에 비해 현격하게 집단의 규모가 커졌으며 일부에서는 매우 과격한 활동도 나타났다. 특히 염불만 하면 구제받는다고 하여 파계를 문제시하지 않는 점에서, 어떠한 악한 행위도 마음껏 해도 된다는 조악무애造惡無礙를 주장하는 사람들도 나타났다. 이러한 과격한 활동이 기성 불교의 여러 종파로부터 반발을 사고 마침내 사회적인 문제가 되어, 겐큐元久 3년(1206)부터 겐에이建永 2년(1207)에 걸친 탄압을 초래했다. 이때에 안락쿠安樂[2]를 포함

---

2 안락쿠보 준사이(安樂房遵西)를 말한다. 호넨 문하의 정토종 승려로서 겐에이 원년(1206) 주렌(住蓮)과 함께 교토의 시시가타니(鹿ヶ谷)에서 육시예찬(六時禮讚) 염불을 외워 많은

한 2명이 사죄死罪에, 호넨 및 신란親鸞 등이 유배에 처해졌다.

호넨이 죽은 후 그 교단은 세이잔의西山義의 쇼쿠證空, 다넨의多念義의 류칸隆寬 등이 중심이 되어 유지되었는데, 그들도 탄압을 받아 힘을 잃고 규슈를 기반으로 한 진제이의鎭西義의 벤초弁長 등의 일파가 점차 세력을 지니게 되었다. 신란(1173~1262) 교단도 간토關東지방에 정착했는데 당초는 매우 작은 교단에 지나지 않았다. 신란 자신은 간토지방에서 포교활동을 한 후 만년에는 교토로 돌아갔다. 주요 저서인 『교행신증敎行信證』 등에서 호넨의 칭명염불 중심의 정토사상에서 한발 더 나아가 '신信'을 중심으로 하는 체계를 완성시켰다. 신란의 일파가 조도신슈淨土眞宗로 세력을 확대한 것은 무로마치室町시대 후반이 되어서다.

호넨의 운동은 호넨 문하뿐만 아니라 당시의 불교계 전체에 커다란 영향을 미쳤다. 칭명염불은 대부분의 종파에서 사용되었고, 한편으로는 염불에 대항하기 위해 여러 가지 실천방법이 개발되었다. 사상면에서 본다면 호넨의 정토교가 종래의 불교를 일탈하고 있다는 점에서 비판을 초래했는데, 이러한 호넨 비판을 통해 여러 가지 새로운 사상이 전개되었다.

호넨의 비판자들

호넨의 비판자에는 조케이貞慶·묘에明慧·니치렌日蓮 등이 유명하다. 조케이(1155~1213)는 기존의 제 종파가 일치하여 호넨을 비판했던 『고후쿠지주장興福寺奏狀』의 집필자로 알려져 있다. 조케이는 고후쿠지興福寺에서 법상종을 배운 후 가사기데라笠置寺에 은둔했다. 이 점에서는 호넨과 같은 둔세승이

이들이 귀의했다. 이 때 고토바 상황의 궁녀 2명도 불교에 귀의하여 출가한 것이 고토바 상황의 노여움을 사 호넨 문하의 전수염불에 대한 탄압이 강해졌고, 주렌과 안락쿠는 사형에 처해졌다.

지만 한편으로 법상유식학法相唯識學의 새로운 발전을 담당한 인물임과 동시에 미륵신앙 등을 널리 보급하여 당시의 불교계에서 중요한 위치를 차지했었다. 『고후쿠지주장』은 호넨 교단의 염불자들이 조악무애 등의 잘못된 교리를 보급시켜 질서를 문란하게 하고 있다고 비판하여 정부院의 권력에 의한 염불 정지를 요청한 것이다.

묘에(1173~1232)는 화엄종의 입장에서는 승려이지만, 기존의 도다이지를 중심으로 한 교학에 만족하지 못하고 고향인 기이등지에서 스스로 고안한 학문과 수행을 한 후, 교토의 도가노오栂尾 고잔지高山寺를 거점으로 하여 독자의 교단을 형성했다. 그는 원래 호넨을 존경했으나 호넨이 죽은 후 출판된 『선택본원염불집』이 불교 본래의 입장에서 너무나 일탈해 있는 것에 놀라 『최사륜摧邪輪』을 저술하여 맹렬하게 비판했다. 『최사륜』은 『선택본원염불집』의 두 가지 면을 비판하고 있다. 첫 번째는 보리심을 부정하는 점이고, 두 번째는 자력수행의 입장에서 성도문聖道門의 가르침을 폄하한 잘못이다. 특히 첫 번째 점에 대한 비판에 많은 분량을 할애하여 논하였다. 보리심이란 깨달음을 구하는 마음인데, 묘에는 그것을 불교의 실천 중에서 가장 근본이라고 여겼기 때문에 보리심이 없어도 염불만 하면 된다는 호넨의 주장은 불교의 근본에 위배되는 사의邪義라고 생각했다. 묘에는 호넨을 비판하면서도 한편으로는 그 영향을 강하게 받아 보리심을 예배하는 삼시삼보례三時三寶禮 및 부처의 광명을 관찰하는 불광관佛光觀, 나아가서는 광명진언光明眞言 등 여러 가지 실천방법을 고안해 냈다.

니치렌(1222~1282)은 천태종에서 출발했지만, 이른바 『법화경』 절대주의라고도 할 수 있는 입장을 취했다. 그로 인해 『법화경』을 경시하고 정토염불을 포교하는 호넨 및 그 후계자들을 혹독하게 비판했다. 『입정안국론立正

安國論』은 이러한 입장에서 당시 사회불안의 원인을 염불유행이라고 보고, 바쿠후에게 염불정지를 요청하고 있다. 그러나 니치렌의 창제唱題(『법화경』의 제목을 외는 것)라는 실천방법은 구칭염불口稱念佛에서 영향을 받은 것이기도 하다. 니치렌은 거듭되는 바쿠후의 탄압과 타종파로부터의 비방 속에서 『개목초開目抄』[3] 및 『관심본존초觀心本尊抄』[4] 등을 저술하여 『법화경』에서 설하는 구원久遠의 석가불釋迦佛에 대한 신앙의 입장에서 그 가르침을 넓혀나가는 것이 보살의 실천임을 설했다.

새로운 흐름, 율종과 선

이와 같이 호넨은 그 찬동자와 비판자 모두에게 커다란 영향을 미쳤다. 그러나 호넨의 직접적인 영향이 아니더라도 당시의 불교계에는 갖가지 형태의 새로운 흐름이 전개했다. 특히 계율은 하나의 커다란 초점이 되었다. 조악무애를 주장하는 호넨 일파처럼 계율을 부정하는 동향이 한편에 있었는데 공공연히 처妻를 가지고 있었던 신란도 그 흐름에 서는 인물이다. 그러나 한편으로는 그러한 시대야말로 불교 부흥은 계율 부흥에서부터 감행되어야 한다는 주장도 강하였기에, 이 점에서 가마쿠라시대는 그야말로 계율 부흥의 시대라고도 할 수 있다. 특히 계율 부흥에서 중요한 역할을 담당했던 것은 에이존叡尊(1201~1290)이다. 에이존은 당시의 계율 쇠퇴 현상을 우려하여

3 『입정안국론』 『관심본존초』와 함께 '니치렌 3대부' 중의 하나다. 사도(佐渡)에 유배된 니치렌이, 말법의 중생이 신앙해야 하는 '일념삼천(一念三千)'을 설하는 『법화경』이야말로 최고의 경전이며, 어떠한 법난(法難)이 있어도 『법화경』을 널리 보급시키고 포교하는 것이 법화경 행자로서의 사명임을 논한 책.

4 1273년 유배지인 사도에서 집필한 책으로 간토에 남은 문인들에게 보낸 것이다. 말법구제의 근본을『법화경』에서 찾고, 그 제목의 수지(受持)를 설하고 있다.

가쿠조覺盛[5] 등과 함께 자서수계自誓受戒(계를 주는 스승이 없을 경우 부처님 앞에서 스스로 서원하여 수계하는 것)를 한 후 사이다이지西大寺[6]를 거점으로 계율 부흥을 추진했다. 에이존은 단순히 계율을 엄수하는 것만이 아니라 비인非人[7] 구제운동 등 적극적인 사회사업을 단행하여 사회적으로 큰 영향을 미쳤다. 제자인 닌쇼忍性(1217~1303)[8]도 왕성하게 활약한 결과 다시 부흥한 율종은 간토지방 등에 널리 퍼졌다.

정토염불과 함께 가마쿠라시대의 새로운 불교를 대표하는 것에 선禪이 있다. 선은 일찍이 12세기 말에 노닌能忍[9]이 달마종을 세우면서 퍼지기 시작했다. 그러나 노닌의 선은 노닌이 스스로 고안해낸 것으로서 스승으로부터 정식으로 계승받은 것이 아니었으며, 그 행동거지에 조악무애적인 면이 있었던 것에서 사의로 탄압을 받았다. 천태종의 에이사이榮西(1141~1215)[10]는 다이미쓰의 계승자로서 유명한 인물인데, 한편으로는 두 번에 걸친 입송入宋을

---

5 1194~1249. 야마토(지금의 나라) 출신으로 가마쿠라시대의 율승(律僧). 고후쿠지에서 계율을 배우고, 에이존 등과 함께 도다이지에서 자서수계한 후 1244년에는 율종의 총본산인 도쇼다이지(唐招提寺)에 들어가 계율 부흥에 힘쓴다.

6 나라현 나라시에 있는 진언율종의 총본산. 나라시대 쇼토쿠(稱德) 천황이 동쪽의 대사(大寺), 즉 도다이지에 필적하는 서쪽의 대사를 조영하려는 의도에서 건립한 것으로 남도의 7대사 중의 하나다. 헤이안시대에 일시적으로 쇠퇴했던 사이다이지는 가마쿠라시대에 에이존에 의해 중흥된다.

7 본래 인간이 아닌 것이라는 뜻이지만, 일본 중세에는 한센병 환자를 중심으로 거지나 묘지기 등의 피차별민을 가리킨다. 또한 관승이 아닌 승려나 속세를 떠난 사람들도 거지와 같이 탁발을 해야 했기 때문에 비인이라고 불리기도 했다. 에도시대에는 사농공상의 4신분제에 속하지 않는 신분외 신분인 천민으로 극단적인 차별과 멸시를 받았다.

8 야마토 출신의 율승으로 자는 료칸(良觀). 에이존 밑에서 계율과 밀교를 배웠다. 가마쿠라의 고쿠라쿠지(極樂寺)를 중심으로 계율을 전하는 한편, 특히 독실한 석가 및 문수보살 신앙을 가지고 가난한 사람들과 한센병 환자들의 구제에 힘썼다.

9 하카타(博多) 출신으로 헤이안시대 말에서 가마쿠라시대 초기의 승려로 일본 달마종의 시조다.

10 빗추(備中, 지금의 오카야마현) 출신으로 일본 임제종의 시조다.

통해 임제종臨濟宗 황룡파黃龍派의 선을 들여왔다. 그러나 자신이 들여온 선이 달마종과 같은 취급을 받는 것을 꺼려 계율을 엄수하였고, 그 입장에서 『흥선호국론興禪護國論』[11]을 저술했다.

이러한 달마종 일파를 수용한 것이 도겐道元(1200~1253)이었다. 히에이산에서 수행한 도겐은 송나라에 들어가 여정如淨의 법을 계승하여 귀국한 뒤 후카쿠사深草의 고쇼지興聖寺[12]에서 설법을 했지만, 뒤에는 에치젠越前의 에이헤이지永平寺[13]에 들어갔다. 도겐은 수행의 결과로서 깨달음이 있다는 견해를 부정하고 수행 그 자체가 깨달음이라는 수증일등修證一等을 주장하여 일본어로 된 최초의 선서禪書인 『정법안장正法眼藏』을 저술하여 본격적으로 선을 설했다. 오늘날 도겐은 일본을 대표하는 불교철학자라는 평가를 받고 있지만 도겐 유파는 당시 매우 작은 그룹에 지나지 않았기 때문에 넓은 범위에서 영향력을 가지고 있지는 않았다. 그러나 가마쿠라시대 후기에 게이잔조킨瑩山紹瑾[14]이 밀교를 대폭 도입함으로써 비로소 큰 세력을 확보할 수 있게 되었다.

---

11 에이사이가 1198년에 저술한 문헌. 불교에 있어서 계율의 중요성을 설하고, 선에 대한 기성종파로부터의 공격에 대해 선의 정통성을 주장하여 선이 한 종파로서 독립해야 함을 주장한 책.

12 교토 우지(宇治)에 있는 조동종(曹洞宗) 사찰. 송에서 귀국한 도겐은 교토 후카쿠사의 고쿠라쿠지 내에 있는 안요원(安養院)에서 선을 전했는데, 이후 1233년에 그곳에 새롭게 사찰을 세운 것이 고쇼지이다. 도겐은 이 사찰에서 11년간 머물면서 교토 포교의 거점으로 삼았지만, 도겐이 에이헤이지로 옮긴 후 이 절은 없어지고, 현재의 고쇼지는 1649년에 지금의 터에 재건되었다.

13 에치젠(지금의 후쿠이현 동부지방)에 있는 조동종 총본산. 고쇼지에 있던 도겐이 1243년 에치젠으로 옮긴 후 이듬해 사찰을 열고, 1246년 '에이헤이지'로 사찰명을 개명한다. 가나가와의 소지지(總持寺)와 함께 일본 조동동의 중심 사찰이다.

14 에치젠 출신으로 8세 때 에이헤이지 3대 주지인 뎃쓰 기카이(徹通義介) 밑에서 사사한 후 13세에 득도한다. 이후 에이헤이지와 나란히 조동종의 본산이 되는 소지지를 연다. 저서에 『전광록(傳光錄)』 등이 있다.

가마쿠라시대에 선이 보급되는 데에 큰 역할을 했던 것은 에이사이보다 엔니圓爾弁圓(1202~1280)였다. 엔니는 송나라에 들어가 무준사범無準師範[15]의 법을 계승했는데, 밀교 및 천태교학 등을 도입하여 이른바 겸수선兼修禪의 입장에서 도후쿠지東福寺[16]를 중심으로 큰 영향을 미쳤다. 그 후 란계도륭蘭溪道隆(1213~1278)[17]을 비롯한 송대宋代 말기에서 원대元代에 걸친 중국 선승禪僧의 내일來日과 가마쿠라 바쿠후의 비호에 힘입어 점차 선이 일본에 정착하게 된다. 남북조시기에는 무소 소세키夢窓疎石가 정치적으로도 큰 역할을 담당하였으며, 그 후 무로마치시대로 들어서면 고잔五山을 중심으로 한 임제종의 선이 바쿠후의 비호하에서 번영하여 중국 문화의 수용과 외교 등의 면에서도 큰 힘을 발휘했다.

전통 일탈의 에너지

지금까지 살펴본 것처럼 가마쿠라시대의 불교는 실천사상을 중심으로 크게 전개했다. 가마쿠라 불교만을 너무 과대평가하는 것은 위험한 일이지만, 분명히 이 시대에 뛰어난 불교 사상가가 출현하였고 또한 이후에 거대한 세력이 된 종파의 기본이 이 시대에 만들어졌다는 것도 사실이다. 그러나 그들이 펼친 불교는 반드시 전통적인 불교를 그대로 계승한 것은 아니라는

---

15 중국 남송(南宋) 임제종의 승려로 파암조선(破庵祖先)의 법을 계승하고 평생을 중생교화에 힘썼다. 사상적 특색은 유불도 삼교를 융합하려는 데 있다.

16 교토시 히가시야마(東山)구에 있는 임제종 사찰. 구조 미치이에(九條道家)가 보리사 건립을 발원하여 엔니를 초대 주지로 해서 1255년에 완공했다. 초기에는 천태, 진언, 선의 삼종겸학의 도장이었으나, 이후 선종만을 수행하는 장이 되어 중세, 근세에 걸쳐 번성했다. 교토 고잔(五山) 중의 하나다.

17 중국 남송의 서촉(西蜀, 지금의 사천성) 출신의 임제종 승려. 무명혜성(無明慧性)의 법을 계승하고 1246년 33세의 나이로 일본으로 건너온 후, 규슈와 교토를 거쳐 가마쿠라의 주후쿠지(壽福寺)에 머물면서 송나라풍의 선을 전한다.

점에 주의해야 한다. 계율 무시의 동향이 매우 현저했으며 그것은 사상적으로는 본각사상으로 이어지는 것이다. 또한 계율을 부흥시키려고 한 율종律宗도 본래의 불교 계율에서 벗어난 사회활동을 적극적으로 시행했다. 이러한 전통 불교로부터의 일탈이 오히려 불교가 민중 속에 보급되고 정착하는 에너지가 되었다는 점에 주의해야 한다.

2. 왕법과 불법

천황 즉위와 '외법'

가마쿠라시대는 불교가 가장 세력을 지녔던 시대라고 할 수 있는데 그만큼 불교와 국가, 불교 그리고 신기 등의 관계가 정면으로 문제시되었던 시대이기도 했다. 불교와 국가와의 관계에 대해서는 왕법王法과 불법佛法의 관계로 논해져 왔는데, 지금까지 주로 주목을 받아 왔던 것은 소위 신불교의 조사祖師들이 세속 국가 권력의 압력에 아랑곳하지 않고 스스로의 종교적 신념을 관철해 왔다는 점이었다. 호넨이나 신란은 유배에 처해졌음에도 굴하지 않고 그 입장을 접지 않았다. 니치렌 역시 계속되는 박해에도 아랑곳하지 않고 『법화경』의 행자로서의 사명에 매진했다. 도겐은 그러한 박해는 받지 않았고 호조 도키요리北條時賴의 요청에 따라 가마쿠라로 향하기는 하지만 결국 타협에 응하지 않고 에치젠으로 돌아왔다.

이와 같은 종교가 세속 권력으로부터 자립을 위해 노력했던 움직임에 대해, 당시 주류를 이루었던 불교는 정치권력과의 공존을 도모했다. 왕법과 불법은 상호의존적인 관계에 있는 것이라 하여 자동차의 양 바퀴에 비유된다. 이것을 왕법 불법 상의론相依論이라고 한다. 원래 왕법과 불법은 같은 수준에서 대등한 관계에 있는 것은 아니었다. 권문사원權門寺院은 광대한 장원에 의한 경제력과 승병僧兵이라는 직접적인 무력을 소유하고 있었지만 그보다도 민중은 부처의 힘을 배경으로 한 주술적 힘을 더 두려워했다. 때문에 불교계는 세속에 대해서도 단지 서로 의존하는 것 이상의 영향력을 미치고 있었다. 호넨 교단의 탄압만 보더라도『고후쿠지주장』등에 의한 불교계의 압력이 없었다면 그 탄압은 실현되지 않았을 것이다.

그러한 가장 극단적인 형태로서 즉위관정卽位灌頂[18]이 있다. 즉위관정은 천황의 즉위와 관련된 불교 의례인데, 후지와라藤原 씨에게 비밀리에 전수된 것으로 그것이 즉위시에 천황에게 전수되었다고 한다. 그 본존은 인황人黃(인간의 근원적인 정기)를 먹는다는 악마인 다키니천인데, 애욕愛慾의 신으로서 이단적인 밀교인 다치카와류立川流와도 관계가 깊다. 그 다키니천을 본존으로 하는 다키니법은 불교의 정통에 위치되지 않는 '외법外法'이다. 그 주술적인 힘이 왕권의 본질을 형성한다. 왕권은 그 계속성이 중요한 의미를 가지기 때문에 불교의 원칙에 따라 번뇌를 멸하고 성性을 부정해 버린다면 성립될 수 없다. 왕법이 불법에서 볼 때 '외법'인 다치카와류와의 접점을 갖는 것은 그 때문이다. 천태종 좌주座主[19]인 지엔慈圓(1155~1225)이 왕권이 위기에 처했을 때 꾼 꿈의 기록인『지친오쇼몽상기慈鎭和尙夢想記』에서는 삼종三種의 신기神器인[20] 신새神璽와 보검寶劍을 각각 황후와 국왕의 몸이라고 보고 그 교합을 통해

18 원래 인도에서 제왕이 즉위하거나 태자를 세울 때 행해지는 의식이었던 관정은, 스승이 제자의 정수리에 물을 부어 법(法)을 전수했음을 나타내는 밀교의 중요한 의식의 하나로 자리잡는다. 이것이 일본 중세에는 천황의 즉위시에 행해지게 되었는데, 이것을 즉위관정이라고 한다.

19 천태종 최고위 승려.

20 일본 천황의 전통성의 표시로 고대부터 전해지는 곡옥(曲玉), 보검(寶劍), 거울의 세 가지 보물이다. 옥은 새(璽)라고도 기록되기도 한다.

국가의 번영을 보려고 하고 있는데, 이것은 왕권과 불법의 관계에 대해서 중요한 점을 시사해 준다.

신기 불배와 신기 숭배

세속적인 국가 권위와의 관계와 더불어 토착의 신기와의 관계도 커다란 문제였다. 불교의 절대적 우위를 주장하는 입장에서는 불교만으로도 충분하기 때문에 신기를 숭배할 필요가 없다는 설도 나왔다. 특히 전수염불專修念佛 집단의 신기불배는 『고후쿠지주장』 제5조 '영신을 등지는 잘못'에 지적되어 있다. 거기에는 "염불하는 무리들은 오랫동안 신명神明을 멀리하고 권화실류權化實類에 대해서 논하지 않고 종묘대사宗廟大社를 두려워하지 않는다"라고 염불자의 행위를 비난하고 있다. 아미타불을 믿고 염불을 외는 것 만으로 충분하다면 신기는 당연히 필요가 없다. 이러한 주장은 신란 문하에게서도 일어났다.

신기불배론은 불교의 원칙에서 말하면 이론적으로 맞는 말이기는 하지만, 일본이라는 사회 속에서는 현실적이라고는 할 수 없고 불교자 역시 실제로는 신기를 무시할 수 없었다. 특히 남도 계열의 개혁자들은 두터운 신기신앙을 가지고 있었는데 조케이·묘에 등은 고후쿠지의 수호신인 가스가신사春日神社(가스가묘진[春日明神])[21]를 신앙했다. 또한 남도와 이세도 깊은 관계를 가지고 있었는데 조겐重源이 도다이지의 대불전 재건 기원을 위해 이세에 참배했던 것을 비롯해, 불교의 여러 승려들도 이세를 참배하여 중세의 이세신궁

21 나라시 나라공원 안에 있는 신사. 710년 후지와라 씨가 미카사야마에 있는 우지신(氏神), 씨족신인 가시마(鹿島)신을 권청한 것이 시작이다. 이후 후지와라 씨의 우지(氏)신사로서 번성하여, 헤이안시대 초기에는 관제(官祭)가 거행된다.

의 번영과 이세신도의 형성에 기여했다. 에이존 계열의 율종도 이세신앙에 적극적이었다. 또한 특이한 정토교를 전개했던 잇펜一遍[22]도 구마노熊野 신앙과 밀접한 관계를 가지고 있었다.

이러한 불교자들에 의한 신기숭배는 헤이안시대 후기에 본지수적 이론이 생긴 이후 그것이 상식화되면서 불교 속에 신기를 편입시킬 수 있게 되었기 때문에 저항감 없이 이루어질 수 있었다. 불교자로서는 불교의 우위를 위협하지 않으면서 신기신앙을 인정하는 근거가 생긴 것이며, 신기 측으로서는 불교의 비호 속에서 스스로의 권한을 확보할 수 있게 된 것이다. 『고후쿠지주장』에서는 '권화실류權化實類'라고 말하고 있는데 권화權化란 그야말로 부처가 임시로 나타난 신을 말하는 것이다. 그에 대해 실류實類란 임시적으로 나타난 신이 아닌 낮은 수준의 영적 존재 같은 것이다. 조도신슈에서도 신란의 자손인 존가쿠存覺가 『제신본회집諸神本懷集』을 저술하여 신기숭배의 필요성을 역설했는데, 거기에서도 권사權社의 영신靈神과 실사實社의 사신邪神을 구분하고 있다. 실사의 사신을 숭배할 필요는 없지만 권사의 영신은 부처가 수적한 것이기 때문에 숭배해야 한다는 것이다. 이러한 본지수적설을 기본으로 천태계의 산노신도山王神道가 성립하였고 한편에서는 이세를 중심으로 이세신도伊勢神道·료부신도兩部神道로 불리는 이론이 형성되었다. 이러한 가마쿠라시대에서 남북조시대에 전개한 신도 이론에 관해서는 장을 달리하여 검토하고자 한다.

---

22 1239~1289. 지금의 에히메(愛姬)현인 이요(伊予) 출신의 승려로서 지슈(時宗)종의 시조다. 처음 천태학을 배우고, 이후 쇼쿠(證空)의 제자인 쇼타쓰(聖達) 밑에서 정토염불을 배운다.

『우관초』와 『신황정통기』의 역사관

간파쿠關白인 구조 가네자네九條兼實의 동생으로서 천태종 좌주였던 지엔慈圓은 『우관초愚管抄』에서 문자 그대로 왕법과 불법 양쪽 모두에 관한 입장에서 양자를 결합시킨 역사론을 전개했다. 이 책은 조큐承久의 난亂(1221) 직전인 1220년에 저술된 것으로서 무사와 셋칸가攝關家가 협력해야 할 필요성을 주장하고, 신불의 가호하에 황통皇統이 계속될 수 있다는 입장에서 고토바後鳥羽 상황上皇에 의한 바쿠후 타도 계획을 비판하려는 의도를 가지고 있다. 이 책의 일관된 원리는 '도리道理'라고 불리는 것인데, 역사는 '도리'에 따른 필연적인 전개를 기다린다는 것이다. 말법사관末法史觀과 관련하여 황통은 100대에 소멸해 버린다는 백왕사상百王思想이 겹쳐져 점차 시대가 악화된다는 하강사관下降史觀의 입장에 선다.

『우관초』에 의하면, 처음에는 진무 천황 이래 신들의 '명冥'의 세계와 인간들의 '현顯'의 세계가 합치하는 '명현화합冥顯和合'으로 진행되어 왔던 세계가, "명의 도리는 점차 바뀌어 가지만 현의 인간은 그것을 이해할 수 없는 도리"의 시대로 바뀌고, 나아가서는 "현의 세계에서는 누구나 도리라고 인정한다 하더라도 명의 신들의 마음에는 합당하지 않은 도리"의 시대로 점차 이행해 간다고 한다. 이렇게 해서 마지막에는 도리를 알지 못하고 단지 임기응변으로만 대처하는 시대로 추락해 버린 것이 당시의 시대 상황이다. 따라서 군신이 힘을 합하고 또한 셋칸가와 무사가 협력해야 할 필요가 있다는 것이다.

이와 같이 지엔의 역사관은 하강하는 시대 속에서 신불의 가호를 받아 무사와 셋칸가가 협력하여 황통을 보좌해야 한다는 위기적 시대 인식에 서는 것이었다. 이러한 시대 인식은 1세기 후의 기타바타케 지카후사北畠親房

(1293~1354)의 『신황정통기神皇正統記』(1339)에서는 크게 바뀐다. 이 책은 겐무建武의 중흥中興[23]이 실패하고 남북조의 동란이 진행되는 가운데, 다시금 황통을 명백히 하고 신하의 명분을 알리려는 의도에서 쓰여졌다.

이 책은 "대 일본은 신국神國이다"라는 유명한 문구로 시작한다. 거기에는 천축天竺(인도)·진단震旦(중국)에 있어서의 세계의 생성과 역사의 형성에 관한 설을 소개한 후 "오직 우리나라만이 천지가 개벽한 태초부터 오늘날 이 세상에 이르기까지 천황의 옥좌를 바르게 계승하셨다"라고 하여 일본만이 올바르게 황통을 이어 왔다고 기술하면서, 거기에서 일본의 우월성을 찾고 있다. 또한 지카후사는 불교에도 정통했지만 그 역사관에는 불교적 색채가 거의 없고, "불교뿐 아니라 유불儒佛 양교 내지 그 외의 모든 방법은 비천한 것일지라도 사용하는 것을 성대聖代라고 한다"고 하여 불교는 어디까지나 천황에 의해 사용되어야 할 정치 도구라고 하였다.

3장에서 말한 바와 같이, 본래 '신국'이란 반드시 일본의 우위를 주장하는 것이 아니라 본래불本來佛의 힘으로는 교화할 수 없는 말법·변토의 일본을 구제하는 데에 일본의 신의 힘이 필요하다는 것을 말하는 것이었다. 그러나 여기에서는 그것이 역전되어 일본의 우위가 확립하게 된다. 가마쿠라시대 말엽부터 이때까지의 불교의 절대적 우위가 무너지고 신기신앙이 신도로서 점차 확립해간다. 그와 동시에 몽골의 내습을 계기로 내셔널리즘의 기운이 일어나 거기에서 일본 우월 사상이 형성된 것이다.

---

23 겐무의 신정(新政)이라고도 함. 고다이고 천황이 1333년 6월 가마쿠라 바쿠후를 무너뜨리고 교토로 돌아가 천황에 의한 정치를 부활시킨 것. 셋쇼, 간파쿠 등 율령에 없는 직위를 모두 폐지하고 강력한 정치적 쇄신을 도모했으나, 고다이고 천황의 일방적인 정치 권력 강화가 무사들의 불만을 사게 되고, 결국 아시카가 다카우지를 중심으로 한 무사들의 반란에 의해 2년 반 만에 붕괴된다.

5장
신불과 중세의 정신

1. 습합신도의 이론

산악수행과 성지신앙

기이반도는 일찍부터 종교적 성지로서 중시되었다. 나라·야마토 지방 바로 남쪽에 있는 기이반도는 중앙에 요시노吉野에서 오미네大峯에 걸친 높고 험준한 산악이 연결되어 있고, 남쪽은 구마노熊野, 동쪽은 이세伊勢로 이어진다. 요시노는 텐무 천황이 즉위 전에 요시노를 거점으로 해서 진신壬申의 난에서 승리한 것, 후대에는 남북조 시대에 남조가 은둔했던 것 등 정치적·군사적으로도 큰 의미를 지니고 있다. 지토 천황시대의 요시노의 별궁이 도교적 낙원으로 여겨졌던 것처럼 요시노는 일찍부터 특수한 분위기를 가졌던 별세계였다.

불교가 널리 보급된 이래 이들 지역은 절호의 산악수행의 장이 되었고 여기에서 슈겐도修驗道가 발전한다. 슈겐도의 개조開祖는 엔노교자役行者(엔노우바소쿠役優婆塞)라고 하는데, 그는 요시노의 긴푸센金峰山에서 자오곤겐藏王權現

을 감득했다고 전해진다. 분노하는 모습을 하고 한쪽 발을 들고 있는 역동적인 모습으로 표현되어 있는 자오곤겐은 밀교의 명왕에서 발전한 것임은 분명하지만, 기존의 부처로는 일본의 중생을 구제할 수가 없기 때문에 석가·천수관음·미륵보살의 덕을 겸비하여 새롭게 출현했다고 한다. 이후 슈겐도는 천태종계의 혼잔파本山派가 쇼고인聖護院을 중심으로, 진언종계의 도잔파當山派가 다이고지醍醐寺의 산포인三寶院을 중심으로 발전했다. 슈겐도는 전국적으로 확산되었는데 기이반도의 여러 산들 외에 특히 도호쿠 지방의 데와出羽삼산三山(하구로산[羽黑山]·갓산[月山]·유도노산[湯殿山])[1]이 유명하다. 슈겐도는 자오곤겐을 비롯해서 일반 불교나 신기신앙과도 다른 독특한 신격과 조직, 수행, 의례 등을 발전시켜 신불습합神佛習合의 가장 전형적인 형태를 보여주고 있다.

기이반도의 산들은 산악수행의 장임과 동시에 특수한 성지로서 사람들의 신앙의 대상이 되어 귀족들의 참배가 끊이지 않았다. 요시노는 미륵보살이 장래불將來佛로 성도成道할 장소이라고 여겨졌고, 그것을 기대하여 사경寫經한 경전을 경전통에 넣어 경총經塚에 매장했다. 그 중에는 간파쿠인 후지와라노 미치나가藤原道長가 사경한 것도 현존한다. 구마노에는 특히 인세이기 이후 본지수적설에 근거한 신앙이 퍼지기 시작했다. 본궁(구마노이마스[熊野坐] 신사)이 아미타불, 신궁新宮(구마노하야타마[熊野速玉] 신사)이 약사불, 나치那智(구마노나치[熊野那智] 신사)가 천수관음의 수적이라고 하여 세 부처의 수적이 모인 구마노는 이 땅의 정토라고 여겨져 상황이나 귀족 등을 포함한 많은 이들의 참배가 성행했다.

---

1 데와는 지금의 야마가타(山形)현 지역을 말한다. 하구로산은 야마가타현 쇼나이(庄內) 평야 남동쪽에 있으며, 갓산은 야마가타현 중부에 있는 해발 1948m의 화산이다. 유도노산은 갓산의 서쪽에 연결되어 있는 산으로 해발 1504의 화산이다.

기이반도는 진언종의 중심 수행도장인 고야산도 있으며 구카이가 선정禪定에 들어간 채 미륵불의 출현을 기다린다는 신앙이 있었기 때문에 고야정토라고 불려 사람들은 그 땅에 매장되기를 바라게 되었다. 또한 인세이기 무렵에는 사이고쿠西國 33개소의 관음영장순례觀音靈場巡禮도 기이반도를 중심으로 행해지기 시작했다. 기이반도의 동쪽 끝에 있는 이세는 덴무 천황기 이래 황조신인 아마테라스를 모시는 곳으로서 특별한 역할이 주어졌는데 이 역시 이러한 기이반도 전체의 산악신앙을 중심으로 한 종교성과 무관하지는 않다.

특정 장소가 성지화 되다

본래 보편적 진리(法)의 탐구를 추구하는 불교와 달리 일본의 신은 특정한 장소와 연결되어 있는 경우가 많다. 불교가 일본에 정착할 때 부처 역시 어느 특정 장소와 연결되어 영험이 알려지기 시작했다. 예를 들면 기요미즈데라淸水寺[2]나 이시야마데라石山寺[3]의 관음의 경우가 전형적이며, 헤이안시대에는 귀족의 참배 및 기도가 성행했다. 본래 관음(관세음)보살은 33신身의 모습으로 중생을 구제한다고 알려져 있기 때문에 습합하기 쉬운 성격을 가지고 있었다. 그러나 관음보살뿐만 아니라 생신生身인 석가의 모습을 전한다는 사가嵯峨의 세이료지淸凉寺[4]의 석가상처럼 특별한 불상이 신앙의 대상이

---

2 교토시 히가시(東山)구에 있는 북법상종(北法相宗) 사찰로서 법상종 승려 엔친(延鎭)이 창건했다. 천수관음을 본존으로 하며 헤이안시대 이후 사이고쿠 33개소 관음 영장의 하나로 신앙되었고, 문학작품에도 자주 등장하는 유명 사찰이다.

3 시가(滋賀)현 오쓰(大津)시에 있는 진언종 도지파의 사찰로서 료벤(良弁)에 의해 창건되었다. 사이고쿠 33개소 관음 영장 중의 하나이며 다수의 문화재를 소유하고 있다.

4 교토시 우쿄(右京)구에 있는 정토종 사찰. 속칭 '사가의 석가당'으로 알려져 있다. 도다이지의 승려 조넨(奝然)에 의해 창건되었고, 그의 제자 조산(盛算)이 초대 주지로 있었다. 조넨이

된 예도 볼 수 있다. 그렇기 때문에 신불습합만을 문제 삼을 경우 불교의 부처와 일본의 신의 관계처럼 보이지만, 실제로는 불교 속에서도 본래의 부처(보살)와 구체적인 장소나 불상에 대한 신앙과의 중층을 볼 수 있는 것이다. 본지수적설은 그 중층성을 이론화한 것이라고 볼 수 있다.

특정한 장소의 성화聖化는, 중세에는 참배 만다라로 표현된다. 만다라는 원래 밀교에서 여러 부처·보살을 그림으로 나타낸 것으로, 그것을 통해 우주의 진리를 표현하려는 것인데, 그 중에는 극락의 모습을 그린 정토 만다라(당마[當麻] 만다라)도 있다. 그러나 특정 사찰이나 신사를 그린 것이 참배 만다라라고 하여 유행하게 된다. 그것은 사찰이나 신사의 선전임과 동시에 밀교의 만다라처럼 사찰이나 신사가 그대로 이 세계를 초월한 진리가 표현된 장소로 여겨졌기 때문임에 틀림없다. 최종적으로는 일본 전체가 밀교의 법구法具인 돗코獨鈷[5]의 모양을 하고 있다고 하여 신성시하는 국토관도 성립했다.

산노신도와 본지수적

본지수적 신앙이 가장 전형적으로 발전한 예로 산노山王신도를 들 수 있다. 산노신앙은 히에이산의 수호신이자 히에이산 산기슭인 사카모토坂本에 있는 히에사日吉社(히에대사[日吉大社])를 중심으로 천태종과 밀접하게 관계하면서 발전했다. 히에대사는 하치오지산八王山을 신체산神體山으로 하고, 그 밑에 있는 오미야大宮와 니노미야二宮를 중심으로 전개했다. 본래 니노미야(오히에[小比叡])가 지주신地主神적 존재였지만, 그 후 야마토의 미와三輪(오미와신사

중국에서 들여 온 석가상이 유명하다.

5 밀교에서 사용하는 법구의 하나로 철이나 동으로 만든 양쪽 끝이 뾰족한 짧은 막대.

[大神神社])에서 오미야(오히에[大比叡])가 권청되고, 거기에 쇼신시사聖眞子社가 더해져 산노 삼성三聖으로서 숭배되기 시작했다. 헤이안시대 중기에는 여기에 하치오지八王子·마로우도客人·주젠지十禪師·산노미야三宮가 더해져서 산노 7사七社를 형성하게 되었다. 산노 7사는 헤이안시대 말기에는 각각 본지불本地佛이 배당되어 체계화됨과 동시에 북두칠성의 성좌星座 신앙과도 결합한다. 산노 7사에 대한 각각의 본지불은 다음과 같다. 오늘날의 호칭도 아울러 기록한다.

> 오미야大宮(니시혼구西本宮, 석가), 니노미야二宮(히가시혼구東本宮, 약사), 쇼신시聖眞師(우사구宇佐宮, 아미타), 하치오지八王子(규오구牛尾宮, 천수관음), 마로우도客人(하쿠산구白山宮, 십일면관음), 주젠지十禪師(주게샤樹下社, 지장), 산노미야三宮(산노미야三宮, 보현)

석가·약사·아미타는 각각 엔랴쿠지의 사이토西塔·도토東塔·요카와橫川[6]의 본존이며 산노는 엔랴쿠지와 짝지어진다. 나아가 위의 7개의 신사를 가미칠사上七社라고 하고 나카칠사中七社, 시모칠사下七社와 함께 산노 21사라고 부르기도 한다.

산노신에 관한 본지수적설은 가마쿠라시대 초기에 성립되었다고 여겨지는 『요천기耀天記』 등에서 볼 수 있는데, 석가가 일본의 중생을 구제하려는 대자비심에 의해 오미야大宮로 나타났다고 한다. 거기에는 일본은 말법末法

6 엔랴쿠지는 시가현 오쓰시에 있는 해발 840미터의 히에이산 전역을 경내로 하는 대사찰로서 헤이안시대 초기 천태종의 사이초에 의해 창건된 일본 천태종의 본산이다. 히에이산은 사이토·도토·요카와 등 세 구역으로 나뉘어져 있는데, 이 세 지역의 가람을 통틀어 엔랴쿠지라 한다.

의 열악한 변토이기 때문에, 일본의 중생을 구제하기 위해서는 신으로서 수적해야 할 필요가 있다는 사고방식이 나타나 있다.

'기케'의 신도 이론

그런데 가마쿠라시대 말기에서 남북조시대(12세기 말에서 14세기 중엽)가 되면 산노신도 이론은 크게 발전하고 내용적으로도 변화한다. 이 시기에 기겐義源이 저술했다고 생각되는 『산게요략기山家要略記』[7]나 기겐의 제자 고슈光宗의 『계람습엽집溪嵐拾葉集』 등 대작이 저술된다. 그들은 기케記家라고 불리는 히에이산의 기록을 담당하는 그룹에 속한다. 『계람습엽집』은 당시의 히에이산 학문의 집대성으로, 그 내용은 현顯(현교)·밀密(밀교)·계戒(계율)·기記(기록)의 네 분야에 걸쳐 있다. 넓은 의미로는 그 전체가 기록이지만, 좁은 의미로는 네 분야 중의 네 번째를 의미한다. "기록은 최후의 궁극적인 한마디"라고 하여 '기록성불記錄成佛'이라고 불릴 정도로 기록이 중요시 되었다. 기록은 히에이산의 역사 및 지리를 포함하는 것으로, 그야말로 일반적인 진리가 아닌 특정 장소의 성화聖化에 중점을 두는 것이다. 그 기록의 핵심을 이루는 것이 산노신山王神에 관한 기술이다.

이러한 기케의 신도 이론에 의하면 산노는 천태의 근본진리인 공空(현상적 세계가 실체를 가지지 않는 것)·가假(현상이 다양하게 전개해 있는 것)·중中(공과 가의 통합)의 삼제三諦를 표현한 것으로서 산노신은 천태교리의 근본과 연결된다. 또한 『계람습엽집』에서는 종래의 본지수적설이 역전하여 일본의 신이야말로

7 산노신도의 이론이 확인되는 것은 가마쿠라시대 후기인데, 그 중심 저작이 『산게요략기』다. 이 책은 헤이안시대 말기의 천태좌주였던 겐신(顯眞)이 저술한 것처럼 꾸며져 왔지만 실제로는 가마쿠라시대 후기에 기겐에 의해 편찬된 것이다. 기겐에 대해서는 자세히 알려져 있지 않지만, 기케에 속한 인물이었다고 추정된다.

부처의 근본이라는 설도 볼 수 있게 된다. 예를 들어 "신명神明은 대일大日이다. 석가는 임시로 나타난 응적應迹의 부처다. 이 때 우리나라는 대일大日의 본국本國, 서천西天(인도)은 석가가 임시로 나타난 응적의 나라다"라고 하여, 일본의 신이 바로 본원本源이고 석가는 신이 모습을 바꾸어 나타난 것이라는 설을 주장하고 있다. 여기에서는 '대일본국大日本國'을 '대일(여래)의 본국'이라고 해석하여 석가불이 출현한 인도보다도 일본 쪽에 본원적 위치를 부여하고 있다.

이러한 발상에는 본각사상과의 관련을 무시할 수 없다. 본각사상은 추상적·본체적인 '리理'보다도 구체적·현상적인 '사事'를 중시한다. 따라서 예전에는 말법의 변토라고 폄하되었던 일본이 역으로 본원적인 장소로서 격상되기 시작한다. 이것은 몽골의 내습 이후 높아진 민족적 의식과도 연결되어 일본중심주의로 향하게 된다.

료부신도와 이세

산노신도와 더불어 불교계 신도의 또 하나의 흐름으로 료부兩部신도를 들 수 있다. 전자가 천태계였던 것에 대해 후자는 진언종계라고 여겨져 왔다. 그러나 최근 연구에서는 료부신도가 반드시 진언계라고 한정할 수는 없고 천태계의 밀교와도 관련되어 있다고 보고 있다. 료부신도라고 부르는 이유는 이세의 내궁內宮(아마테라스를 모심)과 외궁外宮(도요우케히메를 모심)의 두 궁을 양부兩部(양계[兩界]) 만다라의 태장계와 금강계에 비유했기 때문이라고 한다. 그러나 밀교계의 신도가 꼭 이세의 두 궁을 양부 만다라에 비유하는 것은 아니다. 또한 밀교계의 신도는 이세뿐 아니라 미와신사三輪神社를 기반으로 하는 미와류의 신도 등도 있어, 산노신도와 같이 한정되어 있지 않다.

그렇다면 밀교계의 신도는 어떤 사람들에 의해 형성되었던 것일까? 아마도 거기에는 기이반도의 산악에서 수행했던 슈겐도 수행자가 관계해 있었을 것이라 생각된다. 산악의 슈겐도는 처음부터 신불습합적인 요소를 많이 지니고 있었음과 동시에, 특히 밀교적 수행이나 의례를 도입하고 있다. 초기의 밀교계 신도를 대표하는 신도서 중의 하나인 『야마토카쓰라기보산기大和葛城寶山記』[8]처럼 가쓰라기산을 기반으로 하고 있는 것도 있다. 슈겐도 수행자들은 산을 통해 각지의 사찰과 신사를 연결하는 역할을 담당하고 있었으며, 이 경우도 그들의 네트워크에 의존하는 바가 컸다고 생각된다.

이세신궁은 황조신을 모시고 있는 것 때문에 신사 중에서도 특별시 되었고, 사찰이나 승려라는 말을 기피하여 사찰을 '가와라부키瓦葺', 승려를 '가미나가髮長'라고 바꿔 말하는 등의 금기어가 사용되었던 것으로부터 알 수 있듯이 신불격리의 경향이 두드러졌다. 그것이 밀교와 결합된 것은 얼핏 보면 이상하게 보이지만, 중세에는 이세 역시 완전히 불교와의 관계를 끊고 있었던 것은 아니고, 승려의 이세신궁 참배도 많았기 때문에 불교와 결부시켜 이해한 것도 부자연스러운 것은 아니었다.

료부신도의 이론에서 중요한 것은, 본래는 주로 관음과 결합하는 경우가 많았던 아마테라스의 본지本地를 밀교의 대일여래로 확정함으로써 이세를 근원으로 하는 일본중심주의를 낳게 되었다는 것이다. 대일여래는 모든 부처의 근원이며, 모든 부처는 대일여래의 현현顯現이다. 대일여래와 아마테라스의 동일시는 아마테라스에게 대일여래와 같은 근원성을 부여하는 것이 되었다. 앞에서 든 '대일본국'을 '대일여래의 본국'으로 해석하는 것도

8 가마쿠라시대의 료부신도서로서, 료부신도설에 입각하여 천지 제신의 성격에 대해 기술하고 있다.

이러한 밀교계 신도설에 기인한 것이다.

또한 이세의 양궁을 태장계와 금강계 양부兩部의 대일여래에 배치하는 것은 외궁에게도 내궁와 동등한 위치를 부여하는 것이 된다. 외궁의 지위 향상은 외궁의 신관들에 의해 이세신도 문헌 및 이론이 창출된 것에 기인한다고 하지만, 그뿐만이 아니라 료부신도가 담당했던 역할이 중요했다고 생각된다. 외궁의 도요우케신은 아마테라스보다 훨씬 근원인 아메노미나카누시와 연결되어 아메노미나카누시를 근원신으로 하는 신들의 생성과 우주 생성이 통합적으로 설명되기 시작한다.

2. 중세의 사유와 신불

고층이 정착하는 시대

지금까지 중세는 일본 사상사에 있어 암흑시대로 여겨져 왔다. 고대를 소박한 인간성의 발로의 시대로 보고 근세를 합리주의 전개의 시대라고 볼 때, 중세는 비합리적, 신비적인 억지 이론을 전개할 뿐인 사상적 정체의 시대라고 간주되어 왔던 것이다. 그러한 가운데 유일하게 높은 평가를 받았던 것이 가마쿠라 신불교였다. 그러나 오늘날 이러한 견해는 크게 바뀌고 있다. 불교 중에서도 소위 구불교의 활동 및 사상이 재평가되어, 종래에는 거론할 가치도 없는 황당무계한 사상이라고 생각되었던 신불습합 사상이 주목받게 되었다.

분명히 중세는 오늘날의 발상에서 보면 너무나 이질적異質的인 면이 많다. 그런 점에서 오늘날의 사고방식에서 볼 때 중세는 '타자他者'라고 할 수 있다. 그러나 또 한편으로 보면 앞의 서문에서 말한 것처럼 오늘날의 일본 속에 유입되어 있는 고층이라고도 할 수 있는 것이 역사적으로 형성되어 왔다고 한다면, 중세야말로 그 고층이 깊게 정착하는 시대였다고 생각된다. 중세는 이른바 무의식 속에 침전된 우리 자신 속의 '타자'다. 그것을 똑바로 인식하는 것은 오늘의 일본을 바로 보기 위해서도 불가결한 과제다.

중세 신화와 불교

지금까지 황당무계한 이야기라고 여겨졌던 것 중에 중세 신화라고 불리는 것이 있다. 중세의 신불습합적 신도에서는 고대 신화와 다른 독자적 신화를 전개시켰다. 예를 들어 『야마토카쓰라기보산기』에 따르면 천지는 물이 변하여 생긴 것으로, 물 위에서 위세違細(비슈누)라는 이름의 상주자비신왕常主慈悲神王이 태어났고, 그 배꼽에서 나온 연꽃에서 범천왕梵天王이 태어났으며, 그 범천왕의 심장에서 태어난 8명의 아이들로부터 천지 인민이 생겼다고 한다.

이것은 불교 경전인 『잡비유경雜譬喩經』에 근거한 것인데, 고대의 신화와는 전혀 다른 성격의 이야기로서 인도의 고대 신화를 사용하고 있다. 이 이야기는 필연성이 없는 너무나 당돌한 이야기처럼 보이지만 중세의 사색이 일본의 고대 신화에 구애받지 않고 자유롭게 전개할 수 있었다는 것을 보여준다. 불교 경전을 이용하면서도 이 이야기에서는 비슈누신 및 범천 등의 인도의 신들이 활약을 하는 등 신불습합이라기 보다는 인도 신화와 일본 신화를 접목시킴으로써 불교의 근저에 있는 토착적인 것을 찾아내려고 하고 있는 듯 하다. 또한 상주자비신왕은 도요우케=아메노미나카누시와 동일시되어, 아마테라스보다도 외궁外宮의 도요우케=아메노미나카누시를 보다 근원적 우주생성신으로 내세우려는 방향을 보여주고 있는 점도 그 후의 이세신도의 발전과 더불어 생각해 볼 때 매우 흥미롭다.

또한 가마쿠라시대 말기의 설화집인 『사석집沙石集』[9]에는 왜 이세에서 불교를 기피하는지에 대해 설명하는 신화가 있다. 그 이야기에 따르면, 제육천第六天의 마왕(욕계의 육천은 불교를 방해하는 마귀라고 한다)이 일본에 불법佛法이 유포되는 것을 두려워하여 그것을 막기 위해 지상으로 내려왔을 때 아마테라스가 책략을 꾸며 "나는 삼보三寶[10]의 이름도 말하지 않고 그 몸에도 가까이 하지 않겠으니 아무쪼록 하늘로 돌아가 주십시오"라고 설득해 하늘로 돌아갔다고 한다. 그래서 그 약속대로 이세에서는 불교를 기피하게 되었지만 오히려 그로 인해 일본에서의 불법佛法 융성을 보호하고 있다는 것이다.

이것은 이세의 신불격리를 설명하여 그것이 불법을 방해하는 것이 아니라, 오히려 불법수호를 위한 것이라고 함으로써 신불습합 속에 편입시킬 수 있게 했다는 점에서 지극히 교묘한 신화적 이야기다. 중세에는 욕계 육천의 마왕이나 천구天狗[11] 등 불법을 방해하고 사회의 질서를 혼란시키는 마적인 존재가 설친다. 그것을 어떻게 질서 속에 편입시키는가 하는 점에도 중세 신화는 중요한 역할을 하고 있다. 이렇게 보면 중세 신화는 결코 의미를 알 수 없는 황당무계한 것을 말하고 있는 것만은 아니다.

---

9 승려 무주 도교(無住道曉)가 지은 가마쿠라 중기의 불교설화집. 영험담이나 발심둔세담(發心遁世談) 등의 전형적인 불교설화 뿐 아니라 와카(和歌)나 세속적인 골계담도 많이 수록되어 있으며, 후세에 많이 읽혀 큰 영향을 남겼다.

10 불교에서 가장 중요시 되는 불교의 교주인 부처(佛), 그 가르침인 법(法), 그 가르침을 따르는 수행자들의 집단인 승(僧)의 세 가지 요소를 보석에 비유한 것.

11 깊은 산속에 처식한다는 상상 속의 괴물. 사람의 모습을 하고 있으며 얼굴이 붉고 코가 높으며 신통력과 날개가 있어 하늘을 자유자재로 날아다닌다고 한다.

위서에 근거한 중세 사상

그런데 중세의 종교 사상이 본격적으로 고찰되지 않았던 하나의 이유는 많은 문헌이 저자명을 위조한 이른바 위서僞書라는 것 때문이다. 즉 중세의 불교서나 신도서 중에는 고대의 성립을 강조하여 권위를 내세우려는 것들이 많아 아무리 생각해도 의심스러운 위조품들이 많기 때문에 본격적으로 연구할 만한 것이 못 된다고 생각되어 왔던 것이다.

예를 들어 본각사상 관계의 문헌을 살펴보자. 본각사상 관계의 문헌은 대부분 사이초나 겐신[12]의 저작이라는 형태로 전해졌다. 그런 까닭에 이러한 문헌의 성립 연대나 성립 사정도 확실히 알려져 있지 않다. 이러한 문헌들을 제대로 된 연구대상으로 삼을 수는 없다. 연구의 대상으로 삼기는커녕 사이초나 겐신의 진짜 작품인지 위작인지도 확실하지 않은 문헌들도 적지 않다. 왜 이러한 일이 일어난 것일까? 그것은 본래 중국에서 구전을 통해 전해져왔던 것이 사이초에 의해 일본에 전해져, 료겐良源[13]의 제자인 겐신과 가쿠운覺運[14]에 의해 에신류惠心流와 단나류檀那流라는 두 갈래의 구전법문 계통으로 나뉘었기 때문이다. 위서가 성행했던 하나의 이유는 이 구전법문에 유래한다. 구전은 스승에게서 제자에게 비밀리에 전해진다. 이렇게 구전은 여러 대에 걸쳐서 전해지는 것이기 때문에 실제로 언제 생겨난 것인지, 전승

12 942~1017. 헤이안시대 중기의 천태종 승려. 불교 논리학에 관한 저술로 유명했으며 985년에는 『왕생요집』을 완성하여 일본 정토교의 이론적 기초를 구축했다. 료겐에게 사사했고, 그가 기거했던 에신원(惠心院)에 유래하여 에신승도(惠心僧都)라고 불렸으며 에신류의 시조다.

13 912~985. 헤이안시대 중기의 천태종 승려. 엔랴쿠지를 정비하고 경제적 기반을 확립하는 등 히에이산 부흥에 힘쓴 것으로부터 헤이에산 중흥의 시조라고 불린다. 또한 겐신과 가쿠운을 비롯한 제자양성에도 힘을 쏟았다.

14 953~1007. 헤이안시대 중기의 천태종 승려. 료겐에게 사사하고 히에이산의 단나원(檀那院)에 기거하며 높은 학식을 가지고 천태교학을 진흥시켰던 것에서 단나류의 시조로 칭송되었다.

과정에서 어떻게 내용이 변했는지를 확정할 길이 없다. 본래 밀교의례의 전수에서 출발한 것이라고 생각되는데 그것이 사상적인 면에도 적용되기 시작한 것이다. 또한 기리가미전수切紙傳授라고 하여 종이에 오의奧義를 써서 전하는 방식도 있었다. 그것은 불교 문헌 뿐 아니라 신도나 가도歌道에서도 행해졌던 것으로, 이후에는 예도藝道나 무도武道에도 널리 파급되었다.

중세에 위서가 만들어지게 된 경위는 그 밖에도 여러 가지를 생각해 볼 수 있다. 근년 주목받고 있는 것은 중세 니혼기日本紀라고 불리는 문서군文書群으로서, 이것은 『니혼쇼키』를 강의하여 뜻을 풀이하거나 주석을 하는 중에 독자적 신화나 이야기를 더하여 변용시킨 것이다. 거기에는 근대의 문헌주의와는 전혀 다른 텍스트 취급방법이 있으며, 진위라는 기준이 반드시 중시되었던 것은 아니다. 그것이 오히려 자유로운 해석의 가능성을 만들어냈고 이러한 정신적 상황 속에서 중세 신화가 발전하게 되었던 것이다.

다음 장에서 다루는 바와 같이, 이세신도 운동의 출발점이 되었던 것은 신도오부서五部書인데, 이것들은 모두 나라시대 무렵에 편찬된 것이라고 알려져 있으며 이세의 신관神官도 자유롭게는 읽을 수 없는 비본秘本이었다. 그러나 실제로는 가마쿠라시대가 되어 만들어진 것으로 그 성립 연대가 가마쿠라시대 이전으로 거슬러 올라가지는 않는다. 료부신도 관계의 문헌도 예를 들어 그 집대성이라고 할 수 있는 『려기기麗氣記』는 구카이의 저작으로 알려져 보급되었고, 앞에서 다루었던 『야마토카쓰라기보산기』는 교키의 저작이라고 알려져 있다. 산노신도의 집대성인 『산게요략기』는 실제로는 기겐이 정리한 것이라고 생각되지만, 인세이기의 천태종 좌주인 겐신의 이름으로 전해져 있다. 게다가 이 책은 다수의 일본 천태 논사論師들의 저작을 인용하고 있지만, 용의주도하게도 그 대부분이 실재하지 않는 것들이다.

이와 같은 현상은 역시 가마쿠라시대 말기의 본각사상 문헌인 『한광류취漢光類聚』 등에서도 볼 수 있다. 실재하지 않는 텍스트를 논거로 논하는 기묘한 일이 행해졌던 것이다. 중세에는 사상 종교문헌 뿐 아니라 이른바 고문서에서도 위문서僞文書로 불리는 것들이 다수 만들어져서 통용되는 등 오늘날과는 매우 감각이 달랐다.

그러나 이러한 중세의 경향을 현대와 완전히 동떨어진 것이라고 말할 수 있는가 하면 그렇지는 않다. 쇼와시대 초기에 아마쓰교天津教[15]의 교주인 다케우치 교마로竹内巨麿는 진무 천황 시대 이전의 이야기를 기록한 신대문자神代文字의 초고대사문헌超古代史文獻을 다수 '발견'하여 초국가주의자의 군인들에게 큰 영향을 주었다. 그러나 이것들은 모두 위작으로 판정되어 다케우치는 쇼와 11년(1936)에 체포되어 불경죄不敬罪로 기소되었다(최종적으로는 무죄). 그러나 그 속에 기록되었던 아오모리青森현의 '그리스도의 묘'와 같이 그대로 그 지방에 정착했던 것도 있으며 또한 다케우치 문서는 옴진리교에도 영향을 미쳤다고 한다. 위서는 오늘날도 표면의 합리주의 깊은 곳의 고층의 단계에서 살아 있는 것이다.

'사교' 다치카와류

중세적 종교 형태의 하나로서 '사교邪教'로 배척받으면서도 많은 영향을 미쳤던 진언종의 다치카와류立川流가 있다. 다치카와류에 대해서는 앞에서 즉위관정과 관련하여 언급했지만 여기에서 조금 더 다루도록 한다. 다치카와류라고 하면 성적性的 비밀의식을 동반하는 수상한 종교라는 낙인이 찍혀

---

15 다케우치 교마로가 설립한 신도계 신종교로, 정식 명칭은 황조황대신궁아마쓰교(皇祖皇太神宮天津教)다.

있지만 그 실태는 그다지 분명하지는 않다. 다치카와류는 다이고지醍醐寺의 승려 닌칸仁寬이 에이큐永久 원년(1113)에 이즈伊豆로 유배되어 다음 해 자살하기까지 이즈에서 널리 유포시켰다고 한다. 그러나 실제로는 그 정도로 확실하게 다치카와류라는 하나의 유파가 존속했던 것은 아니고 성적 요소를 포함한 밀교의 형태는 인세이기에서 중세에 걸쳐서 다양한 형태로 전개했다.

그 중에서도 분에이文永 5년(1268)까지는 성립해 있었던 신조心定의 다치카와류 비판서인 『수법용심집受法用心集』에는 명백히 '다치카와의 한 유파'라고 부르고 있다. 이 책에 의하면 다치카와류의 사람들은 '내삼부경內三部經' 등의 경전을 만들어서 "여자를 범하는 것은 진언 일종一宗 핵심이며 즉신성불의 극치다 …… 육식은 제불 보살의 깨달음이며 이생방편利生方便[16]의 근본이다"라고 설하여 널리 보급시켰다고 한다. 이 책에는 해골을 본존本尊으로 하여 여인女人과의 화합수化合水를 덧칠하는 비밀 의식에 대해서도 써 있다.

이것만을 보면 매우 괴상하게 보이지만, 당시의 밀교 속에서 성적인 요소가 중시되기 시작한 것은 이상한 일이 아니다. 불교가 민중 속에 보급될 때 성으로부터의 이탈은 현실에 맞지 않는 것이 된다. 왜냐하면 일반 민중에게는 자손을 남기는 것과 풍요로운 수확을 얻는 것이 무엇보다 큰 관심사였으며, 따라서 성의 힘은 불가결한 것이었기 때문이다. 오늘날에도 신사의 마쓰리에는 성적인 요소를 포함한 행사들이 많이 남아 있다. 이와 같은 현상은 민중 사이에서 뿐만 아니라 왕권에 관해서도 동일한 것이었기 때문에, 다치카와류와 밀접한 관계를 가진 다키니법은 그야말로 즉위관정 등 왕권의 힘을 창출해내는 원천이 되었던 것이다.

16 부처가 중생을 위해 베푼 정교한 수단을 말함.

불교가 일본 사회 속에 뿌리를 내리기 위해서는 어쩔 수 없이 토착의 신기신앙을 섭취하고 이러한 현세의 힘을 획득하는 방법을 인정해 가야만 했다. 그것은 넓게 말하면 앞에서 언급한 본각사상과도 관계되는 문제이며, 또한 밀교가 그 분야에서 가장 큰 힘을 발휘할 수 있었던 것은 당연한 것이다. 그러나 그러한 사상이 불교 속에 머물러 있는 한 이의사교異義邪敎로서 비판받게 된다. 그래서 이 경우도 표면의 언설로부터 배제되면서도 고층의 깊은 곳으로 침전해 가게 된다.

이처럼 중세는 근대의 표면의 합리주의가 은폐해 온 고층을 다양한 형태로 전개시켰던 것이다.

6장

원리를 찾아서

1. 신도 이론과 근원의 탐구

이세신도의 신불격리

앞장에서 살펴본 바와 같이 이세신궁의 신앙은 불교와 깊게 관계하면서 발전했다. 그러나 처음부터 불교와 긴밀하게 연결되어 있었던 산노신도와는 달리 이세는 신불격리의 성격을 지님으로 인해 독자적인 움직임도 볼 수 있었다. 그 중에서도 특히 이세신도라고 불리는 독자적 전개를 제시한 것은 외궁의 신관인 와타라이度會 씨였다. 이세는 걸핏하면 황조신皇朝神을 모시는 내궁內宮이 중시되는 경향이 있었지만, 중세가 되어 포교활동을 하기 시작하자 인습에 구애받지 않는 외궁 쪽이 자유로운 활동을 통해 세력을 넓힐 수 있었다. 그 중 에이닌永仁 4년(1296)에 '황자皇字 논쟁'이라고 불리는 논쟁이 일어났다. 이것은 본래 내궁만이 '황대신궁皇大神宮'이라는 명칭을 사용하고 있었는데, 외궁도 문서에 '도요우케 황대신궁皇大神宮'이라고 쓴 것으로 인해 내궁 측이 반발했던 사건이다. 이 때 외궁 측이 자기들에게 유리한 증거로서 제출했던 것 중에 뒷날 신도오부서神道五部書로 정리되어 이세신도의 기본문헌이 된 것이 있었다.

신도오부서는 『아마테라시마스 이세이소 황태신궁 어진좌차제기天照坐伊勢二所皇太神宮御鎭座次第記』(어진좌차제기[御鎭座次第記]·차제기[次第記]), 『이세이소 황태신 어진좌전기伊勢二所皇太神御鎭座傳記』(어진좌전기[御鎭座傳記]·전기[傳記]), 『도요우케 황태신 어진좌본기豊受皇太神御鎭座本紀』(어진좌본기[御鎭座本紀]·본기[本紀]), 『조이세이소 태신궁 보기본기造伊勢二所太神宮寶基本記』(보기본기[寶基本記]), 『야마토히메노 미코토세이기倭姬命世記』의 다섯 권으로, 모두 나라시대에 성립했다고 되어 있다. 그러나 이것들은 앞 장에서 말한 위서의 전형적인 형태로서, 가장 빠른 시기에 성립했다고 여겨지는 『보기본기』가 가마쿠라시대 초기에, 『야마토히메노 미코토세이기』가 가마쿠라시대 중기에, 나마지 세 권(신궁삼부서[神宮三部書]라 함)은 그 이후에 성립되었다고 생각된다. 『보기본기』나 『야마토히메노 미코토세이기』에도 외궁을 중시해야 한다는 내용이 있지만, 특히 신궁삼부서 단계에 이르면 외궁의 도요우케를 아메노미나카누시와 동일시하고 이 도요우케가 내궁의 아마테라스보다 근원적 신이라는 사상을 볼 수 있다.

또 하나 중요한 점은 같은 이세를 둘러싼 신도 이론인 료부신도의 불교적 언설에 비해 신도오부서에서는 신불격리적인 면을 중시하고 있다는 것이다. 이를테면 "혼돈의 시작을 수호하고, 불법佛法의 숨기며"(『보기본기』『어진좌전기』), "불법을 숨기고, 신기를 재배再拜하여 받들라"(『야마토히메노 미코토세이기』) 등의 불교를 기피하는 내용이 있다. 이것이 료부신도와 다른 이세신도의 순수성을 보여주는 것이라고 하여 주목받아 왔지만 어디까지나 신불격리일

뿐 결코 불법부정佛法否定은 아니라는 것에 주의해야 한다. 따라서 신도오부서의 언설과 료부신도의 언설이 양립하지 않는 것은 아니다.

근원신을 추구하다

한편 도요우케와 아메노미나카누시의 동일시는 료부신도에서도 볼 수 있는데 그것은 신도의 계보를 더듬어 살펴봄으로써 근원신根源神을 찾아내려는 경향을 낳게 되었다. 『보기본기』에서는 “천지가 아직 열리지 않고 음양이 나뉘어지기 이전을 혼돈混沌이라 이름하고 만물의 영靈을 허공신虛空神이라 이름하며 또한 다이겐신大元神이라고도 하는데, 이는 구니노토코타치노미코토國常立神이며 또한 구생신俱生神이다”라고 하여 아메노미나카누시가 아닌 구니노토코타치를 근원에 두고 있는데, ‘다이겐신’이라는 근원신적인 표현을 쓰고 있다. 또한 아마테라스오미카미에 대해서는 “광대한 자비심을 일으켜 자재신력自在神力으로 여러 가지 모습을 나타내, 각종 심행心行에 따라 방편이익方便利益을 행한다. 나타내는 곳을 이름하여 오히루메노무치大日孁貴라고 하며, 또한 아마테라스오미카미라고 한다”라고 하여 아마테라스오미카미를 근원신의 방편적 현상이라고 보고 있다.

근원신을 추구하는 동향은 료부신도 계통에서도 볼 수 있다. 초기 료부신도서 중의 하나인 『나카토미노하라에훈해中臣祓訓解』에서는 신을 본각本覺·불각不覺·시각始覺의 세 등급으로 분류한다. 본각·불각·시각은 『대승기신론』에서 볼 수 있는 용어로 본각사상이 유행함에 따라 널리 사용되게 된 카테고리다. 본각신은 이세대신伊勢大神이고, 불각신은 이즈모出雲의 아라부루신[1]

1 난폭한 신을 의미하는 황신(荒神)의 다른 이름이다. 다카마노하라에서 많은 악한 일을 행해 추방된 스사노오가 대표적이다.

이며, 시각신은 교토의 이와시미즈石清水(하치만신[八幡神]) 및 히로타사廣田社(효고현 니시노미야시[西宮市])다. 시각신이 불교에 의해 방황에서 깨달아 본각으로 돌아오는 것에 반해 본각신은 "본래 청정清淨한 이성, 상주불변常主不變한 묘체妙體"라고 설명하고 그것을 '다이겐손신大元尊神'이라고 부르고 있다. '다이겐손신'은 '다이겐신'과 같은 것으로 불교 이론을 사용하면서 근원신을 탐구하고 있는 것이다.

신도오부서가 가지는 또 하나의 중요한 점은 신을 모실 때의 마음가짐을 중시하고 청정과 정직의 덕을 강조하는 것인데, 그것은 이후의 신도 이론의 기초가 된다. 『야마토히메노 미코토세이기』에서는 "왼쪽의 것을 오른쪽으로 옮기지 않고 오른쪽의 것을 왼쪽으로 옮기지 않음으로 해서, 왼쪽을 왼쪽으로 하고 오른쪽을 오른쪽으로 하며"라든가, "근원을 근원으로 하고 근본을 근본으로 한다" 등 인위人爲를 가하지 않고 신의 뜻대로 따르는 것을 중시하는데, 이 문구는 이후의 신도 문헌에서 자주 인용되어 신도 윤리의 근간이 된다. 또한 이와 같이 마음가짐을 중시하는 것은 본각사상 등 불교와 연결되는 면도 있다. '신'은 중국의 문헌에서는 외적인 신적 존재임과 동시에 내적 마음의 미묘한 활동을 의미한다. 중세의 신도 이론에서는 그 중층성을 살려 마음心을 세계의 근원과 연결시켜 간다.

신도 이론의 대성

중세 신도 이론은 가마쿠라시대 말기부터 남북조 시기에 걸쳐 대성大成된다. 산노신도의 『산게요략기』『계람습엽집』, 료부신도의 『려기기』 등의 대작이 정리되며, 이세신도 계열에서는 와타라이 이에유키度會家行, 지헨慈遍, 기타바타케 지카후사北畠親房 등의 사상가가 연이어 나타나 종합적·체계적인 저작을 저술한다. 이것들이 일단락된 후 무로마치시대 후기가 되면 요시다 가네토모吉田兼俱가 중세 신도의 대미를 장식하는 유이쓰신도唯一神道를 세우게 된다.

와타라이 이에유키度會家行(1256~1356)의 『류취신기본원類聚神祇本源』(1320)은 불교와 유교를 비롯해 중국과 일본의 다수의 문헌을 섭렵하여 종합한 후 그 위에 스스로의 신도설을 세우려 하고 있다. 그것은 반드시 독창적인 체계를 수립하는 데까지는 이르지 않았지만, 도교 및 음양오행설 그리고 새롭게 전해진 송학宋學 등도 인용하여 신불습합을 넘어서는 신도 이론의 방향을 제시하려고 했다. 그 신도설의 핵심은 "뜻하는 바는 기전機前을 가지고 법으로 삼으며, 행하는 바는 청정淸淨을 가지고 선先으로 삼는다"라고 하는 기전설機前說에 있다. 즉 당시의 신도 문헌이 천지개벽을 근원으로 하고 있는 것과 달리 『류취신기본원』은 천지개벽 이전의 근원으로 거슬러 올라가 그 천지개벽 이전을 '기전'이라고 명명한 것이다. '기전'이라는 단어는 선적禪籍에도 나오는 말인데, 그것을 심心의 문제에서 전환하여 우주적 근원에 서게 했다는 점에서 신도설의 새로운 전개를 볼 수 있다. 그리고 그 기전을 살리는 실천으로서 청정을 중시한다. 청정이란 결국 "근원의 근원을 밝히고 본래의 마음에 맡기는" 것으로서 기전의 세계에서 기전의 순수성을 유지하는 것이다.

이에유키를 계승하는 이세신도 이론가에는 기타바타케 지카후사와 지헨을 들 수 있다. 두 사람 모두 겐무의 신정에서 남북조시대의 동란기에 걸쳐서 활동한 인물로, 이에유키에게 비교적 약했던 신도와 국가의 관계를 정면으로 문제시하고 신도설을 천황론天皇論과 연결시켰다. 그들의 이론은 근세 이후의 신도 내셔널리즘의 원류가 된다. 지카후사는 잘 알려진 바와 같이 남조南朝 측의 중심인물로 활약했기 때문에 전전에는 충신으로서 찬양받았으며, 그의 저서 『신황정통기神皇正統記』는 황국사관皇國史觀의 모범이 되었다. 이 책에 대해서는 4장에서 언급했으므로 여기에서는 또 한 사람의 사상가 지헨에 대해서 살펴보기로 하자.

지헨은 우라베노卜部(요시다[吉田]) 가네아키兼顯의 아들로 『쓰레즈레구사徒然草』로 유명한 겐코兼好의 형제다. 출가하여 히에이산에서 천태교학을 배웠지만, 이후 신도에 깊은 관심을 가졌다. 고다이고 천황을 따라 남조에 충성을 다했다고 알려져 있는데, 아시카가 다카우지足利尊氏 · 요시아키라義詮와도 관계가 있었다고 한다. 『구사본기현의舊事本紀玄義』『도요아시하라신풍화기豊葦原神風和記』 등 이세신도계의 저작 외에 『천지신기심진요기天地神祇審鎭要記』와 같은 산노신도의 저작도 있다.

『도요아시하라 신풍화기』의 '불신동이사佛神同異事'에서는 신불의 상이점을 중심으로 신도의 특징을 명백히 하고 있다. 그것에 따르면 "신불의 깨달음의 경지는 동일하지만 교화의 방법은 서로 다르다. 이른바 신도는 하나의 법이 아직 생성되지 않은 것을 지키고 생성하는 마음의 모든 것들을 예악穢惡이라고 하여 기피한다. 불법佛法은 두 길이 이미 나뉘어진 후에 모든 방황이 있으며, 그 방황을 바로 인식함으로써 방황이 곧 실상實相이라고 가르친다"라고 하여 세계가 아직 전개되지 않은 근원根源에 입장을 두는 것이 신도이며, 그것이 전개된 이원대립적二元對立的 현상세계에서의 구제를 제시하는 것이 불교라고 말한다. 이렇게 해서 불교보다도 신도가 보다 근원적이라고 보고, 그 근원으로부터 신들의 계보가 탄생하며 그 연장선상에 천황을 위치시키고 있는 것이다.

이러한 신도 내셔널리즘의 발전선상에 『구사본기현의』 5권의 근엽화실설根葉花實說이 있다. 즉 "근본本은 신국에 있으며 당唐은 가지와 잎을 지배하고, 인도는 과실菓實을 얻는다. 즉 꽃은 져서 뿌리로 돌아가고 과실은 그 계통을 이어 받는 것을 말한다"라는 것이다. 일본의 신이야말로 근본이며 중국이나 인도의 종교는 그것이 전개된 꽃과 과실이라는 것이다. 여기에서 지헨은 "신의 말씀은 서천西天의 부처를 가리켜 응적應迹이라고 한다"고 하여 부처를 신의 수적手迹으로 보는 반본지수적설反本地手迹說[2]에 이르고 있다. 단 지헨은 뿌리만으로는 아직 충분히 전개될 수 없다고 보고 있기 때문에, 여기에 불교 및 유교의 교화를 필요로 한다. 즉 불교 등의 전면적 부정은 아니다.

유이쓰신도에 의한 신도 통합

이러한 신도의 이론적 정비를 이어 받아 요시다 가네토모吉田兼俱(1435~1511)의 유이쓰신도唯一神道가 성립한다. 가네토모는 오닌應仁의 난[3] 전후의 혼란기에 전 신도계를 통합하고 그 정점에 서려고 했던 야심가다. 그는 갖가지 위서를 제작하거나 책략 또는 선동적 유언비어를 활용하여 세력을 넓혔다. 분메이文明 16년(1484)에는 교토의 요시다산吉田山에 다이겐구大元宮 재장齋場을 건립했는데, 이것은 팔각모양의 독특한 건물인 다이겐구大元宮를 중심으로 그 주위에 이세신궁을 비롯한 일본의 모든 신사를 배치하여 신도계의 통합지

2 중세에 생겨난 신주불종(神主佛從)적 이론. 부처를 본래의 모습이라고 하고, 그 부처가 중생을 구제하기 위해 임시적 모습으로 나타난 것이 신이라고 보는 본지수적설의 불주신종(佛主神從)설에 대항하기 위해 펼쳐진 사상이다.

3 1467년부터 1477년에 걸쳐 일어난 내란. 쇼군가 및 간레이가(管領家)인 하타케야마(畠山) 씨와 시바(斯波) 씨의 상속 문제를 계기로 호소카와 가쓰모토(細川勝元) 중심의 동군과 야마나 소젠(山名宗全)의 서군이 각각 유력 슈고 다이묘들을 이끌고 교토를 중심으로 대항해 싸웠다. 이 난을 계기로 바쿠후의 권위는 완전히 땅에 떨어지고 사회문화적으로도 큰 시대적 전기가 된다.

배를 상징하는 것이었다.

가네토모는 또한 『유이쓰신도명법요집唯一神道名法要集』에서 자신의 신도설을 정리하여 이론면에서의 확립을 도모했다. 이 책에서 가네토모는 우선 신도를 혼자쿠엔기本迹緣起 신도·료부슈고兩部習合 신도·겐폰소겐元本宗源 신도 등 셋으로 나누고, 자신의 입장을 신불습합적 신도인 앞의 두 신도를 초월하는 가장 근원을 탐구하는 겐폰소겐 신도에 위치시켰다. 가네토모의 설은 불교의 영향을 많이 받았음에도, 여기에서는 명백하게 신불습합을 비판함으로써 신도 자신이 자립적 이론으로서 설 수 있게 되었다. 그 설은 구니노토코타치신을 다이겐손신으로 하여 그 중심에 둠으로써 신도의 통합을 도모하려 했던 것이다. 그 입장에서 지혠으로부터 시작되는 근엽화실설을 최종적으로는 쇼토쿠 태자의 밀주密奏라고 가탁하여 정식화했다. "우리 일본은 종자를 낳고 진단震旦(중국)은 가지와 잎으로 출현하며 천축天竺은 꽃의 열매를 맺는다"라는 서술로부터 알 수 있드시 이것은 신도가 불교·유교보다 우월한 근본이라는 것을 가장 단적으로 보여주는 것으로서 그 후 오랫동안 선전되었다.

중세 신도는 이처럼 근원신을 탐구하여 거기에서 신들의 질서를 발견하려고 한다. 기독교가 도입되었을 때 불교 승려들의 저항을 받으면서도 기독교는 놀랄 정도로 빠르게 확산되었는데 그것은 우연이라고는 할 수 없다. 그 당시 신도계에서는 이러한 근원의 탐구가 진행되고 있었고 불교계에서도 조도신슈의 아미타불 일불一佛 신앙이나 선종의 심일원론心一元論이 전개되고 있었기 때문에, 이러한 원리의 탐구가 기독교의 유일신唯一神 신앙을 쉽게 받아들일 수 있게 한 것으로 추측된다.

요시다 가네토모는 또한 삼사탁선三社託宣의 유행과도 관계가 깊다고 알려져 있다. 삼사탁선은 덴쇼코다이신궁天照皇大神宮·하치만대보살八幡大菩薩·가스가대명신春日大明神의 세 신의 탁선을 기록한 족자인데, 세 신은 각각 정직·청정·자비의 덕을 나타낸다고 한다. 신불습합적이면서도 아마테라스에 의해 모든 신을 통합하려는 것으로서 도덕적 교설과도 결부되기 쉬운 점 때문에 근세에 이르기까지 널리 이용되었다.

2. 신불교의 정착과 진전

사회 속에 정착하는 불교

종래에 가마쿠라 불교가 각광을 받아 온 탓에 14세기에서 16세기에 걸친 무로마치시대의 불교라고 하면 마치 가마쿠라 불교의 통속화처럼 여겨져 그다지 평가를 받아오지 못했다. 그러나 이 시대의 불교는 무사, 호족, 농민, 상인 등 폭넓은 계층에게 수용되어 새로운 기운에 넘쳐 발전했다. 종래의 현밀불교顯密佛教도 새로운 시대의 요구에 답하며 펼쳐졌는데, 특히 주목할 만한 것은 가마쿠라시대에 기초를 세웠던 신불교가 실제로 사회 속에 정착해 간 것이다. 특히 선종과 정토계의 여러 종파, 니치렌종 등의 발전이 눈에 띈다. 그 전개 속에서 복잡한 이론보다도 실제 생활에 바로 적용할 수 있는 것이 요구되어 단순화된 이론과 실천이 전개되었다. 그 중에서 조도신슈의 아미타불에 대한 신앙이나 선종의 심心·성性 등의 원리가 정면으로 표출된다.

선과 고잔 문화

이 시대에 바쿠후와 밀접한 관계를 가지며 국교적國敎的 위치에 있었던 것이 임제종臨濟宗의 선이었다. 그 기초를 세운 무소 소세키夢窓疎石(1275~1351)는 고호 겐니치高峰顯日의 법을 잇고 오랫동안 세간의 명예와 이익을 떠나 수행에 전념했지만, 51세 때 고다이고 천황의 청으로 난젠지南禪寺에서 들어갔고, 이후에는 아시카가 다카우지와 다다요시直義 형제의 귀의도 받았다. 남북조의 동란 속에서 적군 아군의 차별을 부정하는 원친평등怨親平等의 이념을 내걸고 다카우지와 다다요시를 설득하여 전몰자를 위한 안코쿠지安國寺의 이생탑利生塔을 각지에 세우게 했다. 또한 고다이고 천황의 추선도장追善道場으로서 덴류지天龍寺[4]를 창건하고 그 비용을 변통해 내기 위해 덴류지부네라는 무역선을 이용한 송과의 무역을 도모했다. 이처럼 정치와도 깊은 관계에 있었던 무소 소세키는 사찰 내의 조원造園에도 뛰어난 재능을 발휘하는 등 다방면에서 활약했던 인물이다. 무소 자신은 어디까지나 선을 제일로 내걸고 타협은 하지 않았지만, 스스로도 다방면에서 활약하였고 교육에 있어서도 제자들의 재능에 따른 지도 때문에 여러 방면에 많은 문인들이 있었다.

이러한 무소 소세키의 문하에서 고잔五山의 선이 형성되었다. 중국을 모방하여 선사禪寺의 등급을 정한 고잔의 제도는 가마쿠라시대부터 볼 수 있는데 특히 무로마치시대에는 난젠지南禪寺를 별격別格으로 해서 덴류지天龍寺·쇼코쿠지相國寺·겐닌지建仁寺·도후쿠지東福寺·만주지萬壽寺의 교토 고잔이 중앙에서 세력을 자랑했다. 고잔은 중국으로부터 새로운 문화를 받아들이는 중심지로서 불교뿐 아니라 새롭게 들어온 주자학 등도 우선은 고잔에서 학습되었다. 고도의 교양을 요구하는 한시나 한문학의 꽃이 피고, 출판 및

---

4 교토시에 있는 임제종 덴류지파의 총본산. 아시카가 다카우지가 고다이고 천황의 명복을 빌기 위해 무소 소세키를 초대 주지로 하여 설립한 사찰. 이후 교토 고잔 중에 가장 높은 지위를 차지했다.

건축 그리고 조형미술 등에 걸친 이른바 고잔 문학·고잔 문화로서 전성기를 자랑했다. 고잔의 선승禪僧들은 그 교양을 살려 바쿠후의 외교고문과 같은 역할을 담당하는 경우도 적지 않았다. 고잔 문화의 주변에는 아시카가 요시미쓰足利義滿의 기타야마北山 문화,[5] 요시마사義政의 히가시야마東山 문화[6] 등도 전개되고 차노유[7]라는 새로운 문화도 발흥했다.

이렇게 해서 고잔 문화는 교토를 중심으로 전성기를 뽐냈지만 한편으로는 선의 수행이 등한시됨으로 인해 진지한 수행자들로부터 비판을 초래하게 되었다. 오히려 실제 선의 수행은 임하林下[8]라고 하는 고잔 이외의 여러 사찰에서 엄격하게 행해졌다. 특히 난포 조묘南浦紹明(다이오국사[大應國師])·슈호 묘초宗峰妙超(다이토국사[大燈國師])·간잔 에겐關山慧玄의 다이오파大應派 계통은 오토칸應燈關이라고 불렸는데, 특히 슈호 묘초의 다이토쿠지大德寺,[9] 간잔 에겐의 묘신지妙心寺[10] 계통이 유명하다. 다이오파는 엄격한 수행을 통해 그때까

5 무로마치시대 초기의 3대 쇼군인 아시카가 요시미쓰시대의 문화. 요시미쓰가 교토의 기타야마에 별장을 짓고 1398년부터 그곳에 머문 것에 기인한다. 전통적인 왕조 문화와 신흥의 무가 문화와의 융합이 특징이며, 대표 건출물로는 로쿠온지(鹿苑寺) 긴카구(金閣)가 있다.

6 무로마치 시대 8대 쇼군인 아시카가 요시마사가 요시미쓰를 본떠 교토 히가시야마에 지쇼지(慈照寺) 긴카쿠(銀閣)를 세운 것에 비롯된 문화. 전통적인 왕조 문화와 무가 문화, 그리고 선승들의 문화와 서민 문화 등이 융합된 점이 특징이다.

7 다도의 일종으로 손님을 초대하여 말차를 끓여서 손님에게 대접하는 예의범절.

8 본래는 총림하(叢林下)로서, 총림이란 승려들이 모여 수행하는 장소, 특히 선종사원을 말한다. 그것이 일본 선종에서는 고잔 계통의 선 사찰을 총림이라고 하고, 지방에서 전개했던 고잔 계통 이외의 선종 사찰을 임하라고 불렀다.

9 교토에 있는 선종사찰로서, 임제종 다이토쿠지파의 총본산. 1315년 슈호 묘초에 의해 창건된 다이토쿠지는, 무로마치시대에는 오닌의 난으로 인해 황폐화 되었으나 잇큐 소준이 부흥시켰다. 모모야마(桃山)시대에는 도요토미 히데요시가 오다 노부나가의 장례를 거행한 것을 계기로, 센고쿠시대 말기 이후 유명 다이묘들의 비호를 얻어 사찰운영이 융성했다.

10 교토에 있는 임제종 묘신지파의 본산. 하나조노(花園) 상황(1297~1348)에 의해 세워졌으며, 초대 주지로 간잔 에겐이 있었다. 오닌의 난에 의해 황폐화되었으나, 이후 셋코 소신(雪江宗深)에 의해 묘신지 세력 확장의 기초가 만들어지고, 센고쿠시대 이후 유력 다이묘들의 비호 속에서

지의 제행겸수諸行兼修적 선에 대신하는 순수선을 확립하여 이후의 임제선의 골격을 만들었다. 그러나 다이토쿠지도 잇큐 소준一休宗純(1394~1481)[11]에 의해 세속화되어 버렸다고 하여 비판을 받게 되었다.

선 사상과 장송 의례

그렇다면 선 사상은 어떻게 전개된 것일까? 남북조시대의 선승인 밧수이 도쿠쇼拔隊得勝(1327~1387)는 『가나법어假名法語』에서 "스스로의 마음自心은 본래 부처이다. 이것을 깨닫는 것을 성불成佛이라 하고 이것을 깨닫지 못하고 방황하는 것을 중생衆生이라고 한다"고 하여 '스스로의 마음'에 대한 깨달음의 중요성을 말하고 있다. 이러한 심心의 탐구가 선의 근간이며, 견성성불見性成佛[12]이라고 일컫는 것처럼 선에서는 자기의 본성을 깨닫는 것이 요구되었다. 기리시탄[13] 자료를 보면 당시의 선자禪者들은 '무無'를 주장하고 내세를 부정한다고 되어 있는데, 그것은 단순한 '무'가 아닌 근본 원리로서의 무 혹은 공空 등의 사상을 전개하고 있었던 것이다.

그런데 너무나 모순되게 보이지만 임하의 선이 크게 발전했던 것은 장례

융성하여, 이후 임제종 중 가장 많은 말사를 가진 사찰이 되었다.

11 무로마치시대의 임제종 승려. 교토 출신으로 교토 및 오사카 사카이(堺) 등지의 작은 암자 및 민가를 전전하며 교화에 힘썼으며, 1474년 다이토쿠지의 주지가 되어 황폐해진 다이토쿠지의 재건에 힘쓴다. 기발하고 자유분방한 언동으로 유명했으며, 형식적인 계율을 지키기 보다는 본래 인간에게 갖추어져 있는 근원적 본성을 깨닫는 견성(見性)을 제일 목적으로 하는 입장에 서서, 선의 민중화에 큰 업적을 남겼다.

12 견성(見性)이란 본래 인간에게 갖추어져 있는 근원적인 본성을 깨닫는 것으로, 견성성불이란 이 본성을 깨닫는 것이 곧 성불의 경지에 도달하는 것이라는 의미이다. 교외별전(教外別傳)·불립문자(不立文字)·직지인심(直指人心)과 함께 선종의 4대 종지 중의 하나다.

13 포루투갈어 Cristao로 본래는 기독교 신자 전반을 가리키지만, 일본어로 사용되는 경우에는 통상 카톨릭 신자만을 가리킨다.

나 기도 등의 의례를 통해서다. 특히 조동종은 게이잔 조킨瑩山紹瑾(1268~1325) 이후 의례적 요소를 대담하게 도입하여 세력 신장을 꾀했다. 이후의 장례불교의 원형은 무로마치시대의 선종에서 출발한 것이다. 선종에서는 수행 도중에 죽은 수행자를 애도할 때, 그 죽은 선승이 빨리 수행을 완성할 수 있도록 하기 위해서 망승장법亡僧葬法이라는 의식이 행해졌는데, 그것을 재가 수행자에게 적용한 것이다. 지방의 다이묘大名를 비롯해 재가의 후원자들이 점점 세력을 더해 가는 가운데, 정비된 형식의 의례가 요구되기 시작했지만 종래의 현밀불교의 방식은 매우 복잡했기 때문에, 통상의 재가자들의 장례에 이용할 수 있는 제도가 없었다. 따라서 알맞고 간소한 요소로 정비된 의례방식을 갖추고 있었던 조동종이 크게 발전하게 된 것이다. 조동종은 좌선을 통해서가 아닌 오히려 의례를 통하여 지방에 교선을 확대하게 되었다.

잇키: 종교와 정치 권력

지방에서 세력을 전개한 조동종과 달리, 니치렌종은 니치조日像(1269~1342)의 포교 이후 수도인 교토의 도시 민중들을 중심으로 크게 세력을 확장했다. 첫째는 발흥하는 도시 민중들에게 현세이익을 주장하는 설이 큰 매력이었으며, 쇼군에게 개종을 강요당하며 박해를 받았던 닛신日親(1407~1488)과 같은 불굴의 태도가 감명을 주었기 때문일 것이다. 혼란한 정세 속에서 도시민중들은 법화신앙을 기반으로 단결하여 자위체제를 갖춤으로써 일대 군사세력으로 발전했다. 특히 그들이 적대시 했던 것은 잇코잇키一向一揆였다. 덴분天文 원년(1532)에는 야마시나山科 혼간지本願寺를 불태워 버리고 기세를 높였지만, 덴분 5년(1536)에는 히에이산 측의 세력이 센고쿠시대[14] 다이묘들과 손잡은 연합군을 상대로 한 덴분홋케天文法華의 난[15]으로 참패한다.

잇키란 '일미동심一味同心'이라고 불리는 것으로부터 알 수 있듯이 같은 목적을 가지고 연대하는 집단으로서 그 단결 때문에 강한 종교적 성격을 가진다. 그 중에서도 특정 신앙을 정면에 내세운 홋케잇키法華一揆 및 잇코잇키는 센고쿠시대의 특징으로서 종교가 민중의 힘과 일체가 되어 일정 범위 내이기는 하지만 정치권력을 잡고 지배하게 되었다. 이것은 일본의 역사 속에서도 달리 예가 없는 것으로 종교와 정치와의 관계를 고찰하는 데에 있어서 특필할 만한 것이다.

그러면 잇코잇키를 일으킨 조도신슈에 대해서 살펴보도록 하자. 신란이 입멸한 후 그의 묘지에 묘당이 세워지고 신란의 자손들이 그 묘당을 지키는 직책을 맡아 왔다. 그것이 혼간지本願寺이다. 그러나 혼간지 세력은 조도신슈 내부에서도 작은 규모였고 신란의 제자들에서 유래하는 다카다파高田派 및 붓코지파佛光寺派 등이 큰 세력을 가지고 있었다. 그런데 신란 문하 제8대인 렌뇨蓮如(1415~1499) 때가 되면 혼간지는 단숨에 세력을 확장하게 된다. 렌뇨는 당초 수도인 교토에 가까운 오우미近江에서 교화활동을 했는데, 그 세력의 확대를 우려한 히에이산 세력과 대립하게 되어 분메이文明 3년(1471)에는 렌뇨가 에치젠越前의 요시자키吉崎로 물러난다. 그러나 여기에서도 렌뇨를 따르는 문도들이 속속들이 모여들어 요시자키는 조도신슈 왕국과 같은 모습을 띠게 되었다.

이러한 양상으로 인해 조도신슈의 급격한 발전이 달갑지 않았던 종교

14 오닌의 난부터 오다 노부나가가 아시카가 요시아키(足利義昭)를 무너뜨리고 이른바 천하통일을 이루었던 때까지를 센고쿠시대라고 한다. 1477년에서 1573년에 해당한다.

15 1536년 히에이산 승려들이 중심이 되어 교토의 니치렌 홋케종을 공격했던 사건. 이 난으로 인해 교토 시내의 니치렌 홋케종의 21개 사찰이 불타버리고, 신도들은 교토 시내 밖으로 추방되었으며, 교토 시내에서의 포교가 금지되었다. 덴분법난이라고도 부른다.

세력 및 정치 세력과 알력을 초래하게 되고, 결국 분메이 6년(1474)에는 다카다 문도와 결합한 가가加賀 슈고守護 도가시 사치요富樫幸千代에 대해 혼간지 문도는 도가시 마사치카富樫行親와 결합하여 승리했다. 그러나 새롭게 슈고가 된 마사치카와도 대립하게 됨에 따라 결국 렌뇨는 그 이듬해 요시자키를 떠나 분메이 10년(1478)에는 야마시나 혼간지 건립에 착수했다. 렌뇨가 떠난 후의 가가에서는 혼간지 문도가 도가시 마사치카를 옹립했지만, 결국 조쿄長享 2년(1488)에는 양자의 대립이 격화되어 문도들의 잇키는 마사치카를 공격하여 무너뜨림으로서 비로소 '문도가 지키는 나라'가 실현되었다. 이후 잇코잇키는 제국諸國으로 퍼져 이시야마石山 혼간지가 오다 노부나가의 공격을 받아 덴쇼天正 8년(1580) 겐뇨顯如의 세력이 이시야마를 떠나기 까지 종교에 의한 지배를 실현했다.

렌뇨와 불교의 일신교화

이 와중에서 렌뇨는 문도들이 정치나 전쟁에 말려드는 것을 싫어했기 때문에 늘 문도들의 과격한 행동을 경계했다. 이러한 렌뇨의 가르침은 주로 편지 형태로 문도들에게 전해졌는데, 그것들은 『오후미御文(御文章)』라는 이름으로 정리되었다. 그것을 보면 신란의 가르침은 복잡한 교학논의의 기반 위에 놓여 있었던 것에 비해, 렌뇨의 가르침은 보다 단적으로 "오로지 간절히 바랄 것은 후생後生이며, 또한 의지할 곳은 아미타여래다"(분메이 5년 9월)라는 문장에서도 알 수 있듯이 아미타여래 일불一佛만을 오로지 믿고 후세를 바라는 것이라고 단순화했다. 그리고 신심信心이 정해진 후의 염불을 '불은보사佛恩報謝'라고 위치시킴으로써 신란에게 남겨져 있던 애매한 점이 명확하게 정리되었다. 이러한 단순화, 명쾌화가 렌뇨의 가르침이 폭발적으로 사람들에게 수용된 큰 이유였다고 생각된다.

렌뇨가 타 종파와의 알력을 아무리 피하려고 해도 그의 교리가 “아미타여래 일불을 의지하면 모든 신들도 부처님도 즐거히 지켜주신다. 그러므로 아미타여래만을 의지하고 신심을 결정하면 반드시 서방 극락세계의 아미타 정토에 왕생할 수 있다”(분메이 5년 12월 13일)는 것이라면 타 종파를 멸시하게 되었다고 해도 어쩔 수 없는 것이다. 이러한 조도신슈의 움직임은 이른바 불교의 일신교(일불교[一佛教])화라고도 할 수 있는 것으로서 신도계의 근원신 탐구와 함께 기리시탄 수용의 정신적 기반을 준비한 것이라고도 말할 수 있다.

렌뇨 자신은 타 종파 및 정치권력과의 알력을 기피했지만 이러한 논법은 그것을 저지할만한 강력한 논거가 없었고 오히려 잇코잇키를 응원하는 성격을 가지고 있었다. 이것은 분메이 5년의 ‘다슈야多屋衆[16] 후미’라고 불리는 것에서 가장 두드러지게 나타난다. 이것은 곧 들이닥칠 전란 속에서 문도들과의 의사통일을 도모한 것이었는데, 염불을 하여 극락왕생을 달성하는 것도 고난을 만나 죽는 것도 같은 것이기 때문에 전생의 업에 맡겨버리면 그만이며 그 후에는 ‘불법佛法을 위해 한 목숨을 아끼지 말고 전란에 임해야 하는 이유’를 다수의 의견으로 결정한 요지가 기록되어 있다. 이미 신심이 확립된 이상은 어떻게 죽든지 간에 구제를 받게 되어 있으므로 불법을 위해 죽는 것은 일종의 불은보사인 것이다. 그렇기 때문에 죽음조차도 주저하지 않고 과감히 싸울 수 있다. 잇코잇키에는 순수한 조도신슈 신자 이외에도 다양한 사람들이 합세했다고 하는데, 그럼에도 프로의 전투자 집단인 무사

16 각 문도의 말사(末寺) 연락소이자 숙박소로 이용하는 다야(多屋)에 모여 든 사람들을 말함.

를 상대로 압승할 수 있었던 것은 이러한 종교상의 이유가 있었기 때문이라고 생각된다. 이것도 역시 이후의 기리시탄 시대에 순교도 아랑곳하지 않고 박해에 견디는 정신과 상통하는 면이 있다.

03

세속과 종교

[근세]

7장

기리시탄과 권력자 숭배

1. 기리시탄의 충격

새로운 종교와의 만남

덴분天文 18년(1549), 예수회 신부 프란시스코 사비에르Francisco Xavier (1506~1552)는 기념할 만한 첫 발을 가고시마鹿兒島에 내딛는다. 기리시탄시대의 개막이다. 사비에르는 덴분 20년(1551)까지 2년여 동안 히라도平戶, 야마구치山口, 교토, 오이타大分 등의 각지에서 포교활동을 한 후, 그 뒤를 토레스[1]에게 맡겼다. 이렇게 시작된 기독교 전도는 큰 성과를 거두어 17세기 초에 기독교 금교령이 내려질 무렵에는 30만에서 40만 명의 신자를 획득하기에 이르렀다.

기독교의 도래는 불교 전래 이후 처음으로 외부로부터 들어온 대종교와의 만남이었다. 더욱이 불교가 본래 인도에서 유래하여 실크로드를 통해

1 Cosme de Torres, 1510~1570. 프란시스코 사비에르와 함께 일본에 처음 입국한 예수회 선교사로 사비에르가 인도로 돌아간 뒤 18년 동안 일본 포교를 담당함.

인도 및 서방 문화의 향취를 전하기는 했지만, 기본적으로는 동아시아 틀 속에서의 교류였다. 이에 반해 기독교의 전래는 지구를 반 바퀴 돈 유럽의 종교 문화가 직접 전래된 것으로서, 일본은 지금까지와는 전혀 낯선 문화와 직면하게 되었다. 이와 동시에 일본은 글로벌한 세계문화 속에 어쩔 수 없이 내던져진 것이다. 그것은 단순히 종교적 차원에서의 문제만은 아니다. 기독교의 전래가 철포의 전래와 짝을 지어 회자되는 것처럼 서구의 문화는 지금까지의 동아시아의 범위에서는 상상도 할 수 없었던 거대한 물질문명을 동반하고 있었다. 일본에서의 기독교의 발전은 남만南蠻무역[2]과 밀접하게 관계하게 된다.

불교의 개념을 이용한 기독교 이해

기독교는 어떻게 일본 속에 수용되었던 것일까? 사비에르시대부터 시작하여 기독교의 선교사들은 가는 곳곳마다 불교 승려들과의 논쟁에 직면하게 된다. 그리고 그들을 논파하기 위해 불교를 배우고, 또한 불교적 개념을 이용하여 기독교를 포교하게 되었다. 불교가 부처라는 새로운 숭배 대상을 들여온 것과 같이 기독교가 들여온 데우스Deus 역시 지금까지의 일본 종교에는 없는 새로운 신격神格이었다. 때문에 데우스를 어떤 일본어로 번역할지에 대한 문제에서부터 출발해야 했다. 맨 처음 사비에르는 데우스를 불교 용어인 '대일大日'로 번역했는데 그 결과 오해가 깊어져 결국 '데우스'라는 원어를 그대로 사용하는 방침으로 전환하게 되었다.

---

2 에도(江戶)시대에 네덜란드를 홍모(紅毛)라고 부른 것에 비해 포루투갈과 스페인을 남만이라고 불렀는데, 16세기 중반에서 17세기 초기에 행해졌던 일본과 포루투갈·스페인과의 무역을 말한다.

그러나 예를 들어 기리시탄 교리서로서 가장 유명한 『도치리나 기리시탄Doctrina Cristao』[3]에서도 아니마anima, 靈魂의 영원함에 대해 "인간은 색신色身일 뿐만 아니라, 끝이 없는 아니마를 기지고 있다"라고 설명하거나, 십자가의 의미를 "우리 주 예수 그리스도가 십자가 위에서 우리들을 해탈解脫시켜 주시기 때문이다"라고 설명하는 것과 같이 '색신'이나 '해탈' 등의 불교 용어를 자주 사용하고 있다. 악마를 '천구'라고 표현한 것도 흥미롭다. 현지 종교와의 유사성을 얼마만큼 적극적으로 표현하는가는 기독교 포교시에 늘 문제된 것으로, 중국에서 있었던 유교의 공인公認을 둘러싼 논쟁인 전례 논쟁典禮論爭[4]은 그 전형이다. 일본에서도 불교와의 유사성을 얼마나 인정할 것인지가 종종 선교사들 사이에서 문제시 되었지만 실제적으로 불교적 용어를 전혀 배제하기는 어려웠다.

그만큼 불교나 신도와는 다른 기독교의 독자적인 입장을 분명히 표명하는 것이 불가결했다. 불교에도 신도에도 없는 기독교의 가장 큰 특징은 유일신唯一神에 의한 천지창조다. 『도치리나 기리시탄』에는 '제일第一 간요제목肝要題目'으로 "무에서 천지를 창조하시는 창조자 데우스는 유일하게 한 분 만이 존재하신다"라고 언명하고, "이는 즉 우리의 현세와 후세를 모두 주관하시는 주"라고 하여 그 절대성을 주장하고 있다. 특히 '아니마(영혼)'의 영원성永遠性에 대해서 "기리시탄이 아니면 후생後生을 구원받을 수 없다"라

---

3 예수회 선교사들이 편찬한 기독교 교리문답서. 16~17세기의 일본어 음운, 어휘, 문법 연구상 중요한 자료이기도 하다.

4 17세기에서 18세기에 카톨릭 선교사들 사이에서 중국의 전통문화(전례[典禮])와 기독교 교리와의 균형을 두고 벌어졌던 논쟁. 즉 공자와 조상을 숭배하는 중국의 유교적 문화에 대해 예수회 선교사들은 일정한도 내에서 인정할 수 있다고 주장한데 반해, 도미니크 수도회 등은 이에 반대하여 논쟁이 일어났다.

고 하는 엄격한 구제론은 신자의 신앙을 돈독히 함과 동시에 불교 측의 반발을 샀다. 기독교 본래의 입장에서 본다면 절대신에 의한 천지창조나 내세의 문제는 유대교의 전통에서 유래하는 전제이며, 그리스도에 의한 구제야말로 분명히 기독교의 핵심이다. 그러나 그 전제가 이미 일본 종래의 종교 상식을 넘어서는 것이었고 논쟁의 불씨가 되었기 때문에, 우선 그 점을 강하게 주장하지 않으면 안 되었던 것이다.

또한 예수 그리스도에 대한 신앙fides에 대해서는 "죽는다 하더라도 말과 행동에 오직 그리스도를 나타내야 한다는 각오 뿐"이라고 하여 죽음까지도 각오하는 엄격함을 보여준다. 이것은 잇코잇키로 이어진 조도신슈의 신앙을 한층 강화시킨 형태라고 할 수 있는데, 심한 탄압 속에서도 신앙을 관철하는 신자들이 나타나 그것이 더욱 권력자들에게 위기감과 증오를 불러일으키게 되었던 것이다.

논쟁 속에서의 동서 종교 비교

기리시탄과 불교와의 논쟁은 이미 사비에르시대부터 시작되었지만, 불교 뿐 아니라 유교와 신도 등을 포함한 재래의 종교를 가장 체계적으로 비판하고 기독교의 우월을 논한 것은 후칸사이 하비안不干齋ハビアン(1565~1621)이 1605년에 펴낸 『묘테이문답妙貞問答』이다. 하비안은 본래 다이토쿠지에서 선을 수행한 인물이었는데, 19세 때 기리시탄으로 개종하고 이후 예수회 회원이 되었다. 일본의 종교와 고전에 정통해 있었던 하비안은 예수회에서 중요시 되었지만, 1608년에 여성 문제로 교회를 나온 뒤 1620년에는 『파다이우수破提宇子』라는 기독교 비판서(배야서[排耶書])를 펴낸다. 그는 점점 탄압이 강해지는 기리시탄시대 후반에 파란의 생애를 보낸 종교 사상가였다.

전체 3권으로 구성되어 있는 『묘테이문답』은 묘슈妙秀와 유테이幽貞라는 두 비구니의 문답체로 전개된다. 상권에서는 불교를 각각의 종파별로 상세히 비판하고, 중권에서는 유교와 신도를 비판한 후, 마지막 하권에서는 기리시탄의 교의를 설명하는 형태로 구성되어 있다. 불교와 신도의 비판은 하권에서 "불교의 궁극적인 가르침은 공空에 있으며 부처라고 하는 것도 공이다. 또한 신도의 오의奧義는 음양이기 때문에, 신神이란 또한 음양을 가리키는 말이다"라고 양자의 특징적 성격에 대해서 설명하고, "공은 즉 무無로서 아무것도 없는 것이기 때문에 부처라고 해서 반드시 고귀한 존재는 아니다 …… 또한 음양이란 우리 종교에서는 이것을 프리마 마테리아prima materia(제일질료)라고 하며 …… 무심무지無心無智한 것이다"라고, 부처도 신도 '진정한 주主'가 아니라고 비판하고 있다. 불교의 입장을 공空=무無라고 보는 것은 하비안 자신이 배운 선의 입장에 근거한 것이고, 신도를 음양이라고 한 것은 중세의 해석에 기인한 것이다.

불교를 '무'의 사상이라고 비판한 것은 하비안이 처음은 아니다. 사비에르의 후계자들의 시대에도 이미 있었던 일이다. '유有'와 '무'의 대론은 그 후 근대에 이르기까지 이어진다. 기독교에서 파면된 후 저작한 『파다이우수』에서 하비안은 기리시탄 비판으로 전향하는데, 매우 흥미로운 것은 이번에는 "무無라는 한 글자에도 불가사의不可思議한 뜻이 있다"라고 하여 '무'를 근본에 두고, "무지무덕無智無德이야말로 진실이다. 데우스를 유지유덕有智有德이라고 하는 것은 궁극적인 것이 아니다"라고 하여 기독교의 '유有'의 입장을 비판하고 있다. 이와 같이 기리시탄시대의 논쟁은 오늘날에도 이어지는 동서 종교의 상호비교라는 관점을 이미 제시하고 있다.

선교사 추방에서 기독교 금제로

기독교의 포교는 조정에 의한 선교사 추방의 칙서 등 갖가지 저항에 부딪히기는 했지만 초기에는 비교적 순조롭게 진행되었다. 그러나 도요토미 히데요시豊臣秀吉시대인 덴쇼天正 15년(1587), 돌연 선교사 추방령이 내려지자 암운이 드리워지게 된다. 그때까지 기리시탄에 대해서 호의적이었던 히데요시가 왜 갑자기 선교사 추방령을 내렸던 것일까? 히데요시는 "일본은 신국이다. 그러므로 기리시탄의 나라로부터 사악한 법을 받아들이는 것은 절대로 있을 수 없는 일이다"라고 하여 일본을 '신국'이라고 표명함과 동시에 기리시탄을 그것에 반하는 사교邪敎로 규정하고 있다. 뒤에서 말하는 바와 같이 히데요시는 신불의 권위하에서, 스스로가 절대적인 지배자로서 신불과 동등한 권위 속에 위치할 것을 노렸다. 그러한 히데요시의 지배자상에서 볼 때, 데우스의 권위하에서 신불과는 다른 질서를 제시하는 기리시탄은 위험요소로 비쳤을 것이다.

히데요시의 선교사 추방령이 곧바로 기독교 금지를 의미하는 것은 아니었다. 그러나 게이초慶長 원년(1596)에 산 펠리페호의 선원들이 스페인 영토확장에 기독교가 관여했다는 이야기를 한 것이 원인이 되어 심한 탄압 자세로 전환한 후, 1596년에 있었던 나가사키長崎 26인의 성인 순교와 같은 순교사건에까지 이르게 되었다. 그 후 도쿠가와 이에야스德川家康로 정권이 이전된 이후부터는 이에야스 자신의 입장은 기리시탄 금지로 기울고 있었지만, 남만무역의 이익이라는 문제가 있었기 때문에 기독교의 포교가 묵인되고 있었다. 그러나 게이초 18년(1613)에 이에야스의 측근인 승려 수덴崇傳[5]이 기초

5 1569~1633. 임제종의 승려로서 1605년에 난젠지의 주지가 된다. 바쿠후의 정치고문으로서 도쿠가와 이에야스 밑에서 외교문서를 담당하기도 했다.

한 '선교사 추방문'을 포고함으로써 기독교 금지의 입장을 정면으로 내세우게 되었다. 이 추방문에도 역시 '일본은 애초부터 신국이다'라는 신국설을 정면에 내세우고, 기독교는 신국·불국이었기에 지켜올 수 있었던 일본의 사회질서를 파괴하는 것이므로 금지해야 한다고 논파하고 있다. 결국 기독교는 신불의 질서 속에 편입되지 못 한 채 그 질서로부터 배제된다.

그 후 기리시탄에 대해서는 삼엄한 탄압정책이 시행되었고, 그것에 반항하여 일어난 시마바라島原의 난(1637~1638)[6]으로 인해 기독교 금제는 한층 더 강화되었다. 그것은 쇄국정책과 연결되어 나가사키라는 단 하나의 창구만으로 세계와 소통하는 독특한 쇄국문화를 만들게 되었다. 그러나 이른바 남만문화는 그 후도 일본인의 생활 구석구석까지 스며들어 많은 영향을 남겼다.

무시할 수 없는 기독교의 영향

기리시탄 문화를 되돌아보면 초기의 신자들은 다카야마 우콘高山右近[7]과 같은 다이묘, 의학자인 마나세 도산曲直瀨道三[8]과 같은 지식인들을 포함한 고도의 문화 서클을 형성하고 있었고, 멀리 바티칸에 파견된 덴쇼天正 견구사절遣歐使節[9]의 소년들과 같이 만약 기독교 금제가 없었다면 얼마나 큰 국제문

---

6 나가사키현의 시마바라와 구마모토(態本)현 아마쿠사(天草)의 농민이 기독교 신자와 결탁하여 일어났던 농민봉기. 이 지방은 본래 기독교 신앙이 강한 곳이었는데, 이에 따른 도쿠가와 바쿠후의 천주교 금지령과 시마바라 영주인 마쓰쿠라 시게마사(松倉重政)의 간혹한 고문정치에 대한 농민들의 반란이었다.

7 1552년 지금의 오사카부에서 태어났다. 오다 노부나가와 도요토미 히데요시의 가신으로서 많은 공적을 세운 대표적인 기리시탄 다이묘다. 기독교 금제의 시기에도 신앙을 버리지 않고 관철한 탓에 결국 이에야스의 기독교 금지령에 의해 마닐라로 추방되었다.

8 1507년 교토에서 태어났다. 일본의 실증적 의학 발전의 단서를 연 인물로서 의학 중흥의 아버지라고 불린다.

화의 꽃이 피었을지 모른다. 기리시탄의 금제에서 쇄국이라는 길은, 한편으로 일본의 사회와 문화를 유럽의 피냄새 나는 침략으로부터 방어하여 300년에 걸친 도쿠가와의 평화를 실현시켰지만, 또 한편으로는 다양한 가능성을 내재한 세계 문화의 싹을 트자마자 잘라버렸다는 불행한 결과를 가져오기도 했다.

기독교라는 종교 자체도 지금까지의 일본에 없는 새로운 발상을 가져다 주었다. 앞에서 말한 것과 같이 기독교의 역할 이전에 본래 엄격한 일신교 자체가 지금까지의 일본에는 없었던 것이었으며, 순교까지도 기쁨으로 여기는 돈독한 신앙심은 사람들을 놀라게 함과 동시에 지배자의 경계심을 불러일으키기에 충분한 것이었다. 아마도 그것이 일본의 종교사 속에서도 좀처럼 볼 수 없는 잔혹한 탄압을 초래하게 되었을 것이다. 오늘날 기독교와 같은 일신교에 대해서 일본 전래의 다신교는 관용적이고 평화적이라는 등의 기묘한 선전을 자주 들을 수 있다. 그러나 기리시탄 탄압의 잔인함을 본다면 결코 일본의 종교가 관용적이라고 말할 수 없음이 분명하다.

또한 앞 장에서 살펴본 바와 같이 당시 일본의 종교 자체가 원리를 추구하는 일신교적 지향을 가지고 있었고, 그 점에서 본다면 일본의 종교가 기독교를 수용하기에 적합한 상황에 놓여 있었다고도 할 수 있다. 따라서 단지 외부로부터 들어 온 신기한 종교에 빠져 버린 것만이 아닌 사상사적인 필연성이 있었다고 생각된다. 기독교를 일본 종교사의 이물질로서 배제해서 생각하는 것은 올바르지 않다.

---

9 1582년(덴쇼 10년) 2월에 예수회 선교사의 권유에 의해 규슈의 기리시탄 다이묘 오토모 요시시게(大友義鎮)·오무라 스미타다(大村純忠)·아리마 하루노부(有馬晴信)가 로마 교황 및 스페인 국왕에게 파견한 소년 사절단.

그러나 물론 기독교는 일본 종교사 속에서의 발전만으로 이해할 수 있는 것은 아니다. 즉 종래의 일본 종교에는 없는 전혀 새로운 발상을 외부로부터 들여온 것도 사실이다. 기독교는 결국 갖은 탄압으로 소멸되어 버렸기 때문에 중세에서 근세로 이행하는 시기에 기독교가 담당했던 역할이 과소평가되기 쉽다. 그러나 외래의 기독교와의 만남으로 인해 기존의 일본 종교도 새로운 이론무장을 요청받게 되었고, 또한 히데요시나 이에야스에게 두드러지게 나타나는 권력자 숭배와 같은 종교 형태도 기독교와의 접촉, 기독교와의 경합에 의해 비로소 확립되었던 것이다. 기독교는 금교령이 내려진 이후에도 난학은 물론이려거니와 히라타 아쓰타네의 신도에까지 영향을 미치게 된다. 기독교는 근대에 이르기까지 큰 영향을 미치면서도 신과 부처로 완벽하게 구성되어 있는 일본의 종교 구조로부터는 이단시되어 배제되는 독특한 위치에 서게 된다. 그러므로 기독교의 위치를 규명하는 것은 역으로 일본 종교사의 특징적 구조를 조명해내는 것이 된다.

2. 종교 통제와 권력자 숭배

바쿠후에 의한 종교 통제

센고쿠시대가 끝나고 통일정권이 확립되는 과정에서 부각된 큰 과제는 강대한 불교 세력을 제압하는 것이었다. 중세 말기에는 조도신슈의 잇코잇키의 세력을 비롯해 교토의 조슈町衆[10]를 배경으로 한 니치렌종, 그리고 히에이산 및 고야산 등이 각각 커다란 경제력과 무력에 의해 세속적으로도

10 '마치슈'라고도 함. 무로마치시대에 교토 및 사카이(堺) 등의 도시에서 지역자치 조직인 초(町)를 구성한 상인, 수공업자를 말함.

거대한 힘을 가지고 있었다. 노부나가는 기리시탄에게는 우호적이었지만, 불교는 철저하게 적대시하여 강력한 무력토벌을 진행했다. 우선 겐키元龜 원년(1570)에 히에이산을 공격하여 엔랴쿠지의 곤폰추도根本中堂를 비롯한 거의 모든 당우堂宇를 불태워 버렸다. 니치렌종에 대해서는 정토종과 논쟁(아즈치종론[安土宗論], 1579)[11]을 시켜 그것을 계기로 제압했다. 가장 귀찮은 존재는 조도신슈의 혼간지 세력이었다. 철저하게 노부나가에게 저항했던 이시야마石山 혼간지의 겐뇨顯如는 겐키 원년부터 11년간에 이르는 항쟁(이시야마 합전[石山合戰])[12] 결과, 덴쇼天正 8년(1580)의 겐뇨 세력의 이시야마 철퇴로 결말을 맞이했다.

히데요시의 시대가 되면 네고로지根來寺[13]의 정벌(1585) 등이 있기는 했지만 이미 무력을 잃은 사찰 세력은 대항할 힘조차 잃어버린 상태였기 때문에 오히려 히데요시는 사찰을 부흥시키고 보호하는 방법으로 통제를 진행했다. 특히 히데요시 시대를 상징하는 것은 호코지方廣寺[14]의 대불大佛 건립이었다. 분로쿠文祿 4년(1595)에는 그 대불 앞에서 죽은 부모를 위해 천승공양天僧供養

---

11 1579년 오다 노부나가의 명령으로 오우미(近江, 지금의 시가현)의 아즈치 조곤인(淨嚴院)에서 행해졌던 정토종과 니치렌종과의 논쟁. 결과는 정토종의 승리로 끝이 났고, 니치렌종은 사과장(謝過狀)을 제출하고 활동 또한 제한당했다.

12 오다 노부나가와 적대관계에 있던 세력과 혼간지가 결탁하여 오사카 혼간지를 비롯한 각지에서 봉기한 잇코잇키. 혼간지 최고 책임자인 겐뇨가 이시야마 혼간지에서 싸웠던 것에서 이시야마 합전이라고 한다.

13 와카야마(和歌山)현에 있는 신의(新義) 진언종의 총본산. 센고쿠시대의 네고로지 세력은 당시의 미나미가와치(南河內, 지금의 오사카 남동부)에서 이즈미(和泉, 지금의 오사카 남서부)까지 미치고 있었다. 또한 일찍이 철포를 도입하여 당시의 다이묘 이상의 무력을 지닌 집단이었다. 이에 오다 노부나가 및 이후의 도요토미 히데요시의 경계의 대상이 되었고, 결국 1585년 도요토미 히데요시에 의해 공격을 받아 불타버린다. 이후 에도시대에 재건된다.

14 교토시에 있는 천태종 사찰. 1586년 도요토미 히데요시가 발원하여 도다이지를 본떠 대불전을 건립하였다. 목조 대불은 이후 1596년의 대지진으로 무너져 버렸고, 그 후도 여러 번의 재난으로 무너져 재건되었다.

을 거행했다. 천승공양이란 각 종파의 승려들을 불러 모아 공양을 하는 것인데, 실제로는 제종파들이 히데요시에게 충성을 맹세하도록 하는 의식이었다. 그 중에서 히데요시에게 굴복하지 않고 천승공양에 출석할 것인지 말 것인지에 대해 논쟁이 일었던 종파가 니치렌종이었다. 니치렌종은『법화경』을 믿지 않는 타종파 신자들의 보시를 받지 않고, 또한 타종파에게는 보시를 해서도 안 된다는 불수불시不受不施의 강경한 입장을 취해 왔다. 따라서 히데요시의 공양을 수락할 것인지의 여부를 둘러싼 논쟁이 일어나 묘카쿠지妙覺寺의 니치오日奧(1565~1630) 등은 출석을 거부했다. 원칙주의를 관철한 니치오는 게이초 4년(1599) 이에야스의 출석명령에도 따르지 않아 쓰시마對馬로 유배되었다. 니치오는 그 후 풀려났지만 간분寬文 5년(1665) 바쿠후는 불수불시를 금지했고, 이후 니치오 일파의 승려와 신자들은 지하에 숨어서 그 신앙을 지켰다.

이러한 히데요시의 종교 통제를 거쳐 에도江戶시대로 접어들면 한편에서는 기리시탄을 금제하여 철저하게 배제함과 동시에 기존의 종교 세력에 대해서는 법령을 내려 통제를 강화했다. 불교의 여러 종파에 대해서는 게이초 6년(1601) 고야산에 내린 금지령을 시작으로 해서 겐나元和 원년(1615)에 이르기까지 주요 사찰 및 제 종파에 대해서도 순차적으로 법령을 제정했다. 단, 니치렌종과 조도신슈에 대해서는 제정하지 않았다. 이 두 종파는 다른 불교 종파 중에서도 체제 속으로의 편입에 대해 가장 저항이 심했기 때문에 그만큼 위험시되었던 것이다. 신도계에 대해서는 이보다도 늦은 간분 5년(1665)에 '제사 네기칸누시법도諸社禰宜神主法度'[15]가 제정된다. 이러한 바쿠후

15 에도 바쿠후가 종교 통제 정책의 일환으로 전국의 신사 및 부속 신직(神職)에 대해 내린 법령으로 바쿠후의 신사 신직에 대한 기본적 방침이 제시되어 있다. 이 법령에서 주목되는 것은 각

에 의한 종교통제 확립과정에서 일어난 것이 자의紫衣 사건(1627)이다. 조정이 바쿠후와 상담하지 않고 고승들에게 자의를 하사한 것이 바쿠후의 노여움을 사고, 그것에 항의한 다이토쿠지의 다쿠안 소호澤菴宗彭(1573~1645) 등이 유배에 처해진 사건이다. 이렇게 하여 바쿠후는 종교에 관해서도 조정을 초월하는 권력을 행사했던 것이다.

단가제도와 장례불교

이렇게 종교를 그 체제 속에 가두고 본말제도本末制度를 만들어 본산本山과 말산末山의 관계를 통해 질서를 부여했지만, 그 보다 더 중요한 것은 사단제도寺檀制度(단가제도[檀家制度])다. 이것은 기리시탄을 금지하기 위해 시행했던 슈몬아라타메 제도에 유래한다. 즉 모든 국민을 집안家 단위로 하여 반드시 어딘가의 사원(단나사[檀那寺]·보리사[菩提寺])의 단가檀家로 등록하여 기리시탄이 아니라는 것을 증명하도록 한 것이다. 결혼을 하거나 여행을 할 때에는 사원이 발행하는 데라우케寺請 증서를 받아야만 했다(데라우케[寺請]제도). 시마바라의 난 이후에는 기리시탄 금제의 강화에 따라 슈시닌베쓰장宗旨人別帳(슈몬아라타메장[宗門改帳])[16]을 슈몬아라타메 담당관에게 제출할 것을 의무화했다. 이것은 단순히 기리시탄 금제의 문제를 넘어서 호적으로서의 역할을 담당하게 되었다. 이렇게 사찰은 행정의 말단에 편입되어 이른바 마을의 관청과 같은

신사가 전통적으로 가지고 있었던 구교(公卿, 율령제에 근거한 다이조칸의 최고위 관리)와의 관계를 인정했다는 것과, 여러 신사에 대한 요시다가의 지배권을 인정했다는 것이다. 즉 이로부터 신사에 대한 바쿠후의 정책이 신도계의 전통을 재확인함으로써 통제를 도모했다는 것을 알 수 있다.

16 슈몬아라타메 때에 작성한 장부로서 각 집집마다 전 가족의 이름 및 나이, 그리고 소속해 있는 절을 기록해 기독교 신자가 아닌 것을 증명하는 역할을 담당했다.

기능을 담당하게 되었다.

이것은 분명히 불교의 정치에 대한 굴복이라고도 할 수 있다. 그러나 말단에 있는 민중에 대한 파악이 행정만으로는 충분히 이루어지지 않아 불교의 힘을 빌려야 했다는 것을 고려하면, 그만큼 종교의 역할이 컸다는 것을 의미하는 것으로서 종교를 단순히 과소평가할 수 없다. 사찰과 신사에 관한 행정은 일반 행정과 구별되어 지샤부교寺社奉行가 그 역할을 담당했으며, 지샤부교는 산부교三奉行(지샤부교[寺社奉行]·간조부교[勘定奉行]·마치부교[町奉行])[17]의 필두로서 쇼군에게 직속해 있었다.

이러한 제도가 확립됨에 따라 불교는 어떤 면에서는 정부로부터 보호를 받고 장례불교라는 독자적인 형태를 정착시켰다. 종교는 개인의 자유로운 신앙에 의해 성립되는 것이 아닌 단나사와 단가라는 집안 단위의 관계에서 성립했고, 개인은 태어날 때부터 그 제도 속에 종속되었다. 사찰은 슈몬아라타메장에 의해 살아 있는 사람들을 감독함과 동시에 묘지를 관리했고, 과거의 장부를 정리함으로써 죽은 사람들까지도 관할하는 중요한 역할을 담당하게 되었던 것이다. 이처럼 불교가 우위에 서게 됨에 따라 신도에 의한 신장제神葬祭를 추진시키려는 운동도 있었지만, 대세를 흔들 정도까지는 미치지 못했다. 그 후 메이지가 되어 제도의 속박이 없어지고 종교의 자유가 인정되고 나서도 사찰에 의한 집안 단위의 묘지 관리는 계속되었고, 장례불교는 사찰을 지탱하는 중요한 경제적 기반이었으며, 이를 통해 불교는 사회의 저변을 이루는 민중의 수준에서도 역시 중요한 영향력을 지속했다. 오늘날 집안의 시스템이 붕괴되어 가는 가운데 장례불교도 조금씩 변화할 수밖에

17 사찰과 신사를 관리하는 지사부교, 에도의 재정과 직할령의 관리 그리고 간토지방의 재판을 담당하는 간조부교, 에도 마치의 행정과 사법을 담당하는 마치부교를 말한다.

없는 정세에 놓여 있다. 그것은 어쩌면 일본 종교사의 커다란 전기가 될지도 모른다.

스스로 신격화하는 권력자

근세를 평가할 때 단순히 세속정치가 종교에 대해 우위에 있었다고만 할 수 없다는 것은 다른 방면에서도 엿볼 수 있다. 그것은 권력자가 단지 정치적 권력의 장악뿐 아니라 스스로의 신격화를 도모하여 종교적 권위까지도 요구했다는 것이다. 노부나가에 관해서는 확실한 것이 알려져 있지 않지만, 기리시탄 역사가인 루이스 프로이스[18]에 의하면 노부나가는 스스로를 신이라고 주장하고 숭배할 것을 요구했다고 한다.

히데요시의 경우는 보다 명백하게 죽은 후 스스로 신으로 모셔질 것을 표명하여 신하치만新八幡이라는 신호神號를 부여받기 원했다고 한다. 히데요시는 조선을 침략하는 과정에서 스스로 조정을 초월하는 권력을 얻고, 일본과 조선뿐 아니라 중국 및 인도까지 포함한 동아시아 세계의 지배자로 군림하려 했는데, 죽은 후에도 황조신인 이세와 비견되는 하치만으로 군림하려고 했던 것이다. 그러나 그것은 조정으로부터 인정받지 못하고 결국 요시다 신도 방식으로 도요쿠니사豊國社의 도요쿠니豊國 대명신大明神으로서 모셔지게 되었다. 그러나 도요토미 씨가 멸망함에 따라 도요쿠니사도 없어지게 되었고, 메이지시대에 도요쿠니신사로 부활하게 된다.

이에야스 역시 스스로 신이 되길 바랐는데, 그가 죽은 후 이에야스를

---

18 Luis Frois, 1532~1597. 포루투갈 출신의 예수회 선교사. 1563년 31세의 나이로 일본에 도착하여 선교활동을 시작한 프로이스는 30년 남짓 일본에 머물면서 사비에르가 일본에서 포교를 시작한 1949년부터 1593년까지의 일본 포교사인 『일본사*Historia de Japam*』를 저술했다.

어떻게 모실지에 대해서 명신明神을 주장하는 요시다신도계의 본순梵舜[19] 및 고잔五山 출신의 수덴과, 권현權現을 주장하는 천태종의 덴카이天海[20] 사이에 논쟁이 일어났다. 결국 명신은 히데요시의 예를 볼 때 불길하다는 이유로 덴카이의 주장에 따라 천태계의 산노신도 방식으로 모셔지게 되었다. 중세까지의 산노신도와 구별하여 이에야스를 모시는 근세의 천태계 신도를 산노이치지쓰山王一實 신도라고 부르기도 한다. 본래 덴카이는 수덴과 함께 이에야스의 브레인으로서 활약하면서 히에이산과 교토의 관계를 본떠 에도에 도에이산東叡山 간에이지寬永寺[21]를 창건하고 교토에 대신하는 새로운 도읍으로서의 에도를 구상하여, 천황에 대항하는 쇼군의 권위를 확립하려고 했다. 그 연장선상에서 이에야스는 사후 신으로서 모셔지게 된 것이다. 이에야스의 유해는 스루가다이駿河의 구노산久能山에서 닛코日光로 옮겨져 도쇼나이곤겐東照大權現으로 모셔졌다. 그것이 도쇼구東照宮이다.

이처럼 권력자를 신으로 모시는 일은 종래에는 없었던 것이다. 본래 인간을 신으로 모시는 것은 일반적인 것은 아니었다. 원한을 품고 죽은 사람의 영혼을 달래기 위해 출발했던 헤이안시대의 어령신앙御靈信仰은 있었지만, 현세에서 최고 권력을 자랑했던 지배자가 사후에도 신으로 군림하려고 한 것은 새로운 유형의 신 신앙이라고 할 수 있다. 더욱이 도요쿠니사나 도쇼

19 1553~1632. 센고쿠시대부터 에도시대 초기에 걸쳐 활약한 신도가. 저서에 『본순일기(梵舜日記)』가 있다.

20 1536~1643. 에도시대 초기의 천태종 승려로 시호(諡號)는 지겐대사(慈眼大師)이다. 간토 천태의 중심인 간에이지를 창건하여 도에이산의 창시자가 되었으며, 초기 에도 바쿠후의 종교 행정에도 관여한 인물이다.

21 도쿄 우에노(上野)에 있는 천태종 사찰. 에도성의 귀문(鬼門)에 해당하는 요지에 위치하고 있는데, 이는 교토 헤이안쿄와 히에이산과의 관계를 본떠 에도성을 수호하는 의미를 지니는 것이다. 덴카이가 초대 주지를 지냈다.

구를 보더라도 유해를 모시는 사당으로서의 성격을 강하게 가지고 있다. 원래 유해는 부정한 것이라고 여겨졌기 때문에 그것이 그대로 신으로 모셔지는 것은 생각할 수 없는데, 이것은 유해에 대한 의식이 크게 바뀌었다는 것을 보여준다.

아라히토카미의 원류

도요쿠니사와 도쇼구는 모두 기본적으로는 신불습합의 틀을 벗어나 있지 않으며 타 신과 부처를 능가하는 성격이 부여되어 있는 것도 아니다. 그러나 신불의 힘을 배경으로 현세를 지배했던 연장에서, 사후에도 자손의 지배를 정당화하는 위력을 지속하는 특별한 역할을 담당하게 되었다. 그로 인해 자손이 끊어져 버린 도요쿠니사는 없어져 버렸지만 도쿠가와의 명예를 짊어진 도쇼구는 번영하게 되었다. 강력한 지배자로서의 신이라는 성격에는 기독교의 데우스의 성격이 어느 정도는 영향을 미치고 있다고 볼 수 있다. 황조신인 이세는 동시에 오카게마이리おかげ参[22] 등 서민 신앙의 장이기도 했지만, 도쇼구는 어디까지나 도쿠가와의 정치권력에 의해 유지되어 왔을 뿐 민중의 신앙과는 무관한 곳이었다.

메이지가 되면 천황에게 충성을 다한 충신을 모시는 신사가 생기기도 하면서 결국 신도는 정치권력과 결합된 곳카신도國家神道로 전개한다. 그러나 정치권력과 결합하여 권력자가 신으로 모셔지게 된 것은 근세부터의 전통을 계승한 것이며, 천황이 아라히토가미現人神[23]로서 정치적 권력자이자

22 에도시대에 민중 사이에서 일어난 열광적인 이세신궁 참배현상. 8장 참조.

23 사람의 모습을 하고 세상에 나타난 신을 의미한다. 메이지유신 이후 천황의 신성(神性)을 국민에게 주입시키고 천황을 신으로 간주하여 아라히토가미라고 하였다. 그러나 패전 이후 천황의 '인간선언'으로 인해 그 신성이 부정되고 공식적인 장소에서는 아라히토가미라는 칭호

종교적 최고권위자라는 숭배 대상이 된 것도 그 발전선상에 위치하는 것이라고 볼 수 있다. 근세·근대라고 하면 단순히 세속 권력에 종교가 복종한 시대라고 생각하기 쉽지만, 그게 아니라 종교가 세속 권력과 하나가 되어 지배력을 낳는 구조였던 것이다.

를 사용하지 않았다.

8장

세속 속의 종교

1. 유교 이데올로기

근세 사상의 주류는 유교인가?

근세는 유교(유학)의 시대이고 유교는 윤리적 가르침일뿐 종교가 아니며, 종교 특히 중세까지 번영했던 불교는 쇠퇴한다는 것이 이제까지 상식화되어있던 근세의 이미지이다. 고대와 중세는 불교의 시대, 근세는 유교의 시대라는 것이다. 유교 중에서도 주자학이 정통이고, 그것에 대해서 양명학이나 고가쿠古學가 발흥했으며, 한편 중국 유래의 유학에 대해서 일본 본래의 도리를 밝히는 학문으로서 고쿠가쿠國學가 생겨난다—이것이 교과서 등에 나오는 에도시대의 사상 정황이다. 그러나 오늘날은 그러한 도식이 크게 바뀌었다. 유교가 과연 에도시대의 주류 사상이었는지에 대해서 의문시되고 있는 것이다.

분명히 하야시 라잔林羅山[1]이 이에야스에게 등용된 이후 주자학을 신봉

하는 하야시 가문이 바쿠후로부터 중시되어 왔다. 특히 1790년에 마쓰다이라 사다노부松平定信가 내린 간세이寬政 이학異學의 금지에 의해 주자학은 바쿠후로부터 공인된 유일한 학문으로서 관학적 위치를 확립하였고, 쇼헤이자카학문소昌平坂學問所(昌平黌)[2]는 바쿠후가 직할하는 학문소가 되었다. 그러나 기리시탄을 제외하면 실질적으로는 기독교 이외의 학문이나 사상·종교가 탄압받는 일은 없었고, 또한 주자학이 사회에 정착했던 것도 아니었다. 중국에서는 주자학이 과거시험에 채택되었기 때문에 관학官學으로서의 성격이 명확했고, 조선에서는 송학을 국교國敎로 하여 불교를 배척했다. 그러한 사상·종교의 통일은 에도시대에는 볼 수 없었다. 오히려 에도시대는 다양한 사상·종교의 백가쟁명百家爭鳴의 상태라고 할 수 있다.

근세에 대한 세 가지 평가

그만큼 에도시대의 사상·종교의 상황을 어떻게 정리하는가에 대해서는 많은 부분이 앞으로의 과제로 남아 있다. 이것을 생각할 때 아마도 두 가지 측면을 고려할 필요가 있을 것이다. 하나는 정신상황 전체의 변화라는 것이고, 또 하나는 사회 속에서의 여러 사상·종교와의 관련이다.

우선 정신상황 전체에 대해서 생각해 보자. 이를 위해서는 역사 전체

---

1 1583~1657. 에도시대 전기의 대표적 유학자로, 후지와라 세이카의 제자다. 처음에는 교토의 겐닌지(建仁寺)에서 불교를 배운 승려였으나 결국 유학으로 전향하여 주자학에 열중했다. 그는 주자학의 수용과 보급에 큰 업적을 남겼으며, 바쿠한 체제하의 관학으로서의 기초를 구축했다.

2 에도 바쿠후의 교육기관. 하야시 라잔이 우에노에 세운 사설 학사인 고분칸(弘文館)과 공자를 제사지내던 성당(聖堂)을 유시마(湯島)의 쇼헤이자카로 옮긴 것이 시작이다. 그 후 간세이의 개혁에서 이학 금지령이 내려짐으로써 주자학만을 가르치게 되었고, 이름을 쇼헤이자카학문소로 바꾸고 바쿠후 직할의 교육기관이 되었다.

속에서의 근세의 위치를 어떻게 볼 것인가부터 생각해야 한다. 근세는 통상 중세와 근대의 과도기라고 여겨져 온 만큼 그 성격을 규정하기가 어렵다. 예전에는 근세까지는 전근대前近代로 묶어서 다루었기 때문에 근대와의 단절이 강조될 때가 많았다. 근세는 봉건제도하에서의 엄격한 신분제에 의해 사람들의 자유가 박탈되어 있었고, 메이지가 되어서야 신분제의 철폐를 통해 근대의 부르주아적 사회가 형성되었다고 보는 것이다. 봉건적인 사회나 도덕을 타파하려는 근대주의자나 마르크스주의자 중에 이러한 입장을 취하는 연구자가 많았다.

이에 대해 근세를 근대로 연결되는 시기로 보는 견해도 있다. 본래 영어로 근세는 'early modern'으로 넓게는 근대에 속한다. 메이지 이후를 근대라고 볼 경우 에도시대는 메이지를 준비하는 시대라고 생각할 수 있다. 그러나 단순한 준비에 머물지 않는다. 메이지 이후의 근대가 구미로부터 들어온 수입된 근대화를 어떻게 소화시킬 것인가라는 과제에 직면한 것에 반해, 에도시대는 쇄국에 의해 유럽과 미국으로부터의 사상의 수입이 제한되었기 때문에 독자의 근대적 가능성을 전개하고 있었다는 것이다. 이러한 견해는 메이지 이후 수입된 근대화가 결국 왜곡된 형태로 진행한 것에 대한 반성에서부터, 다시 한 번 스스로의 근대의 가능성을 재고하려는 흐름 속에서 생겨났다.

이러한 두 가지 입장 어디에도 찬성하지 않고 근세의 독자성을 주장하는 견해도 있다. 근세는 분명히 중세로부터는 단절되어 있고, 그 점에서는 근대라고 말할 수도 있지만, 그렇다고 해서 곧바로 메이지 이후의 근대로 이어지는 것은 아니다. 중세와도 근대와도 단절된 독자적인 시대라고 보는 것이다. 두 번째 입장을 주장하여 구미와 다른 일본 독자의 근대라는 것을 주장한다면, 그것은 그대로는 구미의 근대화를 수용했던 메이지 이후로 곧바로 이어지지 않는다는 것을 인정하는 것이 되므로, 세 번째 입장에 가까워져 버린다.

이러한 견해들은 모두 일장일단이 있기 때문에 바로 어느 하나의 입장을 고정적으로 취하는 것이 아니라 복안적複眼的인 시점에서 근세의 정신상황을 생각해 갈 필요가 있다. 이때에는 본래 근세가 단순히 하나의 경향으로 묶어 버릴 수 없는 중층성中層性·다양성多樣性을 가지고 있었음을 잊어서는 안 된다.

세속화 속의 윤리 탐구

그렇다면 근세의 사상·종교의 큰 특징은 무엇일까? 이에 대해 세속화라는 키워드가 종종 사용된다. 세속화란 세속을 넘어선 초월적인 것에서 가치를 발견하려는 것이 아니라, 세속 생활 속에서 궁극적인 가치를 찾아내려는 입장이다. 그것은 그대로 근대로 이어진다. 중세의 본각사상도 현실 속에서 가치를 찾아내려는 점에서 세속화로 이어지는 면이 있지만, 그것을 더욱 구체화하여 불교의 출가주의로부터 전환해서 세속생활의 윤리를 확립하려는 것에서 근세의 특징을 볼 수 있다. 에도시대는 신분제도의 고정화를 전제로 하여 그것을 지탱하는 데에 오륜五倫(군신유의·부자유친·부부유별·장유유서·붕우유신)·오상五常(인·의·예·지·신) 등의 윤리적 덕목이 많은 사상·종교에 의해 공유된다. 유교적 윤리주의에 대한 의문을 제시한 모토오리 노리나가本居宣長의 고쿠가쿠國學 사상의 경우에도 세속우위의 발상은 마찬가지다.

유교가 에도시대에 반드시 절대적인 우위를 차지했던 것은 아님에도 근세를 특징짓는 사상으로서, 특히 지식인층의 관심을 끌어 뛰어난 사상가가 나오게 된 것은 이 때문이다. 근세유학의 개창자라고도 할 수 있는 후지와라 세이카藤原惺窩(1561~1619)가 불교에서 유교로 전환한 것은, 이러한 경위를 잘 말해 주고 있다. 세이카는 어려서 불교에 입문하여 쇼코쿠지相國寺에서 선을 배우지만, 세키가하라전투[3] 이후 승복을 벗고 '심의深衣 · 도복道服'(유학자의 복장)을 입고 이에야스를 만난다.

세이카는 왜 불문仏門을 버리고 유학을 선택한 것일까? 제자인 하야시라잔이 저술한 「세이카선생 행장惺窩先生行狀」(『하야시라잔선생문집[羅山林先生文集]』 권40)에는 "나는 오랫동안 불문에 종사했지만 마음에 의심이 있었다. 그러나 성현聖賢의 책을 읽고 의심 없이 믿게 되었다. 도란 과연 여기에 있는 것이다. 도가 어찌 인륜밖에 있을 수 있겠는가? 불교는 이미 인종仁種을 끊어 버리고 또한 의리를 없애 버렸다. 이것이 불교가 이단인 이유다"라고 되어 있다. 또한 불교 승려인 쇼다이承兌 · 레이산靈三과 유교와 불교의 우열을 두고 논쟁했을 때 "불자들이 이것(진리)을 말하면 진제眞諦가 있고 속제俗諦가 있다. 세간世間(속세)이 있고 출세간出世間이 있다. (그러나) 만약 내가 이것을 말한다면 즉 인륜은 모두 진리이니 …… 성인이 어찌 인간세人間世를 버리겠는가?"라고 논하였다. 여기에서 알 수 있듯이 세이카가 불교를 부정했던 것은 무엇보다도 불교의 출세속성出世俗性 때문이며, 이것은 불교가 인륜을 부정하는 것이기 때문이다. 이에 대해 "인륜은 모두 진리"라고 하여 세속 속에서의 윤리에 절대적 가치를 부여한 점에서 유학의 우위를 찾는 것이다. 실제로 그 후의 유가의 불교비판(배불론[排佛論])은 종종 이러한 견지에서 논해졌다.

---

3 1600년 도쿠가와 이에야스가 이끄는 동군과 이시다 미쓰나리(石田三成)가 이끄는 서군이 도요토미 정권의 주도권을 놓고 미노(美濃, 지금의 기후현 남부)의 세키가하라에서 싸운 전투. 이에야스의 동군의 승리로 끝난 이 전투로 인해 이에야스는 천하의 실권을 장악하게 된다.

유교의 합리주의와 종교성

그런데 유교가 어디까지나 세속 윤리 문제에 한정된 것이라고 한다면 그것은 윤리사상사의 문제라고는 할 수 있지만 종교사와는 관계없는 것이 될 것이다. 실제로 종래의 일본 종교사의 서술은 유교에 대해서는 거의 언급되지 않은 것들이 많았다. 그러나 과연 그것으로 근세의 종교가 해명될 수 있는지에 대해서는 심히 의문이다. 애당초 유교는 윤리사상으로서 종교는 아닌 것일까? 오늘날 이러한 견해는 부정되고 있다. 원래 '유儒'는 무당(샤먼)의 의미로서 주술의례나 장례와 관련된 것을 주로 담당했었다고 한다. "괴력난신怪力亂神을 말하지 않는다"(『논어』 술이편)라고 말했던 공자는 얼핏 근대적 합리주의자로 보이지만 '신'에 대해서 말하지 않는 것은 '신'을 제사하지 않는 것은 아니다. 실제로 유교는 선소제사를 중시하였고, 한국의 경우 오랫동안 장례가 유교식으로 치루어져 왔다. 일본의 장례불교에도 유교적 선조숭배의 관념이 유입되어 있으며 위패位牌와 같이 본래 유교에서 유래하는 형식이 불교 속에 도입되어 있다.

그럼에도 일본 근세의 유교의 언설은 많은 경우 그 종교성이나 형이상학적인 문제까지는 파고들지 않고 윤리를 표면에 내세우거나, 혹은 치세治世의 정치론으로 전개한다. 그것이 일본 유교의 특징이며 '유교'라기 보다는 '유학'이라고도 불리는 이유다. 그리고 그것이 근세의 세속화, 현세화를 상징하는 것이 된다.

그렇지만 자세히 보면 그것도 결코 그렇게 단순하지는 않다. 원래 사후의 영혼이 존재하는지의 여부는 근세 사상가들에게 있어서 중요한 논쟁의 씨앗이었고, '귀신론'이라는 테마 속에서 왕성하게 논의되었다. 이토 진사이伊藤仁齋[4]나 아라이 하쿠세키新井白石[5]와 같은 '무귀론無鬼論'에 대해, 오규 소라이荻生徂徠[6]는 "성인이 귀신을 제정하여 그 백성을 통일하고"(「사의대책귀신일도[私擬對策鬼神一道]」 『소라이집[徂徠集]』 권17)라고 하여, 성인이 귀신의 제도를 제정했다고 보았다. 그러나 히라타 아쓰타네平田篤胤는 이러한 유교의 합리주의적 언설을 강하게 비판하여 귀신의 실재에 근거한 신도설을 전개했다. 아쓰타네는 또한 신도의 입장에서 내세관의 확립을 꾀했다.

이렇게 보면 근세의 동향이 반드시 전면적으로 세속화되고 현세화되어 있던 것만은 아니라는 것을 알 수 있다. 불교는 표면적인 언설로서는 세속화를 추진했지만 사단제도를 통해 현세뿐 아니라 사후의 관리에도 큰 영향력을 발휘했고 이후 장례불교의 기초를 만들게 된다. 유교도 한편에서는 종종 신도와 결합하여 종교성을 강화했다. 본래 바쿠후의 주자학의 기초를 만든 하야시 라잔부터 그러했으며, 그 후의 야마자키 안사이山崎闇齋[7]의 스이카

---

4 1627~1705. 교토 출생으로 에도시대 전기의 유학자. 초기에는 주자학을 연구하였으나, 주자학은 그 성립과정에 유입된 선학이나 노장사상 등의 비유교적 사상으로 인해 공자와 맹자의 뜻을 바르게 전하지 않고 있다고 하여, 이후 고전적 유가의 가르침인 『공자』 및 『맹자』의 연구에 힘을 쏟아, 고의학(古義學)이라는 독자적 학문을 만들어 냈다. 교토의 자택에 고기도(古義堂)라는 사숙을 열어 제자 교육에 힘썼으며, 저서에 『논어고의(論語古義)』 『맹자고의(孟子古義)』 등이 있다.

5 1657~1725. 에도시대 중기의 유학자이자 정치가. 학문은 주자학, 역사학, 지리학, 언어학, 문학 등의 다방면에 걸치며, 한시로서도 유명하다.

6 1666~1728. 에도 출생으로 에도시대 중기의 유학자이자 문헌학자. 주자학의 입장에서 이토 진사이의 고가쿠를 비판한 『훤원 수필(蘐園隨筆)』로 일약 유명해진다. 소라이는 이토 진사이가 『논어』를 중시하고 육경(六經)을 경시하는데 반대하여, 공자가 계승하고자 한 주 나라 이전의 고대 '성왕(聖王, 先王)의 길'을 자신의 연구대상으로 삼았다. 그리고 그 육경의 정확한 독해를 위한 방법론으로 고대 중국어를 중시하는 입장인 고문사학(古文辭學)을 확립한다. 그의 문하생 가운데 경세학 분야를 이어받은 것이 다자이 슌다이(大宰春台)이고, 문예면을 이어받은 사람에는 핫토리 난가쿠(服部南郭)・히라노 긴카(平野金華)・야마가타 슈난(山縣周南)・안도 도야(安藤東野) 등이 있다.

7 1618~1682. 교토 출신으로서 에도시대 전기의 유학자이자 신도가. 어려서 엔랴쿠지의 승려가 되나 환속하여 주자학을 배운다. 또한 요시카와 고레타리(吉川惟足)의 영향으로 본격적인 신도 연구에 들어가 주자학 이론에 기초한 유가신도인 스이카신도를 확립한다. 문하생에는

신도垂加神道 등도 유교에 의한 신도설로 큰 영향을 미쳤다. 근세의 합리성 및 세속화, 현세화의 강조는 근대의 합리주의의 입장에서 근세를 재파악하는 과정에서 이러한 면에 초점이 맞추어져 왔던 점이 적지 않다.

신 · 불 · 유의 교섭

실제로 유교가 어떻게 수용되었는가의 예를 『심학오륜서心學五倫書』(1650)를 통해 살펴보자. 이 책은 구마자와 반잔態澤蕃山(1619~1691)의 저작으로서 유포되었고, 후지와라 세이카藤原惺窩의 작품으로 전해지는 『가나성리假名性理』 등도 그 영향하에서 저술되었다. 『심학오륜서』는 "천도天道란 천지 간의 주인이다"라는 문장으로부터 시작하여 '천도'를 중심에 두고 있다. "이 천지간에 있는 모든 것들이 모두 천도 속에 잉태되어 있다"고 하는 것처럼, '천도'는 천지에 통하는 주자학적 '리理'의 성격을 지니며, 인간에게 있어서는 '심心'이 된다. 그러나 "천天의 본심이란 천지 사이에 있는 모든 것들이 번영하도록 은혜를 베푸시는 것"이라는 부분을 보면 단지 추상적, 비인격적인 '리'가 아닌 의지를 가진 주재자적主宰者的 성격을 엿볼 수 있다. 거기에는 기리시탄의 영향도 있었을 것이다. 이러한 '천도'의 지배하에 오륜과 오상도 성립된다고 한다. 이 '천도'사상의 기반 위에 뒷날 태양을 '천도님'이라고 부르는 태양신앙이 발전한다.

이 책은 이러한 '천도'에 의한 통일하에서 신神·불佛·유儒 삼도를 설한다. 이 때 "일본 신도는 우리의 마음을 올바르게 하고 만민을 불쌍히 여겨 자비를 베푸는 것을 극의極意로 하며, 요순堯舜의 도도 극의로 여긴다. 이것을 당에서

호시나 마사유키(保科正之) · 사토 나오카타(佐藤直方) 등이 있다.

는 유도儒道라 하고 일본에서는 신도라고 한다"라고 하여 신도와 유교의 합일을 설한다. 한편 불도佛道에 관해서는 심을 유有라로 하기도 하고 무無라고 하기도 하는 등 여러 가지 설이 있지만, 그것은 "사람의 마음을 순정하게 하고 나라를 다스려 만민을 평안하게 하기 위한 것"이라고 하여, 본래가 치세治世를 위한 방편적인 것이라고 설명함과 동시에 사치스러움에 빠져 있는 당시의 불도를 비판하고 있다. 또한 "유도는, 이 성性은 천성天性을 부여받아 태어나기 때문에, 다시 본래의 천으로 돌아가면 결말이 난다"라고 하여, 유도가 내세를 인정하는 것에 반해 불도는 오히려 "후생後生이란 없는 것이다"라고 하여 내세를 부정하고 무無의 사고방식에 빠져 있다고 비판한다. 불교를 무의 사고방식이라고 보는 것은, 기리시탄과의 논쟁에서 볼 수 있었던 것이다. 유교의 입장에서도 일부 지식인 사이에서는 무귀론無鬼論적 합리주의가 유행했지만, 밑바닥에는 유귀론有鬼論적 내세관이 확고하게 뿌리내리고 있었음을 알 수 있다.

2. 종교와 세속윤리

신분과 직능: 스즈키 쇼산의 직분설

에도시대에는 유교 윤리하에서 사농공상의 직능신분職能身分이 확립했다고 한다. 그렇지만 무사 이외의 신분은 그다지 확실하게 확립되어 있었던 것은 아니며, 애당초 사농공상이라는 신분 자체가 본래 유교와 직접 관계되는 것이라고는 할 수 없다. 분명히 무사는 지배계층으로서의 엘리트 의식을 가지고 있었고, 유교가 그 윤리규범을 성립시켰다는 점에서 유교는 큰 힘을 가진다고 인정할 수 있으며, 조닌[8]학자로서 이토 진사이 등이 배출되기는 했지만, 무사 이외의 신분은 그다지 진지하게 유교를 공부했던 것은 아니었다.

각각의 신분에 따라 감당해야 할 직무가 나뉘어져 있다는 직분설職分說은 반드시 유교의 특권이 아닌, 불교나 심학心學 등에서도 설해졌다. 특히 에도시대 초기의 조동종 승려인 스즈키 쇼산鈴木正三(1579~1655)은 도쿠가와 산하의 무사 출신으로 세키가하라전투와 오사카진大坂陳에도 출전한 인물이다. 그런데 42세에 돌연 출가하여 엄격한 수행을 거쳐 고향인 미카와三河[9]의 이시노타이라에 정주했다. 시마바라의 난 이후는 아마쿠사天草에 머물면서 시마바라의 난 이후의 황폐해진 인심을 달래고 동시에 『파키리시탄破吉利支丹』을 저술하여 철저하게 기리시탄을 비판했다.

쇼산은 전란의 무사출신답게 과격하면서 엄격한 '용맹勇猛'의 선을 실천하였는데, 스스로의 선을 '니오선二(仁)王禪'이라고 불렀다. 이러한 엄격한 선을 설하면서 또 한편으로는 중년까지 속인으로 있었던 그는 출가해서도 세속의 문제에 불교의 입장에서 어떻게 대처할 것인가에 대해 깊은 관심을 기울였다. 쇼산은 스스로는 출가수행에 뜻을 두었지만, '세법즉불법世法卽佛法'을 설하여, 재가자인채로도 문제가 없다고 주장했다. 특히 『만민덕용萬民德用』에서는 사농공상이 각각 스스로의 직분을 다하는 것이 바로 불법佛法이라고 말한다. 예를 들어 농민의 경우에는 "농업은 곧 불행佛行이다 …… 극한극열極寒極熱의 신고辛苦의 업을 행하고, 가래와 괭이와 낫을 사용하여 번뇌의 업으로 가득한 이 심신을 적으로 삼아 파 뒤집고 베어내어, 마음을 다하여 오로지 채찍질하고 채찍질하여 경작해야 한다"고 하여, 농경에 전념하는 것이야말

8 에도시대 도시에 사는 상인(商人)·장인(匠人) 계급. 무사나 농민과 구별되는 근세 사회 계층의 하나.

9 지금의 아이치(愛知)현의 동부 지방.

로 불법을 행하는 것에 다름이 아니라고 역설했다. 이러한 쇼산의 주장을 직분불행설職分佛行說이라고 한다.

쇼산의 직분불행설에 대한 평가는 두 갈래로 나뉘어진다. 하나는 종교 입장에서의 직업윤리 확립을 평가하는 입장이다. 서구의 근대화 과정에서 프로테스탄티즘의 직업윤리가 큰 역할을 담당했다는 것은 막스 베버에 의해 주장되었던 것으로, 이것은 그 후 종교와 근대자본주의와의 문제를 논할 때 반드시 참조된다. 이에 상응하는 일본에 있어서의 종교적 직업윤리의 성립을 쇼산의 직분불행설에서 찾는 것이다. 이러한 긍정적 평가에 대해, 쇼산의 직분불행설은 불교에 의해 에도시대의 봉건적 신분제도의 기초를 다지려 했던 것으로서, 근대적 직업의 자유에 선 직업윤리와는 다른 것이라는 부정적 평가도 있다. 이러한 쇼산에 대한 상반되는 평가는 유교 등의 윤리의 경우에도 해당하는 것으로, 그 자체가 근세를 어떻게 위치시킬 것인가 하는 문제와 직결된다. 앞에서 말한 것처럼 일본의 근세는 전근대적인 면과 근대로 이어지는 면이라는 양면을 가지고 있기 때문에 단순히 한마디로 결론내릴 수는 없다.

바쿠한 체제하의 불교

만년의 쇼산은 바쿠후의 정치와 불교와의 관계를 긴밀하게 할 것을 주장하여 바쿠후의 힘으로 올바른 불법을 홍륭시키려고 도모하는 한편, 불법을 정치에 활용하여 민중교화에 이용함과 동시에 단가의 감시에도 이용하려고 구상하고 있었다. 이 구상은 사단寺檀제도에 의해 실현되었으며, 쇼산의 구상이 바쿠후에 영향을 끼쳤는지의 여부는 제처 두더라도, 단순한 세속화에 머물지 않고 정치와 종교와의 관계에까지 파고든 이론으로서 주목된다.

불교에서는 그 후 임제종의 하쿠인 에카쿠白隱慧鶴(1685~1768)[10] 및 진언종의 지운 온코慈雲飮光(1718~1804)[11]등이 민중교화에 힘쓴은 것으로 알려져 있다. 특히 지운은 십선계十善戒를 설하여 민중에게도 계율을 보급시키고, 또한 운덴雲傳신도를 세워 독자적인 신도설을 전개했다. 예전부터 에도시대는 불교가 타락한 시대라는 낙인이 찍혀져 있었지만 실제로는 학문적 연구도 왕성했으며 민중의 신앙도 두터운 시대였다. 다만, 결국 정치적 보호와 통제 속에서 안주해버린 결과 그 질서를 넘어선 종교 본질의 문제를 밝히는 데까지는 나아가지 못했다는 사실은 인정해야 한다.

조닌의 윤리: 이시다 바이간

한편 쇼산의 직분설은 윤리적으로는 사농공상의 사민四民 전체에 해당하는 것이라고는 하지만, 그 '용맹'의 입장은 무엇보다 무사에게 적합한 것으로 농민의 경우에도 어느 정도는 해당된다. 그렇지만 용맹한 상법이란 실제상으로는 다소 곤란한 면이 있다. 그러나 에도시대 중기에는 상업이 번성함에 따라서 조닌의 진출이 진행되고 조닌들 사이에서도 뛰어난 학자가 배출된다. 그 중에서도 특히 상업윤리를 역설한 것으로는 이시다 바이간石田梅岩(1685~1744)에 의해 시작된 세키몬심학石門心學이 있다. 본래 단바丹波[12]의 농민

---

10 에도시대 중기의 임제종 승려로 선의 중흥자. 스루가(駿河, 지금의 시즈오카[靜岡]현) 출신으로 15세에 출가하여 각지에서 수행한 후 지금의 나가노(長野)현 부근인 신슈(信州)의 도쿄 에단(道鏡慧端)의 법을 잇는다. 또한 중국 송대의 선인 간화선의 전통을 계승하여 그것을 새롭게 정리하는 등 일본에 있어서의 간화선의 대성자라고도 불린다.

11 오사카 출신의 에도시대 후기의 진언종 승려. 여러 종파의 학문에 정통해 있었는데 특히 계율 부흥에 힘써 정법율(正法律)을 주장하였고, 재가자를 위한 십선계(十善戒)를 설하였다. 또한 범어연구의 선구자로도 알려져 있다.

12 대부분은 지금의 교토부(京都府)에 해당되며, 일부는 효고(兵庫)현에 속한다.

출신인 바이간은 교토의 상가에서 일하면서 학문에 전진하며, 오구리 료운小栗了雲이라는 재가불교자의 지도로 스스로의 '성性'을 깨닫는 체험을 했다. 45세 이후에는 교토의 자택에서 주로 상인들에게 가르침을 베풀었다.

바이간의 『도비문답都鄙問答』(1739)을 통해 그의 사상을 살펴보면, 유교적인 '성'을 근저에 두고 "이 성이란 인간에서부터 금수초목禽獸草木에 이르기까지 하늘로부터 부여받아 생겨난 리理다"라고 하여, '성'이 인간에서부터 만물에 이르기까지 관통하고 있다고 설하고, "성을 깨달으면 오상오륜五常五倫의 도리는 그 속에 갖추어 진다"라고 하여, '성'의 체득을 중시한다. '성'이란 심心을 말하는 것이기 때문에 그것은 외부에서 찾을 수 있는 것이 아니다. 천명天命을 따라 "사농공상이 각각 자신의 가업으로 충분함을 깨달아야 한다 …… 무릇 도리를 깨닫는다는 것은, 이 몸 그대로 충분함을 깨달아 외부로부터 무언가를 바라지 않음을 학문의 덕이라고 한다"라고 하여 각각의 직분에 자족하는 것이 가장 중요하다고 말한다.

그러나 상인에 대해서는 상인이 매매를 통해 이득을 얻으려 하는 것을 욕심 때문이라고 비난하는 경우가 있었다. 바이간이 단호하게 맞서는 것이 이러한 상인 멸시다. "상인의 도를 알지 못하는 자는 탐욕함으로 인해 집안을 망하게 한다. 상인의 도를 깨닫는다면 욕심을 버리고 인심仁心으로 노력하고 도리에 맞게 번영하는 것을 학문의 덕으로 삼는다"라고 하여 '상인의 도'는 욕심을 떠나 있는 것이므로, 사농공에 비해 상인의 이득이 멸시받아야 할 이유는 없다고 주장한다.

종교와 윤리 사이

그렇다면 상인의 도리란 어떠한 것일까? "상인의 시작에 대해서 말하자면 옛날에는 남은 것을 가지고 부족한 것과 교환하여 서로 통용하는 것을 근본으로 했다"라고 하여, 본래는 교환의 중개역할을 하는 것이었으므로 전혀 수치스러울 것이 없다고 한다. "상인은 계산에 밝아 (그것으로) 오늘날의 생업을 하는 사람들이기 때문에 한 푼이라도 하찮게 여겨서는 안 된다"라고 하여, 일전도 소홀히 하지 않는 검약함을 역설한다. "부의 주인은 천하의 사람들"이기 때문에, "한 푼을 아까워하는 마음을 가지고 매물에 마음을 쏟아 조금도 실수하지 않고 매도한다면 사는 사람의 마음도 처음에는 금전을 아까워하지만, 상품의 좋은 질로 인해 그 아까워하는 마음이 저절로 없어지게 된다"라고 하여, 성의를 다한다면 사는 사람도 저절로 돈을 투자하게 된다고 설명하고 있다. 그렇기 때문에 "이렇게 해서 부가 산처럼 쌓인다 하더라도 욕심이라고는 할 수 없나"라고 하여 부귀함이 비난받을 이유가 없다고 주장한다.

이러한 세키몬심학의 사상을 종교의 범주에 포함시킬 수 있는지의 없는지는 미묘한 점이 있다. 그러나 이러한 노동의 현장에 입각한 윤리는 근세에 점차적으로 널리 확산된다. 예를 들어 니노미야 손토쿠二宮尊德(1787~1856)[13]의 보덕사상報德思想도 역시 신불유의 융합 절충의 입장에 서면서 농민의 노동에 적극적 의미를 부여하여 근로의식을 고양하려는 것이다. 이러한 사상을 종교냐 윤리냐라는 양자택일적 사고에 적용시키는 것이 적당한지는 의문이다. 유교도 포함하여, 근대적인 종교나 윤리라는 개념에 꼭 들어맞지 않는 애매한 영역이 펼쳐졌다는 것에서 근세의 특징을 봐야 한다고도 할 수 있다.

---

13 사가미(相模國, 지금의 가나가와[神奈川]현) 농가 출신의 농정가이자 사상사. 경제와 도덕의 융화를 주장하여, 사리사욕에 치닫지 않고 사회에 공헌한다면 그것은 언젠가 스스로에게 돌아온다는 보덕사상을 주장했다.

갖가지 신과 부처

지금까지 세속적인 직분윤리의 기초를 만든 종교적 이론에 대해서 살펴보았다. 그러나 근세 서민의 신앙이 모두 이렇게 이론적으로 정리된 것들만 있었던 것은 아니다. 오히려 갖가지 신과 부처가 그 영험을 통해 신앙되었던 것이 적지 않았다. 시치후쿠신七福神과 같이 재수가 좋고 현세이익을 가져다 준다고 여겼던 신과 부처가 널리 신앙되었다. 이러한 신앙은 슈겐도나 음양사 등에 의해 확산되었다. 또한 유행신이라고 불리는 것처럼, 돌발적으로 유행하여 한 시기에 열광적으로 신앙되지만 곧 잊혀져버리는 신과 부처도 종종 출현했다.

살아있는 신으로 신앙받게 된 사람도 있었다. 예를 들면 오타케다이니치란 것이 있었는데, 데와국出羽國[14] 출신으로 에도의 상인들의 거리에서 일하던 오타케가 하구로羽黑[15]의 슈겐도 수행자들에게 대일여래의 화신으로 신앙되었다는 것이다. 이처럼 아무런 특별한 능력도 없는 서민이 돌연 부처의 화신이 되고 마침내 대대적인 선전을 통해 붐을 불러일으키기도 했다. 또한 무거운 세금에 허덕이는 농민을 위해 쇼군에게 직소直訴하여 처형을 받은 사쿠라 소고로佐倉惣五郎가 신으로 모셔지게 된 것과 같은 의민신앙義民信仰도 볼 수 있었다.

이러한 다양한 신과 부처가 교묘한 선전과 서민의 바람이 합치됨으로써 번성하고, 나아가서는 순례나 데가이초出開帳[16] 등이 성행하는 등 서민의 신앙은 다양한 형태로 전개되었다. 그 중에서도 이세에서 있었던 오카게마이리는

---

14 지금의 야마가타(山形)현과 아키타(秋田)현 일대.

15 야마가타현 쇼나이(壓內)평야 남동쪽에 있는 산. 산 정상에 데와신사가 있어 예로부터 슈겐도 수행자들이 많이 찾는 산이었다.

16 본존 불상을 다른 곳으로 옮겨 일반인에게 공개하는 것.

대규모로, 호에이寶永 2년(1705), 메이와明和 8년(1771), 분세이文政 13년(1830) 등 약 60년 주기로 있었는데, 메이와에 있었던 참배에는 200만 명, 분세이 때에는 500만 명이 참배했다고 한다. 주인의 허락을 받지 않은 채 행하는 누케마이리나, 미친 듯이 춤을 추며 참배하는 등의 비일상적 광소상태를 보이기도 했다. 게이오慶應 3년(1867)에는 이세신궁 등의 부적이 하늘에서 떨어져 내려왔다고 하여 사람들이 "에에자나이카(좋지 아니한가)"라고 노래하고 춤추는 대소란이 일어났는데, 이는 바쿠후 말 혼란기의 민중 종교 현상으로서 주목된다.

이러한 가운데 점차적으로 교단을 형성하는 종교운동도 볼 수 있게 되었다. 후지산富士山 신앙에 기인한 후지코富士講라는 참배단체 출신인 지키교 미로쿠食行身祿(1671~1733)는 미륵보살이 세상을 바로잡을 것이라는 것을 믿고 후지산에서 단식으로 선정禪定에 들어갔다. 이로부터 에도를 중심으로 후지산 신앙이 확산되었다. 이러한 서민 신앙의 확산 속에서, 바쿠후 말기에는 텐리교天理教의 나카야마 미키中山みき 등의 신종교 운동이 생겨나게 된다(11장 참조).

근세 민중의 신앙은 이처럼 다양했고 근세가 되어서도 종교가 쇠퇴하기는커녕 오히려 점점 더 성행하게 되었다. 특히 상인이나 호농 등 서민 속에서 주체적으로 자신들의 삶의 방식을 추구하여, 그것이 새로운 종교로 결실을 맺어간다. 그것은 중세까지의 종교가 전문적인 종교자에 의해 부여된 종교였던 것과는 다르다. 종교의 세속화란 무엇보다도 이러한 종교의 새로운 담당자의 성장이라는 것과 관계되어 있다.

9장

신도와 내셔널리즘

1. 신불에서 신유로

신도계의 동향

앞장에서 말한 것처럼, 근세 일반 민중의 신앙 속에서 신불유神佛儒는 융합되어 있는 경우가 많았다. 그러나 한편 중세 후반에 비로소 자립의 움직임을 보이기 시작한 신도계에서는 불교의 지배로부터 벗어나려는 움직임이 두드러지게 나타났다. 중세 말부터 신도계에서 권력을 잡게 된 요시다 가문은 지방의 신직神職에게 면허장을 주어 지배하에 두고, 진기칸神祇官의 혈통을 계승하는 시라카와白川 가문과 세력을 양분하기는 했지만, 사상이나 의례면에서도 요시다신도의 영향력은 매우 컸다. 그 중에서 사상면에서의 근세의 새로운 전개는 종래의 신불습합적 이론을 물리치기 위해서 새롭게 발흥한 유교와 결탁하는 경향을 가지고 있었다는 것이다. 유교 측에서도 근세 유교의 입장을 확립한 하야시 라잔부터 시작해 리토신치理當心地신도[1]를 제창하여 신도연구에 새로운 국면을 열었고, 그 후 야마자키 안사이의 스이카垂加신도(뒤에서 다룸)는 무사계층을 중심으로 큰 영향력을 미쳤다. 또한 요시다신도 계통에서는 요시카와 고레타리吉川惟足(1616~1694)[2]가, 이세신도 계통에서는 와타라이 노부요시度會(出口)延佳(1615~1690)[3]가 나와 새로운 전개를 보였다. 대체적으로 서민층에서는 신불유의 합일이 설해졌고, 무사 등의 지배자 층에서는 불교를 배제한 신유일치의 경향이 강했다.

왜 지배층에서는 불교가 배제되고 신유일치가 주장되었던 것일까? 그 이유로는 여러 가지 측면을 생각해 볼 수 있다. 우선 중세의 신도 이론 속에는 이미 송학이 도입되어 있었기 때문에 양자가 관계가 없었던 것은 아니었다. 또한 근세에는 세속화가 진행되는 가운데 현세초월적인 불교가 비판을 받게 되고 그로 인해 유교의 세속윤리 입장이 정면으로 나오게 되었지만, 신도는 본래 불교에 비해 현세적인 성질이 강했기 때문에 그 점에서 유교와 결탁하기 쉬웠다. 게다가 불교가 민중 속에 정착한 신앙으로서 여전히 큰 세력을 가지고 있었고, 그것은 지배세력에게 때로는 위험한 존재였고 동시에 경제적으로도 무용지물로 인식되었기 때문에 불교의 힘을 잘라내고 통제할 필요가 있었던 것이다. 그 때문에 유교가 신도와 결탁하게 되었다는 측면도 생각해 볼 수 있다.

---

1 하야시 라잔이 제창한 신도설. 하야시 라잔은 종래의 신도설은 점술가나 제사자의 신도에 지나지 않는다고 비판하고 이기설(理氣說)을 축으로 한 주자학의 입장에서 신도설을 통일하려고 했는데, 그것이 리토신치신도다. 기본적으로는 유학을 중심으로 한 신도 일치설의 입장에 선다.

2 에도시대 전기의 신도가. 에도의 조닌 출신으로 요시다신도의 교설을 송학 및 음양오행설과 접목시켜 새롭게 전개시킨 인물이다.

3 에도시대 전기 이세신궁 외궁의 신관. 중세 말기의 전란 속에서 황폐해져버린 이세신궁의 교학 부흥에 생애를 바친 인물. 그의 교설은 당시의 신유일치의 입장에 서는 것으로서 특히 『역(易)』에 주목하여 신도와 역도(易道)의 일치를 설했다.

일본중심주의가 성장하다

유교는 중국에서 수입된 사상으로서 그 점에서 불교와 마찬가지로 토착 신앙이 아니라는 약점을 가지고 있다. 중국 성인의 가르침이 그대로 일본에도 해당된다는 보장은 없다. 와타라이 노부요시는 "신도와 유교는 모두 그 뜻은 하나이기 때문에 그 도에 의해 행하는 가르침은 다를 바가 없지만, 이국과 우리나라와의 제도문위는 다르다. 요즘에는 그것을 잘 분별하지 못하고 예로부터 우리나라에 없는 심의深衣를 입는 유자儒者들이 있는 것 같은데 이것은 매우 잘못된 일이다"(『양복기[陽復記]』)라고 하여 중국식의 방법을 그대로 수용하는 유자들을 비판하고 있다. 이에 유자 측에서는 일본 사회에 있어서의 유교의 존재의의를 신도에서 찾게 되었다고도 생각할 수 있다. 즉 위정자의 입장에서 일본 독자의 역사와 전통을 중시하여 불교의 외래성을 비판하고 신도에서 그 정체성을 찾으려 했던 것이다. 그 과정에서 특히 이세신도 이론 중에서도 신들의 세계에서 천황의 역사로 이어지는 계보학系譜學의 중시 및 유이쓰唯一신도의 근엽화실설根葉花實說의 일본중심주의 등은 유학자에게도 큰 영향을 미쳤다. 이러한 발상의 수용은 일본 종교 문화의 고층의 '발견'과 연결되는 것이다.

고층의 '발견'에 대한 지향이 강해지는 것은 에도시대 후기로서, 에도시대 전기에는 아직 그다지 두드러지지 않는다. 그러나 그 시대에도 그 근본을 이루는 일본중심주의적 발상은 성장하고 있었다. 특히 유학자들에게는 일본형 화이華夷사상이라고 불리는 일본중심주의가 성장했다는 점이 특기된다. 화이사상이란 본래 중국에서 발전한 자민족 중심주의로서 한족의 중국이야말로 세계 문명의 중심(중화)이며, 그 주변 민족은 오랑캐로서 문명이 뒤쳐진 야만적 민족이기 때문에 중국에 종속되어야 한다라는 중국 중심의 정치·

문명관이다. 그러나 청대淸代에는 이민족인 만주족이 중국을 지배했기 때문에 중국의 정통 문명은 쇠퇴했다고 하여, 오히려 일본에야말로 고대 이래 뛰어난 문화가 정착하였고, 문명의 중심이 있다는 일본형 화이사상이 성장하게 되었다. 그것을 근대적 내셔널리즘이라는 말로 표현하는 것은 엄밀히 말하면 바른 표현이 아닐지도 모르지만 조금 느슨하게 사용한다면 그 범주에 포함될 수 있다.

주자학과 신도: 스이카신도

유가儒家의 신도설(유가신도)로서 가장 영향력이 컸던 것은 야마자키 안사이山崎闇齋(1618~1682)의 스이카신도다. 본래 안사이는 출가하여 히에이산 및 선사禪寺에서 수행을 했지만, 25세에 환속하여 주자학으로 전향했다. 안사이는 "주자학을 배워 그릇됨이 있다면 그것은 주자와 함께 그릇됨이다. 여기에 그 어떤 유감이 있겠는가"라고 하여 그가 철저하게 주자학에 심취해 있음을 보여준다. 따라서 그의 다수의 저술들도 거의 주자나 주자학자들로부터 발췌한 것으로 독자적으로 전개한 이론은 많지 않다. 그러나 이것이 안사이에게 독자성이 없었다는 것을 의미하는 것은 아니다. 이러한 비합리주의적 이기까지한 주자 숭배 자체가 원래 합리적 체계를 도모한 주자 자신이 의도했던 것이 아니다. 또한 주자는 실천방법으로 주체의 자세로서의 거경居敬과 외적 진실 추구로서의 궁리窮理를 주장했지만, 안사이는 전자를 철저하게 추구했다. '경敬'이란 모든 일을 행함에 있어서 마음을 한곳에 집중하고 신중히 함을 말하는 것인데, 안사이는 "경이라고 하는 것은 특별한 것이 아니다. 그 마음을 헛되이 방치하지 않고 언제나 확실히 마음에 집중하여 밝히는 것을 경이라고 한다"(『경재잠강의[敬齋箴講義]』)라고 하여 지극히 근엄한 윤리적 엄격주의의 입장을 취했다. 특히 군신관계의 절대성을 중시하였고 이 때문에 다이묘들의 신뢰를 받아 아이즈한會津藩[4] 한주인 호시나 마사유키保科正之[5]로부터 초빙을 받아 큰 감화를 주었다.

안사이를 지탱하고 있는 또 하나의 기둥이 신도다. 이것은 언뜻 보면 주자에 절대적 경도와 모순되는 것처럼 보이지만, 그는 유교와 신도의 진리는 일치한다고 보고 일본에 있어서의 진리 본연의 모습으로서 신도를 중시하게 되었다. 안사이는 이세와 요시다 두 신도의 비전秘傳을 전수받았지만, 그중에서도 특히 요시카와 고레타리로부터 전수 받은 요시다신도의 영향이 가장 크다. 본래 요시카와 고레타리는 송학의 영향을 강하게 받아, 도콘지전土金之傳이나 히모로기이와사카지전神籬磐境之傳 등의 비전을 체계화했다. 도콘지전은 오행상생설五行相生說에 근거한 것으로서 오행은 목→화→토→금→수의 순서로 순환한다고 한다. 그 중에서 토와 금을 "천지가 나뉘어지기 이전부터 갖추어져 있는 진실"(『토금의 비결[土金之秘決]』)이라고 하여 근본에 두고, 금에 의해 땅土(쓰치)이 단단해지기(시마루) 때문에 쓰치시마루에서 쓰쓰시미(敬)로 통한다고 해석한다. 이것이 본래의 질서이며 군신 상하의 올바른 상태라고 말한다. 요시다신도 최고의 신비라고 하는 히모로기이와사카지전도 역시 바로 군신의 도리를 지키는 것에 다름 아니라고 해석된다. 이러한 고레타리의 사상은 그대로 안사이에게로 이어진다.

이러한 요시다신도설을 이은 스이카신도는 요시다신도의 비전을 새롭

---

4 지금의 후쿠시마(福島)현 아이즈지방을 지배한 한(藩).

5 1611~1672. 에도시대 다이묘. 도쿠가와 바쿠후의 2대 쇼군인 도쿠가와 히데타다(德川秀忠)의 서자로 아이즈한의 초대 한주를 지내면서 한편으로 이복형인 도쿠가와 이에미쓰(德川家光)를 보좌했다고 한다.

게 변화시키면서도 그것을 계승하였다. 때문에 비합리적인 면을 강하게 지니고 있으면서도, 동시에 거기에 송학을 이용한 해석을 가미하고 그 근저에 군신의 도리를 둠으로써 다이묘를 비롯한 지배자인 무사층의 이데올로기로서 크게 각광을 받고 신앙을 모으게 되었다. 그 점에서 스이카신도는 과도기적인 성격을 지니며 이후 히라타 아쓰타네 등으로부터 심한 비판을 받아 세력을 잃게 된다. 분명히 스이카신도의 토대는 중세 이래의 신비주의에 음양오행설을 가미한 것으로서, 이후 노부나가에 의해 고대 신화가 '발견'되고 그 문헌 해석으로부터 일본 고래의 고층적 발상을 찾아내고자 하는 방법이 정착되면서 급속하게 관심을 잃게 된다. 그러나 비합리적이며 원리주의적이라고도 할 수 있는 일본중심주의는, 근대가 되어 인기를 모으기 시작한 노부나가 등과 달리 미토水戶학파[6]나 홋코신도와 통하는 면이 있어서 그 후 일본의 내셔널리즘과 공통하는 기층적基層的 심정을 육성하는 것이었다.

이에야스 신앙의 위치

그런데 매우 흥미로운 것은 도쇼구東照宮의 이에야스 신앙은 이러한 스이카신도로부터 홋코신도로 이어지는 신도 이론의 흐름과는 전혀 동떨어져 있어서 그 흐름 속에 위치할 수 없게 된다는 점이다. 그 이유는 첫째, 도쇼구가 신불습합의 산노신도에 근거하고 있다는 점이고, 또 하나는 그러한 이유

6 에도시대 미토한에서 일어난 학파로서 제2대 한주인 도쿠가와 미쓰쿠니(德川光圀)의 『대일본사(大日本史)』 편찬사업을 중심으로 생겨난 학파다. 도쿠가와 미쓰쿠니를 중심으로 과거 역사에 대해 대의명분을 명백히 밝히려는 학풍이 생겨난 전기와, 제9대 한주인 도쿠가와 나리아키(德川齊昭)를 중심으로 『기기』를 기반으로 하여 일본 고유의 도덕을 명백히 하려는 학풍이 생겨난 후기로 나뉜다. 이러한 학문은 에도 바쿠후의 존황양이운동에 큰 영향을 미쳤다고 한다.

때문에도 도쇼구는 이세를 중심으로 한 고전적 신화체계 속에 포함되지 않는다는 점이다. 또한 산노신도 속에서도 도쇼구 신앙이 확실한 이론적 위치를 점하고 있는 것도 아니며 정치적 배려에서 성립된 신앙이라는 측면이 강하다.

스이카신도는 반드시 돈독한 천황숭배 사상을 가지고 있는 것은 아니지만, 이세신도를 계승하고 있고 신대권神代巻을 중심으로 한 고전신화를 중시하고 있다. 그러나 그러한 입장에서도 천황과 도쿠가와 쇼군과의 관계는 반드시 종교적 의미로만 해석할 수는 없다. 이후 바쿠후 타도 운동倒幕運動이 신도와 결합하여 존황양이尊皇攘夷를 주장했을 때 바쿠후 측에서는 결국 그것에 대항하여 종교 수준에서 쇼군의 권위를 설득할 수 있는 만큼의 이데올로기가 없었다. 바쿠후가 의외로 순조롭게 진행되었던 것, 그 후 거의 심한 저항도 없이 단번에 메이지의 천황주의적 곳카신도가 수용되었던 것의 뒷면에는 이러한 사정도 있었던 것은 아닐까 생각된다.

불교를 배제하려는 한주들

이처럼 불교를 배척했던 신유일치론神儒一致論은 단순히 사상적인 문제에 머물지 않고 다이묘의 힘에 의해 실제로 불교배제 정책을 실행하기에 이르렀다. 이러한 정책은 주로 간분寛文 연간(1661~1673)에 집중적으로 볼 수 있으며, 미토한·오카야마한·아이즈한 등이 대표적이다. 미토한에서는 도쿠가와 미쓰쿠니德川光圀[7]가 이세신도 이론에 따라 신불분리를 단행하여 사

7 1628~1700. 에도시대 전기 미토한의 2대 한주. 유교윤리에 근거한 사료편찬소인 쇼코칸(彰考館)을 설립하여, 1657년 『대일본사(大日本史)』 편찬에 착수한 인물로, 동시에 불교사찰과 신사의 개혁을 단행하고 순교를 금지하는 등 종교적 개혁에도 힘을 쏟았다.

원정리를 실행했다. 새롭게 건립된 작은 사찰 등 약 천개의 사찰을 없애고, 동시에 신사에 대해서도 신불습합적 요소를 없애고 습합적 신사인 하치만사八幡社 등을 파각하여 일촌일사一村一社를 실현하려고 했다. 또한 미쓰쿠니의 부인 및 부친의 장례식에 불교식을 피하고 유교장을 거행했다. 오카야마한에서는 이케다 미쓰마사池田光政[8]가 배불주의적 유학자인 구마자와 반잔熊澤蕃山[9]을 등용하여 사원정리에 착수하였고, 특히 그 지방에 많이 있었던 니치렌종의 불수불시파不受不施派에 대한 엄격한 탄압을 시행했다. 또한 데라우케제도를 폐지하여 종문宗門에서 발급되었던 신분증명서를 신직神職이 발급하게 함으로써 불교식 장의 대신 신도식 장의인 신장제神葬祭를 추진하고 승려들을 환속시키는 등 강경한 정책을 시행했다. 더욱이 아이즈한에서는 야마자키 안사이에게 깊이 심취한 호시나 마사유키가 사찰과 신사정리를 추진하고 새롭게 건립된 사원의 파각을 단행했다.

이러한 한주들은 모두 종교정책 외에도 갖가지 새로운 개혁을 적극적으로 추진하여 명군名君으로 칭송받아 그 영향력도 컸다. 따라서 그러한 정책은 그 외의 한에도 영향을 미쳤지만 간분 말년에 그들이 죽거나 은거하게 되면 바쿠후의 뜻에 따라 데라우케 제도가 부활하게 되었다. 바쿠후로서는 어디

8 1609~1682. 비젠(備前, 지금의 오카야마현의 동남부 지방) 오카야마한주. 유교적 이념인 인정(仁政)에 입각한 정치를 시행한 것으로 유명하며, 지카타치굔(地方知行, 가신에게 녹봉으로서 일정한 토지와 농민을 나누어 주는 제도)의 개혁을 단행하였고, 유학자 구마자와 반잔을 초빙하여 최초의 한교(藩校)인 하나바타케교장(花畠教場)을 설립하였으며, 1670년에는 일본 최고(最古)의 서민학교인 시즈타니(閑谷)학교를 세웠다.

9 1619~1691. 에도시대 전기의 양명학자. 1634년 오카야마 한주 이케다 미쓰마사에게 등용되어 한동안 미쓰마사를 보좌했으며, 1642년에는 나카에 도주(中江藤樹)의 문하생이 되어 『대학(大學)』과 『중용(中庸)』 등 양명학을 배운다. 그 후 다시 미쓰마사를 보좌하며 그의 두터운 신임을 받아 국정에 참여하나, 만년에는 교토로 돌아가 사설 학교를 연다. 그의 학풍은 일원론적 태허사상(太虛思想)이라고 불리며, 특히 현실적 실천을 내걸고 경세비판을 한 것이 엿보인다.

까지나 불교를 보호 활용한다는 방침을 견지한 것이다. 그 때문에 신불습합적 상황은 민중 속에 널리 정착해 있었지만, 한편에서는 배불적 이데올로기 역시 계속해서 밑바닥에 잠재되어 흐르고 있었고, 그것은 도쿠가와 말기가 되어 단숨에 분출하게 되었다. 후기 미토학의 아이자와 세이시사이會澤正志齋[10]의 영향을 받았던 미토한의 도쿠가와 나리아키德川齊昭[11]는 덴포天保 연간(1830~1844)에 철저한 사원정리를 시행하고 신불분리를 단행하여 신사를 불교 사찰의 지배로부터 독립시킴과 동시에 신장제를 추진했다. 사쓰마한薩摩藩[12]에서도 이와 같은 정책이 시행되었다.

이렇게 본다면 신불습합적 방향이 바쿠후의 지지를 받아 주류를 차지하면서도 신불분리와 배불의 움직임이 그 밑바닥에 잠재되어 이윽고 미토학이나 훗코신도의 과격한 운동으로부터 바쿠후 타도 운동과 존황양이로 이어지게 되었다는 것을 알 수 있다. 그 결과 그것이 메이지 정부의 정책 속에 살아남아 이윽고 신불분리로부터 곳카신도의 확립에 이르게 된다. 그것은 지배층의 정치적 수준에서의 문제에만 머물지 않고 퇴폐해 있던 불교에 대한 많은 불만과, 거기에 신흥 호농층 등의 새로운 내셔널리즘이 결합되었다. 폐불훼석廢佛毁釋도 이러한 상황을 배경으로 하고 있다.

또 하나 주목할 만한 것은 불교를 배제하기 위해서는 신도 독자의 장례

---

10 1782~1863. 에도시대 후기의 유학자. 유학자인 후지타 유코쿠(藤田幽谷)에게 사사하고, 1803년에 미토한의 한교(藩校)인 쇼코칸에 들어간다. 그후 쇼코칸의 총재가 되어 한주 도쿠가와 나리아키의 신임 속에서 헌정개혁에도 관여했다. 나리아키의 측근으로서 폐불훼석 등의 개혁을 단행하는 등 후기 미토학 발전에 크게 기여하고, 신도와 유교를 통합한 대의명분을 주장하여 존황양이운동에 큰 영향을 미친다.

11 1800~1860. 에도시대 후기의 미토한주. 한교인 고도칸(弘道館)을 설립하였으며, 강경한 존황양이론자로 병제를 개혁하고 철포부대를 편성하기도 했다.

12 지금의 가고시마(鹿兒島)현 전 지역과 미야기(宮崎)현 서남부 그리고 오키나와(沖繩)현의 대부분을 지배한 현.

식인 신장제를 채용하는 것이 불가결했으며, 그 신장제가 인정을 받아 널리 퍼지지 않으면 진정한 의미에서의 신도의 종교적 독립은 이루어질 수 없었다는 사정이다. 유교식 장례식도 일본에서는 거의 확산되지 않았고, 이러한 현상은 유교식 장례식이 주류를 이루게 된 한국과는 대조적이다. 이것은 장례불교가 일본 사회에서 불교가 정착하는 데에 지극히 커다란 역할을 담당했음을 증명해 준다. 장례불교라고 하면 일본 불교의 타락한 형태처럼 여겨지기 쉽지만, 사실은 장례식을 담당할수 있는지 없는지의 여부가 종교로서 정착할 수 있는지의 여부를 정하는 결정적 요인이 되었다는 것에 주의할 필요가 있다.

2. 고쿠가쿠에서 신도로

불교와 유교의 상대화

유교는 신도와 결합을 해도 좀처럼 그 외래성을 없앨 수 없다. 유교가 진정으로 문명을 초월한 보편성을 지닌다면 그걸로 좋다. 그러나 그것이 결국 중국이라는 특정 문명 속에서 탄생한 특수한 사상형태라고 한다면 일본인이 그것을 금과옥조金科玉條로 삼는 것이 어떤 의미가 있는 것일까? 그것은 소위 말하는 고가쿠파古學派가 원전으로 돌아간다는 지극히 정통적인 방법을 통해 성인의 도리를 고대 중국에서 찾으려는 과정에서 부딪친 딜레마다. 그 절정에 위치하는 것이 오규 소라이荻生徂徠(1666~1728)다. 소라이에 의하면 도道란 선왕先王, 즉 요堯·순舜 등의 고대 중국의 성인이 제정한 예악형정禮樂刑政 등의 제도이며, 성인이라는 인간에 의해 만들어졌다는 점에서는 인위人爲이고, 천지자연의 도는 아니라고 한다. 그러나 그렇다고 한다면 중국의 성인만이 특별하게 훌륭하다고는 말할 수 없으며, 따라서 그 도에 따르지 않으면 안 되는 절대적 근거가 없어져 버린다.

이렇게 불교뿐 만 아니라 유교도 상대화할 경우 보편적이지 않은 특수한 문화와 종교가 각각 양립한다는 결론에 달할 수밖에 없게 된다. 도미나가 나카모토富永仲基(1715~1746)[13]의 구상은 바로 이런 특수한 문명의 양립을 전제로 윤리·종교의 상대화를 도모하는 것이었다. 나카모토는 인도 문화(=불도)를 '환幻', 중국 문화(=유도)를 '문文'이라고 특징짓는다. 나카토모는 『출정후어出定後語』에서 대승불교는 소승불교 위에 스스로의 설을 더함으로서 성립했다는 가상설加上說을 근거로 대승배불설론大乘排佛說論을 주장하여 불교계에 큰 충격을 주었는데, 그것도 이러한 성전聖典의 상대화에 근거한 것이었다.

그렇다면 어디에서 그 기반을 찾아야 하는 것일까? 타국의 윤리나 종교를 탐구하여 거기에서 구제를 찾기 보다는 스스로가 가지고 있는 고전古典의 해명이야말로 우선되어야하는 것은 아닐까? 그때까지 국소적인 연구였던 고쿠가쿠國學가 크게 클로즈업된 것은 이러한 경위가 있었기 때문이다. 그야말로 고층을 향한 탐구다. 이 때 단지 상대적인 것으로서 자국의 고전을 연구하는 데에 머무는 것이 아닌, 자국 문화의 우월성, 나아가서는 보편성의 주장에까지 이르게 된다. 그것을 통해 문화적 내셔널리즘, 자민족 중심주의가 확립한다. 그것이 모토오리 노리나가에서 히라타 아쓰타네에 의해 달성되었던 것이다.

---

13 에도시대 중기의 사상가. 현존하지 않지만 10세 때 『설폐(說幣)』를 저술하여 중국 고대사상의 성립사를 논했다고 한다. 불교 연구에 정력을 쏟아, 그 성과를 1945년 『출정후어』로 정리했다. 나카모토의 중국 고전이나 불교 경전 연구의 방법은 근대적 사상사 연구의 선구가 되는 것으로서, 성인이 만들었다고 알려진 성전이나 설들이 사실은 후대 사람들이 자신을 설을 주장할 때 선인의 설에 자신의 설을 가미하여 성인이 말한 것처럼 내세워 정통성을 위장한 것이라는 가상설(加上說)을 주장했다.

고층의 '발견': 노부나가의 방법

모토오리 노부나가本居宣長(1730~1801)의 방법은 서구의 고전 문헌학과도 비교되는 것처럼 매우 엄밀한 학문적 방법을 통해 진행하였고, 그 성과는 오늘날까지도 퇴색하지 않고 있다. 그러나 단지 자국의 고전이기 때문에 연구하는 것 만은 아니다. 고전 연구는 또한 스스로의 삶의 방법에 대한 탐구였다. 노부나가는 그것을 "가장 으뜸으로 의거해야 할 도리는 무엇인가 하면 도道의 학문이다"(『우이야마부미[うひ山ぶみ]』)라고 규정하고 있다. 그러나 그 '도'는 유교에서 말하는 '도'와는 다르다. "첫 번째로 한의漢意와 유의儒意를 맑게 씻어 없애고 야마토정신[14]을 견고히 하는 것을 핵심으로 삼아야 한다"(『우이야마부미』). 그리고 어디에서 '야마토정신'의 도를 찾아야 하는가에 대해서는 "이 도는 고지키와 니혼쇼키의 두 고전에 기록되어 있는 신대神代 상대上代의 모든 사적 위에 갖추어져 있다"(『우이야마부미』)라고 하여, 이로부터 『기기』, 특히 『고지키』의 연구가 중요시 된다.

『기기』로부터 '한의와 유의' 혹은 불의佛意를 제거 할 수 있는지가 의문이라는 것에 대해서는 1장에서 말했다. 그러나 노부나가는 그것이 가능하다고 생각하고, 거기에서 불교이전의 일본의 고층을 찾을 수 있다고 한다. 게다가 그 고층은 일본이라는 범위에 한정되지 않는다. 『다마쿠시게玉くしげ』에서 그는 "진정한 도는 천지 간에 고루 미치는 것으로서, 어느 나라에도 동일한 단 하나의 도리이다. 그러나 이 도는 오직 황국皇國(일본)에만 바르게 전해져 외국에서는 모두 상고로부터 이미 전래되지 않게 되었다"라고 말한다. 즉 일본 이외의 나라에서는 인간의 얕은 지혜로 사려하고 분별함으로써 '진정

---

14 일본 고유의 민족정신.

한 도'를 잃어버리게 되었다는 것이다. 이렇게 해서 '도'의 보편성과 특수성의 갈등은 특수한 일본의 도의 보편화로 결착을 보게 된다. 그것이 아쓰타네로 이어져 근대에까지 사상의 저류로서 남게 된다.

『기기』 특히 『고지키』의 탐구는 단지 일본의 고전으로서 중요하기 때문만은 아니다. 『고지키』에야말로 특수하고 보편적인 일본의 '진정한 도'가 제시되어 있기 때문이다. 중세의 암흑시대에 가려져 있던 고층이 이러한 정밀한 문헌 연구에 의해 표면 위로 드러나고 그 우수성이 증명된다는 것이다. 그러나 그것은 이상화된 고층이며 그런 의미에서 고층의 '발견'은 동시에 고층의 창작이기도 하다.

노부나가를 계승한 아쓰타네는 그의 방대한 저작 속에서 인도·중국에서 서양에 이르기까지 모든 문헌을 파헤쳐 일본의 우월성을 증명하려고 노력했다. 그 결과 일본 이외에 전승된 도는 결국 일본의 바른 도가 왜곡되어 전해진 것에 지나지 않는다고 주장한다. 그것은 유이쓰신도의 근엽화실설 이래의 과제였는데, 아쓰타네가 그것을 증명하려 할수록 마치 더더욱 수상한 막다른 골목으로 쫓기는 상태가 되어 버려, 일본이야말로 근본이라는 결론만을 시종일관 고집하게 된다.

아마테라스: 천황신앙의 강조

다시 노부나가로 돌아가 보자. 그렇다면 일본의 우월성은 어디에 있는 것일까? "우리나라는 아마테라스오미카미의 본국이며, 그 황통皇統이 다스리시는 나라이므로 만국의 시작이며 근본인 나라"(『다마쿠시게』)이기 때문이다. 이렇게 해서 아마테라스 - 천황이라는 계보가 가장 근본에 위치하게 된다. 이와 같은 주장은 이미 지금까지의 이세신도나 유가신도에서도 볼 수 있었지만 노부나가는 『고지키』의 절대적 성전화聖典化를 통해 신화를 일원화하고, 그 신화의 일원화만으로 지극히 직접적인 형태로 천황 계보의 절대성을 확립했다. 게다가 신은 "선신善神만 있는 것이 아니라 악한 신도 있으므로 …… 마음대로 추측하거나 헤아릴 수 있는 것이 아니다"라고 하며, "단지 그 분노하심을 두려워하고 오로지 몸과 마음을 정결하게 하여 받들어 모셔야"(『고지키전[古事記傳]』 「나오비노미타마[直毘靈]」) 하는 존재이기 때문에 여기에서는 일체의 판단이 존재하지 않게 된다.

노부나가에게 있어서는 "(백성은) 아즈마테루카무미오야노미코토[15] 이후 대대로 쇼군가에 아마테라스오미카미가 맡겨놓으신 것"(『다마쿠시게』)이므로 쇼군의 지배가 인정되지만, 그것은 고전에는 전혀 근거가 없다. 그 점에서 설득력이 없다. 따라서 그 쇼군이라는 매개를 삭제해 버리면 존왕론으로 직결된다. 일본의 내셔널리즘은 이렇게 아마테라스와 천황신앙이 불가분하게 연결된다.

신도의 내세관: 히라타 아쓰타네

그런데 노부나가가 종교의 영역에까지 침투하지 않고 어디까지나 '학문'의 영역에서 멈추고 말았다고 할 수 있는 이유는 첫 번째로 약한 내세관에 있다. "인간의 마음이 순직했던 시대에는 죽은 후 어떻게 되는가에 대해서 이것저것 고심하는 등의 무익하고 약아빠진 생각 없이, 단지 죽으면 황천으로 간다는 도리를 그대로 받아들여 슬퍼할 뿐이었다"(『다마쿠시게』)라고 하여, 사후에는 황천국에 가는 것이 전부로 그 이상의 논을 거부하고 단지 슬퍼하

15 東照神御祖命. 도쿠가와 이에야스를 말함.

며 우는 것 뿐이라고 한다. 분명히 고전에 근거하는 한 그것은 엄격한 태도이기는 하지만, 종교적 심정은 그것만으로는 납득할 수 없다. 신도의 내세관을 확립하는 것은 다음의 히라타 아쓰타네(1776~1843)의 과제가 된다.

아쓰타네는 『신귀신론新鬼神論』(1805)을 통해 유가의 귀신 부정을 논파하고 귀신 문제를 다시 논한다. 귀신을 부정하는 현세주의적 합리주의는 일전하여 신과 내세에 관한 신화적 언설로 바뀌어 버린다. 근세는 결코 단순히 세속화, 현세화의 길을 걸음으로써 근대의 합리주의로 연속하는 것은 아니다. 표층의 합리화에 의해 기층의 비합리성이 사라져 버리는 것이 아닌, 오히려 생각하지도 않았던 역전극이 펼쳐지게 되는 것이다. 그 때문에 근대도 역시 단순히 표면의 합리주의적 언설로 단정할 수만은 없다.

아쓰타네는 『다마노미하시라靈の眞柱』(1812)에서 세계의 전개를 논함과 동시에 내세관을 명백히 하려고 했다. 아쓰타네에 의하면 세계는 천天, 지地, 천泉(황천)의 세 부분으로 나뉘어 진다. 그러나 죽어서 황천으로 간다는 노부나가의 설은 부정한다. 영혼은 죽은 뒤 영원히 이 국토에 머문다고 한다. "명부冥府란 이 땅(顯國)에 있는 것으로 다른 곳에 있는 것이 아니다. 바로 이 현세 속 어디에도 편재해 있지만 어렴풋하고 아련하여 현세와는 구별되어 있기 때문에 보이지 않는다"와 같이 저승은 현세와 일체이지만 현세로부터는 보이지 않는다고 한다. 혼魂은 신사나 사당 혹은 무덤에 머물고, 그 영혼靈魂은 그대로 신대神代의 신과 다를 바 없다. 유幽와 현顯의 개념은 노부나가에게서도 볼 수 있는 것이지만 황천에 있는 유의 세계를 현세와 동일한 곳으로 격상시키고, 그 뿐 아니라 신과 동등하게 취급하고 있는 것이 아쓰타네의 설의 특징이다. '서문'에서 다루었던 야나기다 구니오의 내세관도 이러한 흐름 속에서 이해해야 한다.

그러나 아쓰나테는 그 후 『고사전古史傳』(1812년 이후)에서 또 새로운 사상적 전개를 보여준다. 첫 번째는 사후에 오쿠니누시 신의 심판이 있다는 관념이다. 또 하나는 아마테라스를 초월하는 최고신으로 아메노미나카누시 신을 설정한 것이다. 실은 이러한 것들은 『다마노미하시라』 이전에 저술한 『본교외편本敎外篇』(1806)에 나왔던 사상들로서 『본교외편』은 기독교(천주교)의 영향을 받았다는 것이 밝혀져 있다. 어쨌든 아쓰타네에게 있어서 영혼의 행방이 중요한 문제였다는 것을 알 수 있다.

이전까지 신도는 현세중심적으로서 사후의 세계에 관해서는 약했지만, 이러한 아쓰타네의 사상을 통해 단숨에 사후 세계 방면에 대한 전망이 열렸다. 그것은 앞장에서 본 신장제를 가능하게 하는 이론을 제공하는 것이라고도 할 수 있다. 이로 인해 지금까지 불교에 만족하지 못하면서도 불교로부터 떠나는 것을 주저하고 있던 사람들을 신도로 흡수할 수 있게 되었다. 아쓰타네의 계통은 훗코신도라고 불리는데, 특히 그 후계자인 히라타 가네타네平田銕胤에 의해 교선을 확대한다. 특히 발흥하고 있었던 호농층을 중심으로 향토신産土神의 중시 등 토착의 종교성을 발휘하는 설이 전개되었다.

존황양이의 이데올로기적 기반

그러나 시대는 바야흐로 바쿠후 말기의 동란기를 맞이하여 훗코신도의 흐름도 영혼론에서 점차 존황양이의 정치적 활동으로 변화해 가기 시작한다. 그 중에서도 특히 바쿠후 말기에서 메이지에 걸쳐서 커다란 영향력을 가졌던 신도가가 오쿠니 다카마사大國隆正(1792~1871)다. 쓰와노한津和野藩[16] 출

16 지금의 사마네(島根)현 가노아시군(鹿足郡) 쓰와노초(津和野町) 지방을 통치했던 한.

신인 다카마사는 기독교에 대항하기 위해 신도에 입각한 제정일치를 주장했다. 외국의 문화가 들어오기 이전의 순수한 신도로 돌아가야 한다는 그의 주장은 메이지 초기의 종교행정에 중요한 영향을 미치게 된다.

바쿠후 말기 존황양이의 이데올로기적 기반으로서는 훗코신도와 함께 후기 미토학이 중요한 역할을 담당했다. 특히 아이자와 야스시會澤安(1782~1863, 세이시사이[正志齋])가 저술한 『신론新論』(1825)은 존황양이파의 성전으로서 그 영향은 헤아릴 수 없다. "일본은 태양이 떠오르는 곳이며 만물의 정기가 시작되는 곳으로서 아마테라스오미카미 이래 그 자손이 대대로 황위를 계승하여, 대대로 천황이 통치하시어 영원히 변하지 않는다"라는 입장에서 천황에 의한 제정일치를 주장하여 서양제국들의 침략에 대한 방위의 길을 찾는 이 책의 기본적 구상은 메이지 이후의 국체론國體論에도 그대로 반영된다.

'존황양이'는 결코 바쿠후 말기의 일시적 이데올로기가 아니다. 한편으로는 아마테라스 - 천황의 계보에 신화적 기반을 두고, 다른 한편으로는 구미 진출의 근간을 기독교에서 보고 기독교에 대항하기 위한 근거를 신도에서 찾는 것은, 그야말로 메이지가 되어서 완성된 체제임에 틀림없다. 그것은 일부 지배층의 이데올로기로서만 작용한 것이 아니라 국민 전체를 끌어 들여 일반 대중의 구석구석까지 깊게 침투해 간다. 그것은 고층의 '발견'이 만들어 낸 새로운 고층이라고 할 만한 것이다. 그 깊은 뿌리의 유래는 아직도 충분히 해명되어 있지 않다.

04

근대화와 종교

[근대]

10장

곳카신도와 제 종교

1. 신불분리에서 곳카신도로

좌절된 신도의 국교화

근대의 종교는 메이지유신明治維新의 혼란 속에 막을 열었다. 메이지 정부는 '신무창업神武創業'을 내걸고 복고와 유신이라는 중층적 지침을 지닌 정부였다. 즉 복고라는 이름하에 새로운 제도를 만들어 밀려오는 서구의 근대에 대응하려는 의도이며, 그것은 갖은 우여곡절을 겪으면서 곳카신도라는 형태로 실현된다. 곳카신도에 대해서는 후술하는 바와 같이 그 정의에 대해서 여러 가지 의견이 있지만, 넓은 의미로 해석한다면 '종교가 아니다'라고 하면서도 실질적으로는 새로운 국교國敎의 창설이며, 그것에 기반을 둔 종교국가의 형성이라고 해도 좋다. 따라서 종교 문제는 일본 근대의 주변적 문제가 아닌 핵심을 형성하는 문제였다.

당초 유신 정부의 핵심을 담당했던 큰 집단은 히라타 가네타네平田鐵胤, 오쿠니 다카마사大國隆正, 야노 하루미치矢野玄道, 후쿠바 요시시즈福羽美靜 등이 중심을 이룬 훗코신도계의 신도가들이었다. 그들 사이에는 의견차이 및 대립이 있기는 했지만 진기칸神祇官을 부흥시켜 제정일치를 목표로 한다는 점에서는 일치했다. 신도 국교화로의 움직임은 우선 신불분리령(혹은 신불판연령[神佛判然令])에 의해 착수되었다. 신불분리령이란 게이오慶應 4년(메이지[明治] 원년, 1868) 3월부터 4월에 걸쳐서 있었던 수차례의 포고를 총칭하는데, 신사의 벳토別當 · 샤소社僧[1] 등의 승직자僧職者를 환속시키고 신사에 권현 등의 불호佛號를 사용하거나, 불상을 신체神體로 하는 것을 금지했다. 이렇게 해서 오랫동안 계속되었던 신불습합에 종지부를 찍게 되었다.

신불분리는 곧바로 폐불廢佛을 의미하는 것은 아니지만, 신도 우위의 기운 속에서 폐불적 분위기가 고조되어 폐불훼석 운동을 초래하게 되었다. 나라의 고후쿠지의 경우는 승려들이 자발적으로 환속을 하여 폐사가 되었고, 히에이산과 일체화 되어 있던 히에산노사에서는 신관神官과 노동자들이 몰려들어 불상을 비롯한 불교와 관계되는 보물 등을 모두 불태우거나 내던져 버렸다. 슈겐도처럼 애당초 신불습합적 성격이 두드러진 형태의 경우에는 특히 영향이 커서 기존의 종교 행태를 크게 변용시켰다. 또한 쓰와노한을 비롯한 몇몇 한에서는 한 단위로 폐불을 단행하여, 불교 사찰을 부숴 버리고 신도식 장례인 신장제로 바꾸었다. 이처럼 지나치게 과격한 폐불 운동에 대해 정부가 그것을 제지하지 않으면 안 될 정도였으며, 그 움직임은 메이지 4년 무렵까지 계속되었다. 그것은 분명히 일부의 신도가 및 그 지지자들의 과격한 동향이기는 했지만, 불교 측이 그것에 대항할 수 있을 만큼의 힘을 잃어 버렸다는 것도 사실이었다.

---

1 벳토는 신사나 진구지에 소속하여 불사(佛事)를 담당했던 불교 승려의 직명 중의 하나. 샤소는 이러한 승려들의 총칭.

한편 진기칸의 부활은 당초의 우여곡절을 거쳐 메이지 2년(1869)에 다이조칸太政官과 병립하게 되어 고대 율령제의 형태를 실현했다. 이렇게 해서 제정일치의 국교화가 실현되었지만, 그 이후는 반드시 순조로웠다고는 할 수 없었다. 훗코신도를 중심으로 한 진기칸의 방침은 시대착오적이며 실용적이지 못했기 때문에, 메이지 4년(1871)는 진기성神祇省으로 개편되어 다이조칸 직할하에 편제되었고, 다시 메이지 5년(1872)에는 그것마저도 해체되어 교부성教部省으로 이행하게 되었다. 이것은 실질적으로 신도 국교화의 좌절을 의미하는 것이었다. 그 이유 중의 하나는 실제상으로는 사회적으로 커다란 힘을 가지고 있는 불교를 무시하고 신도만을 국교화하는 것이 불가능했기 때문이며, 교부성 설치에는 조도신슈를 중심으로 한 불교 세력의 알력이 있었기 때문이다.

한정된 '신교의 자유'

이러한 사정 때문에 교부성은 다시 불교를 끌어들여 이른바 새로운 형태의 국가종교로서의 신불습합을 만들어내려고 했다. 교부성에는 신관과 불교 승려를 국가가 공인한 교도직教導職에 임명하여 국민교화를 담당하게 하고, 그 교도직을 지도관할하기 위해서 중앙에 다이쿄인大教院을 설치하였으며 각 지방에는 주쿄인中教院과 쇼쿄인小教院을 설치했다. 그 지도 이념은 '경신애국敬神愛國의 뜻을 명심하여 지킬 것', '천리인도天理人道를 분명히 할 것', '상황上皇을 봉대하고 조정의 뜻을 준수할 것'이라는 3조의 교칙이었고, 다이쿄인은 조화삼신造化三神(아메노미나카누시노카미 · 다카미무스히노카미 · 가미무스히노카미)과 아마테라스 신을 모시고 전체적으로는 천황 숭배를 기축으로 한 신도색이 강한 부서였다. 대부분의 불교계는 여기에 따랐지만, 당초 교부성 설치를 추진했던 조도신슈가 그것에 반대했다. 그 중심을 이루었던 것이 시마지 모쿠라이島地黙雷(1838~1911)였다.

당시 유럽을 시찰 중이었던 시마지는 유럽 여러 나라의 정교분리와 신교信敎 자유의 상황을 보고 일본에서도 신교의 자유를 확립할 필요가 있다고 통감하여 그 입장에서 교부성 정책을 비판하게 되었다. 시마지의 정교관계론政教關係論은 "정교政教는 애당초 서로 다른 것으로 혼효混淆해서는 안 된다. 정政은 인사人事이며 외형적인 것形을 다스릴 뿐이다. 따라서 정치는 우리나라에 국한된다. 교教는 신위神爲이며 마음心을 다스린다. 따라서 만국에 통한다. 그러므로 정은 결코 자신 이외의 것은 고려하지 않으며, 오직 자기의 이익을 위해서만 노력한다. 교는 그렇지 않아 추호도 자기를 돌보지 않으며 오직 남에게 유익하기를 바란다"(「삼조교칙비판건백서[三條敎則批判建白書]」)라는 글에 잘 나타나 있다. 즉, 교教는 마음에 관계하는 것으로서 정치보다 보편성을 띠고 있으며 이기적이지 않고 타의 이익을 도모한다는 것이다. 이 점에서 본다면 개인의 마음의 문제에 관계하는 종교는 정치보다 고도의 것이라고 할 수 있으며, 그 영역에 정치가 간섭하는 것을 금지하여 정신의 자유를 소리 높게 주장했던 이상주의적 선언이라고 볼 수 있다. 같은 시기에 메이로쿠샤明六社[2] 계열의 계몽사상가들도 신교의 자유를 주장했다. 'religion'에 해당하

---

2 메이지시대 초기에 모리 아리노리(森有禮)를 중심으로 설립된 일본 최초의 계몽적 학술단체. 1873년 미국에서 귀국한 모리 아리노리가 후쿠자와 유키치(福澤諭吉), 니시무라 시게키(西村茂樹), 가토 히로유키(加藤弘之), 니시 아마네(西周), 나카무라 마사나오(中村正直) 등과 함께 계몽활동을 목적으로 결성했다. 그 해가 메이지 6년(일본어 발음이 '로쿠넨')이었기 때문에 '메이로쿠샤'라고 이름지었다. 이듬해인 1974년 학술 및 사상잡지의 기원이 된 『메이로쿠잡지』를 간행하고, 매년 2회에 걸친 정례집회를 그 활동 주축으로 삼았다. 정치, 경제, 종교, 철학, 여성문제 등 다양한 분야에서 걸친 그들의 사상은, 서양의 학술 및 문물사상을 도입함으로써 국민을 다면적으로 계발하고, 자립적 존재로서의 국민을 형성하는 것을 목표로 했다. 그러나 1875년 정부가 언론탄압 법규인 잔보율(讒謗律)과 신문지조례(新聞紙條例)를 발표함에 따라

는 번역어인 '종교'라는 단어도 이러한 가운데 정착하게 되었다.

시마지 등의 지도로 메이지 8년(1875)에는 조도신슈의 제파가 다이쿄인으로부터 이탈하여 실질적인 기능을 잃어버린 다이쿄인은 해산할 수밖에 없는 처지에 몰리게 되었다. 이렇게 해서 교부성 정책은 실패로 돌아가고 메이지 10년(1877)에는 교부성도 폐지되어 종교 행정은 내무성內務省의 일부로 축소되었다. 신교의 자유는 공인되었고, 그것은 메이지 22년(1889)에 공포된 헌법에 명기되었다.

이렇게 보면 시마지 등의 다이쿄인 반대운동이 성공하여 신교의 자유를 쟁취했다는 큰 성과를 얻은 것처럼 보인다. 그러나 사정은 그렇게 단순하지는 않았다. 신교의 자유를 명기했던 헌법 제28조는 "일본 신민은 안녕질서를 방해하지 않고, 또한 신민된 의무에 위배되지 않는 한에서 신교의 자유를 갖는다"라고 되어 있어서 안녕질서를 방해하지 않을 것, 신민된 의무에 위배되지 않을 것이라는 제한이 붙어 있었다. 애당초 그 헌법은 "대일본제국은 만세일계萬世一系의 천황이 통치한다"(제1조), "천황은 신성한 존재로서 범할 수 없다"(제3조)가 대전제로 되어 있어 그것을 인정하는 범위에서의 자유인 것이다. 동시에 국가제사로서의 신도는 종교의 테두리 밖이라고 하여 실제상으로는 강요되어도 불만을 말할 수 없게 되어 있었다. 그렇다고 한다면 시마지 등의 승리는 실질적으로는 천황 국가와 곳카신도의 테두리 속에 종교가 갇혀 버렸다는 의미에서 종교의 패배이기도 했다.

『메이로쿠잡지』의 발간이 중단 되면서 실제적으로 해산되었다. 이러한 메이로쿠샤의 활동은 인맥적으로는 도쿄 학사회원(學士會院)으로 이어졌으며, 사상적으로는 우에키 에모리(植木枝盛) 등을 통해 자유민권운동으로 계승되어 갔다.

신불보완 체제

왜 이러한 결과가 되어 버린 것일까? 시마지를 비롯해 신교의 자유를 주장했던 논자들에게도 천황의 지배는 그 전제가 되어 있었으며, 아무도 그것에 대한 의문은 품지 않았다. 원래 시마지는 조슈長州[3] 출신으로 유신의 고관들과도 가까운 사이였기 때문에 천황의 지배에 대해 의문을 품지 않았던 것은 당연하다고도 할 수 있다. 그러나 그 뿐 아니라 시마지의 종교 규정에도 문제가 있었다. 앞에서 인용한 부분에서도 알 수 있듯이, 시마지는 종교를 마음의 문제로 정의하고 있다. 이것은 근대적 종교 개념으로서 적절한 것처럼 보이지만, 그로 인해 배제되는 면이 있다는 것에 주의해야 한다.

즉, 첫 번째로 '마음心'에 대한 '외형적인 것形'의 문제가 여기에서는 제외되어, 종교는 '외형적인 것'과 관계하는 정치와는 차원을 달리하는 것이 되어 버렸다. 따라서 정치로부터의 독립은 주장할 수 있었지만, 종교가 단지 마음의 문제에만 한정되지 않고 '외형적인 것'에 속하는 다양한 요소를 포함하고 있다는 것을 배제해 버리는 결과가 되었다. 예를 들어 실질적으로 불교를 지탱하고 있는 장례불교의 요소는 시마지가 정의하는 종교 범위의 문제에는 오를 여지가 없게 되어 버린다.

이것은 신불관계를 생각할 때 직접적으로 영향을 준다. 시마지는 신불습합을 부정한다. "종교는 여자에게 남편이 하나 뿐인 것과 같이, 두 가지가 양립할 수 있는 것이 아니다. 안심입명安心立命과, 생사를 맡기고 심신을 내맡길 곳이 두 곳일 수 있겠는가!"(「삼조변의[三條辯疑]」)라고 말하는 것처럼, 마음의 버팀목이 되는 종교는 서로 다른 두 가지를 가질 수 없다. 때문에 신불습합

3 지금의 야마구치(山口)현의 서부와 북부 지방.

은 인정될 수 없으며, 신불분리가 지지받는다. 게다가 "이른바 팔백만 신을 숭배한다고 한다면 이는 유럽의 아이들까지도 업신여기고 웃을 것이며, 잡초가 무성한 것과 같이 야만적이고 미개하기가 이것보다 심한 것은 없다"(「삼조교칙비판건백서」)라고 말하는 것처럼, 헤아릴 수 없이 많은 신을 숭배하는 신도는 원시적인 것이며 도저히 문명인이 믿을 수 있는 것이 아니다.

그런데, 여기에서 시마지는 반전한다. 신도는 종교로 보는 한 저차원적인 것이지만, 그것은 "우리의 현재에 이익을 주고 우리 영혼을 구제하는 신을 믿고 숭배하는 것을 말하는 것"(「삼조변의」)은 아니다. 일본의 신들은 "혹은 우리들 각자의 선조나 국가에 공이 있는 명신덕사名臣德士를 모신 것"(「삼조변의」)이기 때문에 신을 공경하는 것은 종교의 영역이 아닌 것이다. 따라서 "대저 신도에 관한 것에 대해서는, 신臣이 아직 모든 것을 알 수는 없지만, 결코 이른바 종교가 아님은 알고 있다"('건언[建言]')라는 신도 비종교론이 성립된다. 종교가 아닌 이상 신도는 불교와 경합하는 존재가 아니며 공존 가능한 것이 된다. 게다가 종교와 비종교(=정치)의 영역은 다른 것이기 때문에 상호 불가침한 것이므로 비판할 수 없고 그대로 인정해야 한다. 시마지에 의한 종교자유의 확립은, 그 이면에서는 비종교인 곳카신도를 그대로 승인하는 것이 되어 버린다. 이와 같이 신불이 분리하면서도 불교와 신도가 서로 역할을 나누어 서로 공존하는 관계를, 필자는 '신불보완神佛補完'이라고 부르고자 한다.

'곳카신도'란 무엇인가?

한편 '곳카신도'의 규정에 대해서는 오늘날 학계에서도 의견이 분분하여 보다 엄밀한 정의가 필요한 실정이다. 대략적으로는 헌법에 있는 신교의 자유 범위 밖에 있는 신도의 형태라고 말할 수 있으며, 메이지 33년(1900)에 종교국宗教局과는 별도로 신사국神社局이 설치되어 신사와 관계된 행정을 취급하게 됨으로써 일단은 완성을 본다. 좁은 의미의 '곳카신도'는 이러한 체제하에 있는 신사 신도의 형태를 의미하는데, 그렇게 한정된 영역만으로 제한할 경우 신도가 근대 일본 국가에 있어서 담당한 커다란 역할을 간과해 버리게 될 것이다.

근대의 일본 국가는 아마테라스에서 천황으로 이어지는 계보를 국가 공인의 신화로 삼고, 그 주변에 모든 신을 체계화했다. 그것을 통해 천황의 불가침성을 신화적으로 기초지었고 나아가 천황 국가의 이데올로기로서 기능하게 되었다. 이른바 국가에 의한 신화의 수탈이었으며, 이것을 넓은 의미의 곳카신도라고 할 수 있다. 넓은 의미의 곳카신도는 이러한 국가의 신화와 제사의 체계이며 비종교화 된 정치 영역의 문제다. 좁은 의미의 곳카신도인 신사 신도는 그 일부에 포함된다. 또한 비종교성을 전면에 내세우기 위해 제사적인 면과 동시에 도덕론이 밀접하게 관련하고 있는 것도 주목된다.

강제된 천황신화

후자의 축이 되는 것은 헌법이 제정된 이듬해 인 메이지 23년(1890)에 발포된 교육칙어教育勅語다. 교육칙어는 "짐이 생각하건데 우리의 황조皇祖가 황종국皇宗國을 시작함이 넓고 심오하며 덕을 세움이 깊고 두텁다. 우리의 신민은 매우 충성스럽고 매우 효스러우니, 만민의 마음을 하나로 합하여 대대로 그 미덕을 다 하는 것은 우리 국체國體의 정수精髓이며, 교육의 연원 역시 여기에 있다"라고 하여, '신민'이 '짐'을 위해 충성을 다할 것을 요구한다. 이 때 충忠과 함께 효孝가 제시되어 가정도덕이 중시되고 있는 것이 특징이다. 유교적(단 일본적으로 변용된) 윤리에 근거한 가부장제는 전근대적, 봉건적인 것으로 생각되지 쉽지만 실제로는 메이지가 되어 교육칙어를 통해 전 국민(신민)의 공통 도덕으로서 보급된 것이다.

교육칙어가 발포된 이듬해, 다이이치第一 고등중학교 교원인 우치무라 간조內村鑑三[4]가 교육칙어에 대해 경례하지 않았다는 불경不敬 사건(우치무라 사건)이 일어나 우치무라가 사임할 처지에 몰리게 되었다. 더욱이 메이지 25년(1892)에 도쿄東京 제국대학 교수인 구메 구니타케久米邦武[5]가 「신도는 하늘에 제사지내던 옛 풍속이다」라는 논문으로 신도를 모독했다는 이유로 역시 사임할 수밖에 없게 되어, 이후 천황·신화·신도에 관해서 비판적으로 논하는 것은 터부시 되었다. 이것은 일본의 신화와 고대사 연구를 매우 뒤처지게 하여 실제의 고층을 역사 속에 매장해 버린 채 픽션으로서의 고층이 강압적으로 활보하게 되었다. 단 한 사람 역사학자로서 신화와 고대사에 비판적으로 메스를 가하려고 한 쓰다 소키치津田左右吉[6] 역시 심한 탄압을 당해야만 했다.

곳카신도는 신도 자체에게도 좋은 것만은 아니었다. 신사국에 의해 신사가 관리하에 들어감으로써 국가의 편의에 의해 신사를 통폐합하는 신사합사合祀가 시행되어, 야나기다 구니오와 미나가타 구마쿠스南方熊楠[7] 등의

---

4 1861~1930. 메이지·다이쇼시대의 대표적 기독교 지도자. 한국의 함석헌, 김교신의 스승이기도 하다.

5 1839~1931. 메이지시대의 역사학자. 1888년 도쿄 제국대학의 교수가 되어 일본사 연구에 근대적 역사학 방법을 도입시키려 노력했다.

6 1873~1961. 다이쇼·쇼와시대의 역사학자. 다수의 논문을 통해 『고지키』와 『니혼쇼키』의 신대 설화가 천황 지배의 정통성의 근거를 만들기 위해 후대에 만들어진 것이라고 논증했다. 그로 인해 주요저서가 발행금지 되었고, 황실의 존엄을 모독했다고 하여 출판법 위반으로 금고 3개월에 처해지기도 했다.

7 1867~1941. 메이지에서 쇼와시대에 걸친 식물학자이자 민속학자. 신사 합사 및 신사의 산림채벌로 인해 동식물학의 귀중한 자료가 손상되는 폐해를 논한 책을 출판하였고, 이로 인해 야나기다 구니오와의 연구협력이 시작되었다.

강한 반대에도 불구하고 각지의 작은 신사가 없어지게 되었다. 곳카신도 하에서 신도계 자체의 활동도 심하게 제약받게 되어 버렸던 것이다.

2. 내면의 심화

기독교와 국가: 우치무라 사건의 파문

헌법이 발포된 이듬해에는 제1회 제국의회가 열려 일본은 불완전하나마 근대국가의 형태를 갖추게 되었다. 그러나 그것은 계몽에서 자유민권으로라는 자유를 추구하는 목소리를 탄압하고 천황 국가에 대한 비판을 일체 봉해버림으로써 비로소 성립한 것이었으며, 그로 인해 치룬 희생은 너무도 큰 것이었다. 그 후 메이지 27~28년(1894~1895)의 청일전쟁, 메이지 37~38년(1904~1905)의 러일전쟁에 의해 국내적으로는 자본주의 체제가 정비됨과 동시에 대외적으로는 불평등조약을 개정하여 열강의 일각 속에 파고들어 아시아 침략에 착수한다.

이러한 사회국가의 동향에 대해 사상계에서는 국수주의적 언동이 높아져 정면에서 국가를 비판하기 어려운 정세가 되었다. 그 중에서 지식인의 눈은 외적인 정치에서 마음의 내면의 존재를 묻는 방향으로 향하게 됨으로서 새로운 형태로서의 종교에 대한 관심이 높아졌다. 그 동향의 선례를 만든 것은 기독교계의 사상가들이었다.

메이지 신정부가 탄생한 이후에도 우라카미浦上[8]에서는 기리시탄이 체포되어 엄한 처분을 받았다. 그 후 여러 외국의 항의 등에 의해 메이지 6년(1873)

---

8 나가사키시(長崎市) 북부의 한 지역. 기리시탄의 땅으로서 알려져 있으며, 지금도 가톨릭 신도가 많이 있다.

에 드디어 기독교가 해금되었지만 그 후도 기독교에 대한 경계는 계속되었다. 교부성 정책에 불교를 끌어들이려 한 것도 기독교에의 방파제가 되기를 기대했기 때문이었다.

그러나 새롭게 전래된 기독교는 기성 종교에 만족하지 못했던 젊은이들의 공감을 불러 신자를 늘려가고 있었다. 특히 순수한 신앙을 설하는 프로테스탄트의 엄격한 종교 윤리와 자주독립 정신이 젊은 지식인들의 강한 관심을 불러 일으켜, 요코하마橫濱 밴드, 구마모토熊本 밴드, 삿포로札幌 밴드의 세 지역의 집단이 외국인 선교사의 지도하에서 뒷날 지도자가 되는 우수한 신자들을 길러내고 있었다. 그 중에서도 삿포로 농업학교 출신인 우치무라 간조1861~1930는 '두개의 J'(Jesus와 Japan)를 위해 생애를 바치겠다는 결의 속에서 기성 교회와 결별하여 무교회주의를 주장함으로써 큰 영향을 미쳤다. 우치무라는 앞에서 언급한 우치무라 사건(1891)이나 러일전쟁에 대한 비판론 등 정치의 압력에 대해서도 의연하게 자신의 신앙의 입장을 관철했다.

그러나 우치무라 사건이 있은 후 체제파의 이데올로그인 철학자 이노우에 데쓰지로井上哲次郎[9]에 의해 '교육과 종교의 충돌' 논쟁이 제기되어 기독교 공격이 더욱 강해졌다. 이것은 교육(=교육칙어의 도덕)의 입장에서 종교(=기독교)를 비판한 것으로 특히 종교가 국가를 초월한 진리를 추구하는 면이 비판의 대상이 되었다. 이에 대해 기독교 측은 효과적인 공격을 가할 수 없는 상황이었고 대세는 국가주의 도덕의 우위를 인정할 수밖에 없게 되었다. 메이지 45년(1912)에는 신도(교파신도)·불교·기독교의 대표가 정부의 주도하에 모여서

9 1855~1944. 후쿠오카(福岡) 출신의 철학자. 독일에 유학하여 독일 관념론을 연구하였고, 헤겔 초빙에 진력하는 등 일본에 독일 관념론을 적극적으로 수입하여 일본 관념론 철학의 수립에 일조한다. 또한 서양 철학의 방법을 통해 유교를 중심으로 한 동양 철학의 해명을 시도했으며, 또한 '교육과 종교의 충돌'을 연재하여 기독교를 반국체적 종교로서 비판하여 큰 반향을 일으켰다.

세 종교가 국민 선도를 위해 힘쓸 것을 결의하고(삼교회동), 기독교도 국가주의 속에 편입되었다.

내면의 발견: 기타무라 도코쿠

그렇지만 모든 종교가 국가주의에 간단히 굴복했던 것은 아니다. 한계는 있었지만 국가도덕 우위의 풍조에 대해 종교의 입장에서 반격함으로써 종교의 독자성을 자기 내면의 심화라는 면에서 발견하려는 움직임이 나타났다. 이 점에서 중요한 영향을 미친 인물이 기독교의 영향 속에서 독자의 사상을 전개했던 시인이자 평론가인 기타무라 도코쿠北村透谷(1868~1894)였다. 도코쿠는 「내부생명론內部生命論」(1893)을 발표하여 우주의 정신과 인간 내부 생명과의 일치를 체험하는 것을 중시했다. 이렇게 마음 속 내면에 깊이 몰두함으로써 인간사회의 윤리도덕이나 정치 등을 초월한 보편적이고 종교적인 진리에 도달하려고 하는 것이, 그 후 특히 청일전쟁과 러일전쟁 중의 사상계의 과제가 된다. 그것은 시마지 모쿠라이 등에 의해 확립되었던 개인의 마음의 문제로서의 종교라는 근대적 종교관에 근거하여 그 마음의 문제를 심화시킨 것이었으며, 또한 근대적 사회를 만드는 주체로서의 '개인個'의 확립을 목표로 한다는 과제에도 답하는 것이었다.

메이지 36년(1903) 다이이치第一고등학교[10]의 학생 후지무라 미사오藤村操가 닛코日光의 화엄 폭포에 몸을 내던져 죽는다. "머나먼 하늘과 땅, 아득히 멀고 먼 예와 지금, 오척의 작은 몸으로 이 큰 진리를 헤아리려 한다"라는 유서는 그야말로 나 자신과 우주적 절대자와의 대응이라는 시대의 과제를

---

10 현재 도쿄대학의 전신.

적확하게 표현하고 있다. 후지무라가 '불가해不可解'라고 하여 몸을 내던지며 "나 이 한을 품고 번민한 끝에 죽음을 결심하나니"라고 죽음으로 향했던 문제를 정면에서 받아들여 가는 것이 이 시대의 사상가들의 활동이었다.

'정신주의'와 그 한계: 기요자와 만시

이 시대를 대표하는 종교 사상가는 조도신슈 오타니파大谷派의 기요자와 만시清澤滿之(1863~1903)다. 기요자와는 '교육과 종교의 충돌' 논쟁이 일어났던 메이지 25년(1892)에 『종교철학 해골宗教哲學骸骨』을 발표하여 불교 입장에서는 처음으로 본격적인 종교철학 체계를 구축했지만, 교단 개혁의 실패와 스스로의 병으로 인한 내면의 반성으로부터 깊은 사색을 통해, 메이지 33년(1900)에 제자들과 고코도浩浩洞를 결성하고 이듬해에는 『세이신카이精神界』를 간행하여 정신주의 운동을 전개했다.

"정신주의는 자신의 정신 안에서 충족함을 추구하는 것이다"(「정신주의」)라는 것처럼, 어디까지나 내면적, 주관적인 정신에 몰두함으로써 거기에서 궁극적 근거를 찾으려 하는 것이다. 즉 "우리들이 이 세상에 있는 한 반드시 하나의 완전한 입각지立脚地가 없을 수 없다"(「정신주의」)라는 기본적 지향점에서 정신을 깊이 파고 들어 "우리들은 어떻게 해서 처세의 완전한 입각지를 획득해야 하는가, 아마도 그것은 절대絶對 무한자無限者에 의한 것 밖에는 없다"(「정신주의」)라고 하여 절대 무한자에 도달하게 된다. 여기에서는 전통적인 정토교의 아미타불이 절대 무한자라는 철학적 개념으로 환치됨으로써 보편화되는 것이 주목된다.

이렇게 해서 종교의 과제는 외부 세계의 일체를 단념하고 내면으로 파고드는 것을 통해서만 달성될 수 있게 된다. 거기에는 "진정으로 종교적 천지

天地에 들어가려고 하는 사람이라면…… 부모도 버리지 않으면 안 되며, 처자도 버리지 않으면 안 되며, 재산도 버리지 않으면 안 되며, 국가도 버리지 않으면 안 된다. 더 나아가서는 자기 자신도 버려야 한다. 바꿔 말하면 종교적 천지에 들어가려고 생각하는 사람은 형이하形而下의 효행심도, 애국심도 버려야 한다. 그 밖에 인의도, 도덕도, 과학도, 철학도 일체 돌보지 않게 되어, 그때 비로소 종교적 신념이 확대되는 천지가 열리는 것이다"(「종교적 신념의 필수조건[宗教的信念の必須條件]」)라는 단호한 결의가 필요하다. 국가도 애국심도 버려야 한다는 강한 단정은 분명히 '교육과 종교의 충돌' 논쟁을 의식하여 국가 도덕을 주장하는 이노우에 데쓰지로 등에 대한 종교 측에서의 반론으로서 제기되었던 것이다.

이 점에서만 본다면 기요자와의 이론은 과격하다고도 할 수 있는 국가주의 비판을 포함하는 것이지만, 거기까지 가면서도 기요자와는 거기에서 역전한다. "한번 여래의 자비로운 빛을 만나 본다면 싫어할 것도 없으며 미워할 것도 없다"(「종교적 신념의 필수조건」), "나라에 무슨 일이 있다면 총을 짊어지고 전쟁에 참전해도 좋다, 효행도 좋다, 애국도 좋다"(같은 논문)라고 하여, 효행도 애국도 전쟁까지도 인정해 버린다. 즉 여기에서는, 절대 무한자에 도달했을 경우 종교적 차원에서 일단 초월했던 사회적 차원으로 돌아가는 데에 규범이 될 만한 원리를 찾을 수 없고, 기존의 도덕을 그대로 무비판적으로 수용해 버리게 되는 것이다. 그 후 대부분의 종교계가 결국 충분한 비판정신을 발휘하지 못 하고 국가주의의 진전과 침략전쟁을 추종해 버리고 만 것은 이러한 면에 약점이 있었다는 것도 하나의 원인이 아니었을까 라고 생각된다.

신의 체험: 쓰나시마 료센

내면의 시대의 대미를 장식했던 것은 쓰나시마 료센綱島梁川(1873~1907)이다. 료센은 본래 기독교에서 출발했지만 점차 정통적 신앙에서 벗어나 결핵으로 인한 고뇌 속에서 메이지 37년(1904) 신과 일체가 된다는 '견신見神의 실험'을 세 번에 걸쳐서 체험한다. 그 체험을 이듬해에 「나의 견신의 실험予が見神の實驗」이라는 제목으로 발표한 것에서 그 시비를 둘러싸고 큰 논쟁을 불러일으켰다. 예를 들면 세 번째의 체험은 11월의 어느 밤 책상에 앉아 펜을 쥐고 있을 때 일어났다. "지금까지 현실 속의 나로서 펜을 쥐고 있던 내가 어느 찰나에 홀연히 천지의 깊은 곳에 실재하는 나로 변해 버린 의식, 나는 없어지고 신 스스로가 실제로 펜을 쥐고 있는 듯 느끼는 의식"이라고 기록되어 있다.

이러한 체험은 이후 니시다 기타로西田幾多郞[11]의 순수경험론 등에도 큰 영향을 미치는데, 당시는 그러한 체험 자체를 인정할 것인지의 여부가 큰 문제가 되었다. 비판논자들은 병적인 환상에 지나지 않는다고 보거나, 국가사회를 망각하고 개인의 체험에만 빠지는 것은 불건전하다고 공격했다. 이번에도 제일 선두에 서서 비판한 이는 이노우에 데쓰지로였는데, 이러한 종교적 내면주의가 국가 도덕론으로부터 적대시되었음을 알 수 있다.

종교 체험과 윤리

그야말로 이노우에 등의 국가주의의 정반대편의 입장에 선 료센은 스스로의 체험을 고집한다. "자기의 번민과 신념은 톨스토이보다도, 니치렌보다

---

11 1870~1945. 메이지에서 쇼와시대에 걸친 철학자. '니시다 철학'이라고 불리는 독창적 철학을 구축했으며, 교토학파의 기원이 되었다.

도, 신란 보다도 샤카무니와 그리스도보다도 생애에서 중요한 것임을 모르는가?"(「인간에게 주어진 번민의 의의를 말하다[人に与えて煩悶の意義を説く]」). 샤카무니나 그리스도가 아무리 훌륭한 것을 말했다고 해도, 자신의 문제는 자신의 문제로서 해결하지 않으면 안 된다. 권위에 의지하지 않고, 문제는 어디까지나 자기 자신이 해결해야 한다. 료센이 기성 기독교를 벗어나, 또한 불교에도 기대지 않았던 것은 이 때문이다.

그 때문에 료센은 신과의 합일을 주장하면서도, 그 합일 속에 자신을 버리지는 않는다. "신은 현전現前하며 나는 신에게 몰입하지만, 또한 나는 나 개인으로서의 인격을 잃지 않고 존재한다"(「나는 견신의 실험을 통해 무엇을 배우려 하는가?[予は見神の實驗によりて何を学びたる呼]」)라고 하는 것처럼 개인을 고집한다. 신과 일체를 이루면서도 개인을 잃지 않는 상태를 료센은 '신의 아들'이라고 표현했다. 그것은 전체 국가 속에 개인을 매몰시켜 버린 이노우에 등의 국가주의에 대한 저항임과 동시에, 기요자와 계열의 정토교가 모든 것을 타력他力에 맡기고 주체를 상실해 버렸던 것에 대한 비판이기도 했다. 이렇게 해서 현실로 돌아와서 활동하는 상태를 료센은 "신과 함께 활동한다"라고 표현한다. 그것을 통해 기요자와의 경우에는 원리를 상실해 버렸던 종교적 입장에서의 사회윤리의 가능성을 찾아내려고 했던 것이다.

아쉽게도 료센은 그 사상을 성숙시키지 못하고 세상을 떠나, 후대에 큰 영향을 남겼으면서도 사회윤리의 가능성은 그 이상 전개되지 않았다. 한 때 고조되었던 사회주의도 메이지 43년(1910) 대역사건大逆事件[12]의 음모에 의해 일망타진된다. 이렇게 해서 '겨울의 시대'의 도래 속에서 메이지시대는

---

12 1910년에 일어났던 사회주의자, 무정부주의자에 대한 탄압사건. 수백명을 검거하여 메이지 천황 암살 미수라는 명목으로 26명을 대역죄에 기소했다. 이 중 24명이 사형을 선고 받았다.

끝이 났다. 메이지시대의 종교자들의 갖가지 모색은 그대로 충분한 해결을 보지 못한 채, 다이쇼시대大正時代라는 한때의 평화시대를 구가한 후, 쇼와昭和의 전쟁으로 돌입해가게 된다.

11장
종교와 사회

1. 민중 종교의 세계

'신종교'의 탄행

8장에서 살펴본 바와 같이 에도시대에는 불교나 신도와 같이 이미 확립된 종교 외에 유행신과 같이 민중 사이에서 확산된 종교가 있었고, 또한 음양사나 야마부시山伏[1]와 같은 민간 포교자들이 활동을 하여 민중 종교는 매우 활기를 띠고 있었다. 제도화된 종교 외에도, 제도 사이를 꿰뚫고 마그마처럼 분출해 올라오는 종교의 에너지는 어디에서 무엇이 분출할지 예측조차 하기 어려운 것이었다. 일시적 유행만으로 없어져 버리는 경우가 많은 가운데, 점차 교조적敎祖的인 인물을 중심으로 신자가 모여 세대를 초월해서 계승해 가는 교단적 조직이 구성되기 시작한 종교도 생겨났다.

이러한 새로운 형태의 종교는 바쿠후의 통제가 완화되기 시작했던 바쿠

---

1 산 속에 들어가 오로지 산 속을 걸어 다니며 수행을 하며 산령(山靈)과 교류함으로써 비상한 능력을 얻는다는 슈겐도의 수행자를 말함.

후 말기부터 출현하기 시작하여 메이지 이후에는 국가에 의해 엄격하게 통제되고, 또한 지식인들로부터 사교시邪教視되면서도 신자들의 열렬한 지지를 얻어 발전한다. 이러한 종교들은 오늘날 '신종교'라는 이름으로 총칭되며, 기성 종교에 대항하여 사회적으로 큰 발언력을 가지기에 이른다.

전전까지의 신종교에 대해서는 그 성립 시기에 따라 둘로 나눌 수 있다. 즉 바쿠후 말기에 성립했던 종교와 메이지가 되어서 개창되었던 종교가 그것이다. 전자에는 덴리교天理教·구로즈미교黒住教[2]·곤코교金光教 등이 있고, 후자에는 오모토교大本教·레이유회靈友會 등이 있다. 바쿠후 말기에 성립했던 여러 종교 중에서 주요한 것들은 메이지가 되면 교파신도 속에 포함되어 독립한다. 교파신도는 곳카신도 속에 포섭되었던 신사 신도와는 달리, 종교로서의 신도로 공인된 것으로 13개의 파가 있다. 그 중에는 창시創始 종교인 덴리교·곤코교·구로즈미교 및 산악종교 계열의 후지코富士講 및 온타케코御嶽講를 재편한 후소교扶桑教[3]·짓코교實行教[4]·온타케교御嶽教[5] 외에, 기존 신도계열의

---

2 전전 신도 13파 중의 하나로, 신도계 신종교의 개척자적 존재다. 교조인 구로즈미 무네타다(黑住宗忠)가 1814년 병환에서 회복하는 과정에서 '천명직수(天命直授)'라 불리는 종교적 회심을 경험한 후, 이듬해부터 강의와 주술적 행위를 중심으로 종교활동을 시작해 점차로 신자를 늘려갔다.

3 전전 신도 13파의 하나로, 사쓰마(薩摩) 출신인 시시노 나카바(宍野半)가 1873년에 후지신앙을 기반으로 조직한 집단이다. 시시노는 바쿠후 말기에 히라타네의 고쿠가쿠를 배우고 메이지유신이후 신도의 조직화를 도모한 인물이다. 주신은 아메노미나카누시(天之御中主), 다카무스비(高皇山靈), 가미무스비(神皇山靈)다.

4 근세의 후지신앙의 하나인 후지도(不二道)를 기반으로, 메이지유신 이후 시바타 하나모리(柴田花守)에 의해 조직되었다. 신인합일(神人合一)의 경지를 체험하여 성심으로 실제의 행실에 힘쓰며 만인의 복지를 기원하는 것을 활동목적으로 한다.

5 전전 신도 13파의 하나로, 메이지 초기의 종교행정 과정에서 하나의 교파로서 조직화되었다. 나가노와 기후현에 걸친 활화산인 온타케산(御嶽山) 신앙인 온타케코를 기반으로 하여, 메이지유신 이후 시타야마 오스케(下山應助)가 설립한 교단이다. 구니토코타치노미코토(國常立尊), 오나무치노미코토(大己貴命), 스쿠나비코나노미코토(少彦名命)를 주신으로 삼아 온타케다이진(御嶽大神)이라고 총칭하며, 그 위에 수많은 신들을 아울러 모신다.

제파가 편의상 교파의 형태를 취한 것도 있었다. 불교 종파 속에 소속하게 된 뇨라이교如來敎(조동종계), 혼몬부쓰류코本門佛立講(니치렌종 핫폰파[日蓮宗八品派]) 도 신종교로 간주할 만한 것들이다.

교조들: 신내림과 살아있는 신

이러한 신종교 중에서 가장 빨리 성립한 것은 뇨라이교로서, 오와리尾張[6]의 농가의 여성인 기노きの(1756~1826)가 교와享和 2년(1802) 돌연 신내림을 받고 스스로 금비라金毘羅[7]라고 칭하고 여래의 가르침을 설하게 되면서 점차 신자를 늘려갔다. 이후 기노는 여래와 일체라고 여겨져 잇손뇨라이一尊如來라고 존칭되었다.

기노와 같이 여성이 신내림을 받음으로써 시작된 것이 덴리교다. 야마토지방 지주의 처인 나카야마 미키中山みき(1798~1887)는 덴포天保 9년(1838)에 장남의 다리의 통증을 고치기 위해 야마부시의 기도를 받았는데 그때 무녀의 대역을 하던 미키가 갑자기 신내림을 받아, '하늘의 장군'이 미키의 몸을 '신이 머무는 곳'으로 삼았다고 선언했다. 처음에는 순산기원順産祈願으로 시작했지만, 이윽고 신은 '덴린와우天理王命'라 자칭하게 되고, 미키는 『오후데사키』라는 문장을 통해 그 신의 뜻을 전달하게 된다.

이처럼 바쿠후 말기의 신종교에는 신내림에 의해 신불의 가르침을 설하는 경우가 많았다. 이것은 민중 속에 정착해 왔던 샤머니즘의 형태로서, 신의 참 뜻을 전하거나 몸에 들린 여우같은 악한 영을 쫓아 버리고 병을 고치는

---

6 지금의 아이치(愛知)현 서부.

7 산스크리트어 kumbhira의 음역으로 불교 수호신의 하나. 원래는 악어라는 뜻으로, 갠지스강에 사는 악어가 신격화되어 불교에 도입된 것.

등의 목적에서 행해져 왔던 것들이다. 그것이 잇손뇨라이나 나카야마 미키의 경우 생각지도 않았던 강력한 신이 나타나 기성의 질서를 초월한 심오한 가르침을 설하게 되었다. 이 때 잇손뇨라이나 나카야마 미키처럼 여성이 교조가 되는 경우도 많다. 불평등한 사회 속에서 학대받아 왔던 여성에게는 적극적으로 자기주장을 펼칠 장場을 얻기 어려웠지만, 극한의 정신상태에 빠진 상황에서 신내림을 받고, 생각지도 못했던 심층의 세계를 불러일으키게 된 것이다. 이렇게 되면 나카야마 미키의 경우처럼 가부장적 질서도 무너져 남편도 그녀에게 복종하지 않을 수 없게 되었다.

곤코교의 경우는 사정이 좀 다른데, 개조는 아카자와 분지赤澤文治(1814~1883, 가와테 분지로[川手文次郎])라는 빗추備中[8]의 농민이었다. 그는 다른 사람에게 빙의했던 금신金神[9]의 가르침을 굳게 믿고 따라 그 신이 명하는 대로 살고자 하였는데, 마침내는 신의 말을 중개할 수 있게 되었다. 이로 인해 자신을 곤코다이진金光大神이라고 칭하고 살아 있는 신이라고 표명했다. 이것은 샤머니즘의 하나의 변형이라고 생각할 수 있다. 이처럼 사람이 신이나 부처가 되는 예는 에도시대 중기 무렵까지 볼 수 있는데, 이것은 잇손뇨라이 등과 같이 바쿠후 말기의 신종교에 현저하게 나타나는 특징이며, 중세 및 근세에 있었던 죽은 사람이 신이 되는 경우와는 다른 새로운 형태의 인신이라고 할 수 있다.

민중 수준의 세계관 · 인간관: 나카야마 미키의 경우

이러한 신종교는 민중의 생활과 밀착된 곳에서 발생하여 치병治病, 순산

---

8 지금의 오카야마(岡山)현 서부.

9 음양도에서 모시는 방위신(方位神). 금신이 존재하는 방향은 그해의 12간지(干支)에 따라 변하며, 그 쪽은 모두 흉하다고 여겨져 건축 · 수리 · 이전 · 여행 등을 삼간다고 한다.

順産, 농산農産 등 자기 주변의 가까운 곳에서 신자를 상담해 주거나 생활 방침을 제시해 주는 것을 통해 신자를 획득해 갔다. 그러나 그뿐 아니라 바쿠후 말기에서 메이지라는 시대의 전환기에, 지배층의 지도자와는 다른 민중 수준에서의 세계관 및 인간관을 제시하고 깊은 성찰을 보여주고 있다. 그것도 일종의 침전된 고층의 분출 형태라고 할 수 있다.

예를 들어 나카야마 미키는 "신이 세상에 출현하여 모든 것을 상세히 설명해 주면 온 세계는 모두 평등해지고 진보해 간다"(『미카구라우타[神樂歌]』)고 하여, 신의 현현에 의해 모든 인류의 평등을 설명하고 신의 힘에 의한 '사회의 개혁(요나오시[世直し])'을 주장했다. 메이지가 되어서도 "높은 산에서 자란 나무도 골짜기 속에서 자란 나무도 모두 다 동일한 것이다"(『오후데사키[おふでさき]』 제3호)라고 하여, '높은 산'과 '골짜기 속'이라는 비유를 통해 사회적 상하의 차별을 고발하고 있다. 그리고 "지금까지는 높은 산이라고 자랑하며 권력을 휘두르면서 무엇이든지 자기 마음대로 했지만, 이제부터는 세상이 변하여 신이 자유자재로 행사하나니, 무엇이든지 흉내낼 수 있거든 흉내내 보라"(『오후데사키』 제6호)라고 하여 '높은 산'에 대해 엄한 경고를 하고 있다.

이처럼 나카야마 미키는 '골짜기 속'의 입장에서 "이제부터는 무슨 일이 있어도 한결같이 신님에게 의지하며 가겠습니다"(『미카구라우타』)라고 하여, 세계 창조자인 어버이신親神에게 모든 것을 맡기고 날마다 봉사에 힘쓰는 '히노키신'을 주장하고, "밤낮으로 홍겹게 근행勤行을 행한다"(같은 책)라고 하여 즐겁게 생활할 것을 권장했다. 신에 의한 세계 창조의 땅에서 신이 현현했던 나카야마가의 부지는 덴리교의 '본고장'으로 성지화되어 중심 제단인 감로대甘露臺의 건설이 추진되었다.

민중의 심정과 국가의 알력

나카야마 미키의 사상은 이처럼 중하층의 농민의 입장에 서서 가족적인 평등관을 기본으로 낙관주의적 세계 건설을 추진하는 것이었는데, 그런 까닭에 천황 국가의 확립 속에서는 위험시되어 종종 경찰의 개입을 받았다. 미키 자신도 자주 체포되었지만 그럼에도 굴하지 않고 신념을 관철하여 메이지 19년(1886) 89세 때 엄한의 유치소에서 15일간 유치되었다가 그것이 원인이 되어 다음해 사망했다. 미키가 죽은 후 후계자들은 미키의 교의에서 국가로부터 위험시 받는 요소를 삭제하고 국가로부터 공인받을 길을 모색하여, 존황애국尊皇愛國을 주장하고 러일전쟁에 협력하는 등의 활동을 통해 메이지 41년(1908)에 드디어 교파신도의 한 파로서 독립을 인정받았다.

바쿠후 말의 혼란 속에서 국가 및 지배계층의 억압을 물리치고 토착적인 민중의 요구와 지혜에 뿌리내림으로써 생겨난 신종교는, 교파신도로 공인되는 과정에서 엄격한 검사를 거쳐 국가의 요청과 다른 교의는 변형을 시켜 천황 국가의 틀 속에 들어가게 된다. 그리고 천황 국가의 이데올로기를 보강하고 민중에게 침투시키는 역할을 부여받게 된다. 덴리교와 같은 사정은 곤코교의 경우에도 마찬가지였다. 단지 그렇게 변형시키면서도 덴리교를 선두로 신종교 교단이 크게 발전하여 민중의 에너지를 흡수하는 장이 되었다는 것은, 천황주의 이데올로기만으로 해석할 수 없는 무언가가 있음을 보여주고 있다.

신종교와 젠더: 오모토교의 경우

국가의 요청과 다른 신종교의 에너지의 분출은 메이지시대 이후에도 계속되었고, 그 중에서도 특히 오모토교의 설립이 눈에 띈다. 오모토교의

개조인 데구치 나오出口なお(1836~1918)는 단바 출생으로 아야베綾部에서 목수와 결혼을 했지만, 집안이 파산상태가 되어 쓰라린 고생을 맛본 끝에, 메이지 23년(1890)에 신들림을 받았다. 그 경위는 나카야마 미키의 경우와 아주 유사하다. 나오는 자신을 '간방艮方의 금신金神'이라고 칭하고 그 계시를 '오후데사키筆先'라고 하여 메모해 두었다. 나오 역시 '삼천 세계의 개조와 재건'을 주장함으로써 사회개혁적 발상이 강했다.

오모토교가 그때까지의 신종교와 다른 특징은, 천재적 영능자인 데구치 오니사부로出口王仁三郎(1871~1948)[10]의 협력을 얻어 남녀가 짝을 이루는데 성공했다는 것이다. 나오는 변성남자變性男子(육체는 여성이지만 영혼은 남성), 오니사부로는 변성여자變性女子(육체는 남성이지만 영혼은 여성)라고 하여 양자일체의 긴밀한 체제를 만들어 냈다. 이처럼 샤먼적인 여성과 그것을 해석 발전시키는 남성이 짝을 이룬 체제는, 그 후의 신종교에서 자주 볼 수 있게 된다. 레이유회靈友會의 고타니 기미小谷喜美[11]와 구보 가쿠타로久保角太郞,[12] 릿쇼코세이회立正佼成會의 나가누마 묘코長沼妙佼[13]와 니와노 닛쿄庭野日敬[14] 등이 그것이다. 남성

---

10 교토 소작농의 장남으로 태어난 메이지에서 쇼와시대에 걸친 종교가.

11 1900~1971. 가나가와현 출신의 종교지도자. 빈농에서 태어난 고타니는 재혼한 남편의 동생인 구보 가쿠타로의 영향으로 법화신앙에 심취하여, 레이유회의 초대 회장이 된다. 레이유회는 1960년 경에는 최대의 신흥 종교로서의 규모를 자랑했지만, 그 후 릿쇼코세이회 등 많은 분파로 나뉘어 진다.

12 1892~1944. 지바 출신의 종교가. 레이유회의 초대 이사장이었다. 1930년 기본 경전인 『청경권(青經卷)』을 정리하고 고타니 기미를 회장으로 하여 레이유회를 정식으로 발족시켜, 레이유회의 기초를 구축했다.

13 1889~1957. 사이타마현 출신의 종교가. 1936년 니와노 닛쿄의 인도로 레이유회에 입신하여 법화신앙을 배운다. 그러나 레이유회의 회장 고타니 기미와 대립하게 되고, 1938년 니와노 닛쿄와 함께 릿쇼코세이회를 설립한다.

14 쇼와시대의 종교가. 1934년 자식의 병 치료를 위한 기도를 계기로 레이유회에 들어갔으나 1938년 고타니 미키와 분리하여 릿쇼코세이회를 설립하고 1943년에 회장에 취임한다.

우위의 가부장제가 강했던 시대 속에서 신종교는 민중 수준에서 젠더의 존재 형태에 대해 중요한 문제를 제기해 왔다.

그런 까닭에 국가의 방침과 반드시 합치하는 것만은 아니었으며, 오모토교의 데구치 오니사부로의 지도하에서 크게 발전하면서도 그 독자의 신화 해석이 천황 부정으로 이어진다는 이유로 쇼와시대가 되어서 궤멸적인 탄압을 초래하게 되었다.

2. 전쟁을 향해가는 시대 속에서

사회 문제에 관심을 갖는 종교

근대가 되어 도입된 기독교는 교육사업에 힘을 쏟음과 동시에 그 윤리관에서 사회적 문제에 관심을 높여, 사회주의 사상가들까지도 배출하게 되었다. 메이지 후기에 사회주의가 발흥했을 때 그 중심을 이루었던 것은 고토쿠 슈스이幸德秋水[15]를 제외하면 아베 이소오安部磯雄,[16] 가타야마 센片山潛,[17] 기

15 1871~1911. 메이지 초기의 사회주의자. 나카에 조민(中江兆民)에게 사사한 후, 1898년 일간지 「요로즈초호(萬朝報)」의 논설기자가 된다. 러일전쟁 반대 입장에 섰던 고토쿠 슈스이는 이후 요로즈초호를 그만두고 헤이민사(平民社)를 창설하여, 계속적으로 반전론을 펼쳤다. 1910년 천황암살계획의 주모자로 검거 기소되어 이듬해 사형을 받게 된다.

16 1865~1949. 메이지에서 쇼와시대에 걸친 기독교 사회주의자이자 사회주의 운동가. 도시샤(同志社) 대학을 졸업하고 오카야마(岡山)에서 전도생활을 함. 그 후 미국 유학에서 귀국한 후 도시샤와 와세다(早稻田)대학의 교수를 지낸다. 가타야마 센, 기노시타 나오에 등과 함께 사회민주당을 결성하나 당일 바로 금지되고, 1932년 사회대중당(社會大衆黨) 회장이 되나 이후 당을 떠나, 패전 후에는 일본 사회당 고문을 역임했다.

17 1859~1933. 메이지에서 쇼와시대에 걸쳐 활약한 사회운동가. 19세까지는 농업에 종사했지만 1881년 상경한 후 1884년에는 미국으로 건너가 유학을 시작한다. 귀국 후 잡지 『로도세카이(勞動世界)』를 발간하는 등 초기 노동조합운동의 발전에 공헌했다. 또한 당일 바로 금지를 당하기는 하지만 사회민주당을 결성하여 일본의 사회주의 운동의 선구자가 된다.

노시타 나오에木下尚江[18] 등 기독교 신자가 중심이었다. 아시오동산足尾銅山 광독鑛毒사건[19]에서 활약했던 다나카 쇼조田中正造도 기독교 신자였다. 기독교 신자들은 폐창廢娼운동 등 여성해방의 선두에 서기도 했다.

기독교는 이렇게 선진적 사회활동을 전개했지만 가장 큰 고민은 국가주의적인 입장에서의 공격에 어떻게 대처할 것인가라는 것과, 동시에 전통종교의 강한 사회적 지반 속에 지금까지의 전통이 없는 종교를 어떻게 하여 새롭게 뿌리내릴 것인가 하는 것이었다. 말하자면 고층과 관계하지 않는 종교가 어떻게 뿌리 내릴 수 있는가라는 큰 실험이었다.

삼위일체三位一體나 원죄原罪 등 기독교의 독자적 교설을 부정하고 합리적인 해석에 서는 유니테리언주의unitarianism[20]가 비교적 널리 수용되었던 것도, 그 전제가 없어도 알기 쉬웠기 때문이었다. 우치무라 간조의 무교회주의도 역시 교회의 전통이 없는 일본에서 의례나 권위를 배제하고 신앙에만 기초를 둠으로써 합리화, 단순화를 도모한 것으로서, 특히 지식인 사이에서

18 1869~1937. 메이지에서 쇼와시대에 걸쳐 활약한 사회운동가이자 소설가. 1897년 마이니치신문사(每日新聞社)에 입사하여 폐창운동, 아시오광독사건, 천황제 비판에 관한 논설 등으로 활약하였고, 1901년에는 사회민주당 설립에 참가한다.

19 도치기(栃木)현 닛코시에 있는 아시오(足尾) 동산은 에도시대에 본격적으로 채굴이 시작된 이후 도쿠가와 바쿠후의 재정적 뒷받침이 되기도 했는데, 1877년 광산의 근대화 추진으로 1885년까지 대광맥이 발견되자 서구의 근대 광산기술을 도입하여 일본 최대의 광산이 되었다. 그 후 다이쇼 초기에는 인구의 급증과 더불어 동아시아 제일의 동의 산지가 된다. 그러나 아시오 동산에서 나오는 광독은 와타라세(渡良瀨) 강 주변 환경의 황폐를 초래하여 주변 농민들에게도 큰 피해를 안겨주는 등 커다란 사회 문제로 발전했는데, 이것을 사회 문제화 시킨 것이 당시 중의원 의원이었던 다나카 쇼조다. 아시오 동산은 결국 1973년 폐산(閉山)된 이후 공해는 감소했지만, 광독은 그 후도 유출되었다고 한다.

20 기독교 정통 교리인 삼위일체설을 부정하고 그리스도의 신성(神性)을 부정하여 하느님의 신성만을 인정하는 교파로서 그리스도를 단지 종교적 위인으로서만 간주한다. 종교개혁 시대에 인문주의적 그리스도교에 속하는 이탈리아 신학자 세르베투스(Miguel Serveto)와 소키누스(Fausto Socini)에서 유래되었다.

중요한 영향을 미쳤다. 우치무라는 열렬한 애국자이기도 했다. 또한 메이지 34~35년(1901~1902)에는 전통적 개신교주의 입장에 서는 우에무라 마사히사植村正久[21]와, 자유로운 해석하에 일본의 국가주의를 대폭 인정하는 에비나 단조海老名彈正[22] 사이에서 논쟁이 일어나, 그 결과 우에무라 쪽이 주류를 이루게 되었다. 그러나 일본화와 국가주의에 어떻게 대응하느냐의 문제는 그 후도 기독교계의 커다란 문제로 남았다.

기독교와 비교하면 불교 쪽은 반드시 사회활동이 왕성했다고는 할 수 없었다. 그 중에서 메이지 33년(1900)에 결성된 불교청도佛敎淸徒 동지회는 사카이노 고요境野黃洋·다카시마 베이호高島米峰[23] 등을 중심으로 잡지『신붓쿄新佛敎』를 간행하여, 기요자와 만시가 주장한 정신주의의 주관주의 등을 비판하면서 사회적 관심을 넓혀갔다. 대역사건 때에는 우치야마 구도內山愚童[24]·다카기 겐묘高木顯明[25] 등의 불교 승려들이 연좌하여 사회에 충격을 던져주었지만, 기독교처럼 불교사회주의가 크게 발전하지는 않았다.

---

21 1858~1925. 메이지에서 다이쇼시대에 활약한 기독교의 대표적 지도자. 1873년 세례를 받고 신학교 졸업 후, 1887년에는 도쿄의 고지마치(麴町)에 후지미초(富士見町)교회를 설립하고 목사로 있었으며, 1904년에는 지금의 도쿄신학대학의 전신인 도쿄 신학사(神學社)를 설립하고 교장에 취임하여 전도사들을 양성했다.

22 1856~1937. 메이지에서 다이쇼시대의 기독교 지도자. 후쿠오카 출신으로 1920년 도시샤대학 총장이 된다. 그의 신학은 진보적, 자유신학적 '신신학(新神學)'의 강한 영향을 받아 신앙이해를 둘러싸고 정통주의 신앙의 입장에 서는 우에무라 마사히사 와 '복음주의 논쟁'을 일으켜 주목을 받았다. 또한 국수주의적 성격을 지니는 그의 사상은 러일전쟁을 적극적으로 긍정하는 입장으로 이어졌다.

23 1875~1949. 불교운동가이자 평론가. 니이가타 출신으로 도요대학(東洋大學) 총장이 된다. 불교청도동지회를 조직하여 금주, 금연, 폐창운동 등 불교운동에 진력했으며, 잡지『신붓쿄』를 간행하여 불교 교단의 퇴폐와 정체를 비판했다.

24 1874~1911. 메이지시대의 조동종 승려.

25 1864~1914. 메이지시대의 조도신슈 오타니파의 승려.

근대적 자아를 목표로

메이지시대가 끝나고 다이쇼大正시대로 들어가면 상대적인 사회의 안정 속에서 다이쇼 데모크라시운동[26]이 진행됨으로써 자유로운 분위기가 조성되고, 다이쇼 교양주의教養主義라고 불리는 것처럼 개인의 자각과 교양을 높이고 근대적 자기를 확립하는 것이 큰 과제가 되었다. 이것은 메이지 후반의 기요자와 만시나 다카야마 조규, 쓰나시마 료센 등이 추구했던 방향을 계승하는 것이다. 메이지 말기에는 니체가 소개되어 붐이 일게 되고 그 후 일본의 지식인들에게 큰 영향을 미쳤다. 니체는 서구 근대의 막다른 골목에서 그 초극을 모색했던 철학자였지만, 일본에서는 오히려 근대적 자아의 확립이라는 점에서 수용되었다.

그 대표적인 예가 다카야마 조규高山樗牛(1871~1902)다. 조규는 처음 국가주의적 입장에 서서 『다이요太陽』를 무대로 논진을 펼쳤지만, 결핵으로 인해 해외유학을 단념하고부터 깊은 자성을 통해 메이지 34년(1901)에는 개인주의를 주장하게 된다. 조규의 개인주의는 본능의 만족을 추구하는 본능주의로서, 그것을 니체주의와 연결시켰다. 그것은 지식인 세계에 큰 영향을 미쳤던 기독교적 엄격주의에 대해, 억압받아 왔던 성욕 등의 본능을 적극적으로 주장하는 것이었다. 우치무라 등의 기독교 윤리주의는 무사의 유교적 윤리와 연결되는 것이었으며, 그것은 국제적 무대에서 활동했던 기독교 신자인 니토베 이나조新渡戸稲造가 『무사도武士道』(1899)의 저자라는 것에서도 알 수 있다. 조규의 본능주의는 그것을 비판함으로써 봉건적 억압으로부터 자유롭게 되는 자아의 해방을 추구했다. 그 사상은 자연주의를 지나 다이쇼의

---

26 다이쇼시대를 중심으로, 러일전쟁 이후부터 제1차 세계대전 및 러시아 혁명을 거쳐 점차 고조되고 있었던 국민적 정치 참가 및 사회적 평준화를 요구했던 민주주의, 자유주의 운동.

시라카바파白樺派[27] 등에게 계승된다. 또한 조규는 그 후 다나카 지가쿠田中智學의 『종문의 유신宗門之維新』을 읽고 감화를 받아 니치렌주의로 전향했다.

다이쇼의 사상계와 문학계는 이렇게 자아의 해방을 주장하고 그것을 우주적 생명과 동일시하여 전면적으로 긍정하는 경향이 강했다. 이것을 다이쇼 생명주의生命主義라고 부른다. 거기에는 베르그송 등의 해외 철학의 영향도 컸지만, 그것과 함께 국내의 사상으로서는 니시다 기타로西田幾多郎(1870~1945)의 『선의 연구善の硏究』(1911)가 결정적인 영향을 미쳤다. 니시다는 자신의 참선參禪 경험과 함께 베르그송 및 윌리엄 제임스의 영향을 받아 순수경험純粹經驗 이론을 제시했다. 니시다의 순수경험론은 주객主客이 미분未分된 단계이자 개념화되지 않은 경험을 가장 근원에 두고 철학적 이론을 구축함과 동시에, 자기의 인격 실현을 최고의 선으로 삼고, 그 실현을 위해 종교적 수양이나 체험을 중시했다. 단, 철저한 자기실현에 중점을 둠으로써 자기 밖인 타자와의 조우에 대해서는 적확하게 파악되지 않았다는 문제점이 남아 있다. 니시다는 친우親友인 선사상가 스즈키 다이세쓰鈴木大拙(1870~1966)의 영향을 많이 받았는데, 다이세쓰는 미국에 오랫동안 체재하면서 구미에 선을 확산시킴과 동시에 해외에서 얻은 근대적 해석을 통해 선을 근대 지식인에게 다가가기 쉽게 만들었다.

---

27 문예 동인지 『시라카바(白樺)』를 중심으로 한 문학가들의 그룹. 메이지 43년 창간된 이 잡지는 시가 나오야, 무샤노코지 사네아쓰, 사토미 돈, 야나기 무네요시, 아리시마 다케오를 동인으로 출발함. 그들의 사상은 '자기를 생생하게 살려내는 것'을 인생의 목적으로 생각해 개성을 긍정하고 자유로운 성장이 인류의 의지와 부합된다고 믿는 것이었다. 동인들의 활동은 문학뿐 아니라 미술계에도 확산되어 예술 존중을 관철하는 순수한 예술가를 지향한다. 이후 다이쇼 데모크라시 사조에 편승한 문단의 대세는 그들이 주장하는 이상주의적, 인도주의적인 경향을 강하게 굳혔다. 그러나 1차 세계대전 후 대두한 사회주의 문학 운동이 시라카바의 개인주의적 측면을 비판하면서 그들의 영향력도 점차 쇠퇴하기 시작한다(요로 다케시 지음·신유미 옮김, 『일본 문학과 몸』, 열린책들, 61쪽).

이상의 공동체를 찾아서

다이쇼시대는 이러한 사상의 영향하에 생명주의·인격주의의 유행 때문에 종교적 수련에 대한 관심이 높아졌다. 또한 농민의 생활에 뿌리내리려고 한 톨스토이의 영향 등도 있어서, 단지 이론만이 아닌 이상理想의 종교적 공동체를 만들려는 실천적이고 이상주의적 운동이 일어났다. 그 대표적인 것에 이토 쇼신伊藤證信(1876~1963)의 무아원無我苑과 니시다 덴코西田天香(1872~1968)의 일등원一燈園을 들 수 있다. 이토 쇼신은 조도신슈 오타니파大谷派 출신이었지만 탈종脫宗한 후 메이지 38년(1905) 도쿄 스가모巣鴨에 무아원을 열고 무아애無我愛를 설하여, 경제학자인 가와카미 하지메河上肇 등이 공명하여 이에 가담했다. 무아원은 일년도 채 안 되어 문을 닫았지만 그 후에도 비슷한 운동을 반복했다. 니시다 덴코는 특정 종교에는 속하지 않고 절대 평등의 입장에서 생존경쟁을 부정하는 공동체를 목표로 하여, 메이지 38년(1905)에 일등원을 열었다. 그것은 공산주의 및 노동운동의 고양에 떨고 있던 중간층과 지배층의 지지를 얻어 쇼와 초기에 크게 발전했다. 그러나 이토 쇼신도 니시다 덴코도 점차 국가주의의 성향이 강해져 전쟁협력으로 치닫게 되었다. 무샤노코지 사네아쓰武者小路實篤가 다이쇼 7년(1918)에 시작했던 '새마을'운동 역시 일등원과 닮은 점이 있다.

이렇게 다이쇼시대를 중심으로 새로운 가능성을 잠재한 종교운동이 펼쳐졌다. 시대는 표면적인 평화와 안정 속에, 사회적 불균형은 점점 더 심해지고 1차 세계대전을 기점으로 대륙으로의 군사적 진출이 추진되었다. 간토대지진(1923)을 거쳐 다이쇼시대도 말기에 가까워지고 있던 다이쇼 14년(1925)에 다이쇼 데모크라시의 성과로서 실현되었던 보통선거법은 결과적으로 치안유지법과 맞바꾼 것이었으며, 쇼와의 국가주의와 전쟁의 시대를 향해 무서운 기세로 진행해 간다. 그 속에서 종교도 역시 농락되어 천황주의라는 허구의 고층 속에 모든 것이 얽히게 된다.

종교자의 전쟁협력과 국체

쇼와시대 전기는 모든 문화가 그랬듯이 종교 역시 엄한 시련의 시기였다. 특히 기독교는 곳카신도에 대해 어떻게 맞설 것인가라는 어려운 과제에 직면해야 했다. 쇼와 7년(1932)에는 조치대학上智大學 학생이 야스쿠니靖國신사 참배를 거부하여 큰 문제가 되었고, 이에 국가는 신사는 종교가 아니라는 입장에서 야스쿠니 참배는 애국심의 표현으로서 종교행위가 아니라고 주장하여 기독교 측도 이에 타협하게 되었다.

불교계는 세노오 기로妹尾義郎(1889~1961)[28]가 쇼와 5년(1930)에 신흥 불교 청년 동맹을 결성하여 반파시즘 운동을 일으켰지만, 쇼와 12년(1937)에는 치안유지법에 의해 해산했다. 그러나 이 밖에는 눈에 띄는 운동은 없었고, 오히려 자진해서 전쟁협력으로 향해 갔다. 조도신슈에서는 천황을 아미타불과 동일시하는 전시교학戰時敎學이 행해지고, 선종도 군부와 관계를 가지는 등 전쟁협력 현상이 눈에 띄게 나타났다. 그것도 단지 협력 정도가 아닌 적극적인 국가와의 일체화였으며, 최종적으로 천황의 권위하에 모든 종교, 그리고 모든 국민의 생활이 흡수되어 갔다.

'만세일계'의 천황을 정점으로 하는 일본의 국체國體라는 관념은, 에도시대 후기부터의 고층 '발견'의 역사 위에 성립하여, 근대가 되자 '천황은 신성한 존재로서 범해서는 안 된다'라는 헌법으로 집약된다. 그것이 쇼와

---

28 히로시마 출신의 불교운동가.

파시즘기에 정점에 달하게 된다. 그러나 그 관념이 일반 민초의 구석구석에까지 침투하기 위해서는 단지 권력에 의한 강제만이 아닌, 그것을 지탱했던 민중적 기반을 고려해야 한다.

문부성文部省이 편찬한 『국체의 본의國體の本義』(1937)는 근대의 허구적 고층상을 더욱 여실히 그려냈던 정점이라고도 할 만한 성과였는데, 거기에는 '화和'의 정신하에서 신과 인간, 인간과 자연, 국민동지가 모두 조화된 일본의 국체를 이상화하고 그것을 세계에 확산시키는 것이 일본인의 사명이라고 되어 있다. 또한 국가 자체를 '일대 가족국가'라고 가족에 비유하였는데, 여기에는 가장 친근한 가족과 의사擬似 가족으로서의 국가를 연결시킴으로써 민중의 생활감정을 국가에 이용하는 일본 파시즘의 교묘한 구조가 제시되어 있다. 불교 등의 종교도 또한 그 속에 위치하게 되어 큰 저항감 없이 통합되어 갔다.

니치렌주의와 파시즘

제종교의 동향 중에서 가장 주목되는 것은 니치렌日蓮주의의 각 파이다. 원래 다나카 지가쿠의 국주회國柱會 등 니치렌주의는 국가주의와 결부되는 동향을 볼 수 있었는데, 혈맹단血盟團 사건(1932)[29]의 이노우에 닛쇼井上日召, 2·26사건(1936)[30]에 연좌되어 처형되었던 기타 잇키北一輝, 간토군 참모로서

---

29 1932년에 발생했던 연속 테러사건. 니치렌종 승려인 이노우에 닛쇼와 그의 문하생이 중심이 되어 결성된 혈맹단은 '일인일살(一人一殺)'을 내걸고 민주당의 영수인 이노우에 준노스케(井上準之助) 등을 암살하였다.

30 1936년 2월 26일 황도파(皇道派) 청년장교가 인솔하는 1400명의 육군부대가, 국가개조와 육군 내부에서 계속된 대립속에 있었던 통제파(統制派) 타도를 목적으로, 4일간에 걸쳐 국회의사당이 있는 나가타초(永田町) 일대를 점거한 반란사건. 결국 이 사건에 연계되어 있던 기타 잇키 등 17명이 사형에 처해지고, 군 내부는 통제파가 지배권을 장악함과 동시에 군부의 정치적

만주국 건국 등에 민완을 발휘했던 이시하라 간지石原莞爾[31] 등이 모두 니치렌 주의자들이다. 니치렌의 강한 예언자적 성격과, 탄압에도 굴하지 않는 활동성이 시대에 위기감을 가졌던 초 국가주의자들의 공명을 샀을 것이다.

그러나 니치렌주의 및 『법화경』 신앙은 그러한 우익적인 방향과 결부되어 있었던 것만은 아니다. 앞에서 말한 세노오 기로도 니치렌 신앙자였지만, 반파시즘의 입장에 섰다. 또한 미야자와 겐지宮澤賢治[32]는 정치와의 관계를 일절 갖지 않고 『법화경』에서 광대한 우주관을 간파하여 그것을 시나 동화에서 전개했다. 덧붙여 메이지시대의 기독교신자 우치무라 간조도 『대표적 일본인代表的日本人』에서 니치렌을 들고 있으며, 이와 같이 니치렌은 국가주의로 바로 연결되는 인물이었다.

또 하나 『법화경』 및 니치렌 신앙과 관련하여 주목되는 것은 불교계의 신종교의 대부분이 이 흐름에서 나왔다는 것이다. 이미 바쿠후 말기에 나가마쓰 닛센長松日扇(세이후[淸風])[33]에 의해 혼몬부쓰류코가 만들어져, 기존 종문의 틀에 구애받지 않는 활동이 시작되었다. 다나카 지가쿠도 역시 처음에는 출가한 인물이었지만 환속한 후 재가주의 운동으로서의 니치렌주의 운동을 일으키는 등 신종교에 가까운 면이 있었다.

발언권이 더욱더 강력해졌다.

31 1889~1949. 쇼와시대의 육군 군인. 1928년 간토군 참모가 되어 공황하의 일본제국주의의 심각한 모순을 타파하기 위해 만주의 무력점령계획을 준비하고, 1931년 일본군의 만주점령의 주역이 된다. 1941년 예비역으로 전역한 후, 이듬해 리쓰메이칸(立命館)대학의 교수가 된다. 이시하라 간지는 니치렌 신앙과 유럽 전쟁사의 연구를 통합시켜 '세계최종전(世界最終戰)'이라는 독자의 전쟁이론을 형성하기도 했다.

32 1896~1933. 다이쇼~쇼와시대의 시인이자 동화작가. 열렬한 니치렌종 신자로서 니치렌종 전도에 힘쓰면서 시와 동화의 창작에 전념했다.

33 1817~1890. 바쿠후 말기~메이지 전기의 종교가. 1845년 본문법화(本門法華) 신앙에 입신하여 득도했으나, 그후 종문의 부패를 보고 환속한 후, 1857년 교토에 혼몬부쓰류코를 열었다.

법화계法華系의 신종교로서는 레이유회를 들 수 있다. 본래 법화신앙에는 지경자持經者라고 불리는 고행적 실천자의 계보가 있어서, 토착의 샤머니즘과 융합하기 쉬운 면이 있었다. 기타 잇키의 법화신앙도 그러한 경향을 가지고 있다. 레이유회도 역시 그 계보를 잇고 있는데, 고타니 기미와 구보 가쿠타로 콤비가 재가주의에 의한 선조공양을 설하여 쇼와 초기에서 전쟁기에 걸쳐 크게 발전했다. 종래의 집안제도가 붕괴되고 도시에서 불안한 생활을 보내는 사람들에게 주로 수용되었다. 쇼와 10년대에는 레이유회에서 고도회孝道會(이후의 고도교단[孝道敎團]) 및 릿쇼코세이회가 분리되어 법화계 신종교가 확산되었다.

전시하의 종교 탄압

창가학회의 기원이라고 할 수 있는 마키구치 쓰네사부로牧口常三郎(1871~1944)의 창가교육학회도 역시 니치렌 신앙에 서는 것으로, 본래는 니치렌쇼슈日蓮正宗[34]의 재가신자 모임이었다. 교육자였던 마키구치의 저서『창가교육학체계創價敎育學體系』제1권이 간행되었던 쇼와 5년(1930)을 창립해로 삼고 있다. 니치렌쇼슈는 니치렌의 제자 닛코日興의 후지문류富士門流 계열에 서는 것으로 니치렌종 가운데에서도 다른 파와는 거리를 둔 특이한 위치를 점하고 있었는데, 마키구치와 그 제자로서 창가학회 제2대 회장이 되는 도다 조세이戶田城聖(1900~1958)는 니치렌쇼수가 가지고 있는 타파 배척의 입장에서 이세신궁의 부적(大麻)을 불태웠다는 이유로 쇼와 18년(1943)에 체포되어 마키구치는 옥사했다.

---

34 니치렌 계열의 교단 중 하나. 니치렌을 종조(宗祖), 닛코(日興)를 교조로 하며 다이세키지(大石寺)를 총본산으로 한다.

전쟁기의 종교 탄압 중 최대의 사건은 오모토교에 대한 것이었다. 오모토교는 데구치 나오가 세상을 떠난 후 오니사부로의 세력이 강해져서 『영계 이야기靈界物語』(1921~1935)를 통해 장대한 영계 신화를 만들어 냈는데, 그 중에서 특히 종말론적 재건을 주장한 것이 위기적 시대에 받아들여지지 못했다. 한때 교단명을 황도오모토皇道大本라고 했던 것처럼, 강한 황도주의皇道主義에서는 한편, 국제주의를 견지하여 만주에 진출했다. 군부에도 지지자가 많았다. 그러나 그 신화 해석이 천황제 부정으로 이어진다는 것 때문에 다이쇼 9년(1920)과 쇼와 10년(1935) 두 번에 걸쳐 불경죄 등으로 탄압을 받았다. 특히 두 번째는 매우 철저한 탄압이 시행되었는데 1000명에 가까운 교단간부가 체포되어 교단본부는 철저하게 파괴되어 버렸다. 오니사부로는 쇼와 17년(1942)에 보석으로 풀려나고 패전에 의해 무죄가 되었지만, 왕년의 세력을 회복할 수는 없었다. 또한 오모토교는 레이유회와 함께 쇼와기의 신종교의 요람 역할도 담당하였고, 거기에서 생장의 집生長の家의 다니구치 마사하루谷口雅春,[35] 세계구세교世界救世教의 오카다 모키치岡田茂吉[36] 등의 지도자가 배출되었다.

---

[35] 1893~1985. 고베(神戸) 출신의 다이쇼~쇼와시대 종교가. 본래 회사원이었던 다니쿠치 마사하루는 심령술에 열중하여 수양잡지 등을 발간하고, 신종교계의 '생장의 집'을 창시했다. 패전 후는 극단적인 반공과 천황주의를 주장했다.

[36] 1882~1955. 도쿄 출신의 쇼와시대 종교가. 오모토교의 열성적 신자였으나 1934년 오모토교를 탈퇴하여 대일본관음회(大日本觀音會)를 창립한다. 관음의 힘으로 모든 병을 고친다는 오카다식 신령 지압요법이 검거의 대상이 되어 문을 닫게 되는데, 패전 후 일본관음교단으로 재발족한 후, 1950년에 세계구세교로 개칭했다.

12장

일본 종교의 현재

1. 전후 종교의 성쇠

패전과 곳카신도의 해체

쇼와 20년(1945) 일본은 국력이 소진되어 있었던 차에 히로시마廣島와 나가사키長崎에 원자폭탄이 떨어지자 패전을 받아들였다. 그것은 그때까지의 천황 국가의 붕괴를 의미하는 것으로서 가치관은 180도 바뀌게 되었다. 종교 면에서 말하면 곳카신도의 해체다. 그것은 패전의 해(1945) 12월 15일 연합국군 총사령부(GHQ)의 신도지령(곳카신도 폐지령)에 의해 시행되었다. 그 지령은 "국가가 지정한 종교 및 제식祭式에 대한 신앙 혹은 신앙고백의 (직접적 혹은 간접적) 강제로부터 일본 국민을 해방한다"는 것을 목적으로 하고, '종교를 국가로부터 분리'하려는 것이었다. 이를 통해 지금까지의 "비종교적인 국가 제사로 분류되는 신도의 한 파"인 '곳카신도'(곳카신도라는 말은 여기에서 명확하게 정의된다)는 금지되었다. 그에 따라 쇼와 15년(1940)에 신설되어 신사

행정을 관할하고 있던 진기원神祇院은 쇼와 21년(1946)에 폐지되고 신사는 민간 종교법인인 신사 본청에 소속된 종교기관으로서 다시 태어나게 되었다.

쇼와 21년에 제정되었던 일본국민헌법 제20조에는 "① 신교信教의 자유는 누구에게나 이것을 보장한다. 어떠한 종교 단체도 국가로부터 특권을 부여받거나 또는 정치상의 권력을 행사해서는 안 된다. ② 누구도 종교상의 행위, 축전祝典, 의식 또는 행사에 참가할 것을 강제할 수 없다. ③ 국가 및 그 기관은 종교 교육 및 그 밖의 어떠한 종교적 활동도 해서는 안 된다"라고 되어 있어 신교의 자유를 보증했는데, 메이지 헌법과 달리 국가 측의 강제에 대해서 엄하게 규제하고 있는 것은 이러한 곳카신도와 관계된 복잡한 사정이 있기 때문이다.

전쟁과 종교를 둘러싼 미완의 문제

그러나 이것은 외부로부터 강요된 변혁이었을 뿐, 신도계의 자각과 반성에 의한 것이 아니었던 만큼, 신도에 관한 문제는 그 후로도 계속 남겨져 있었다. 오리쿠치 시노부折口信夫[1]처럼 이야말로 신도가 종교로서 다시 태어날 수 있는 좋은 기회라고 적극적으로 이해하는 입장도 있었지만, 그것은 극히 소수였고 전체적인 신도계는 전전을 그리워하며 복고를 원하는 기운이 더 컸다. 한편 불교계의 스즈키 다이세쓰가 전쟁의 책임은 모두 신도에게 있다고 공격했던 것처럼, 신도를 악자로 만들어 일방적으로 비난하는 논조도 눈에 띈다. 신도 문제는 터부시되었기 때문에 학술연구가 늦어져 충분한

1 1887~1953. 다이쇼~쇼와시대의 국문학자이자 시인. 『구역만요슈(口譯萬葉集)』 『만요슈사전』 등을 간행하여 만요슈 학자로서 널리 알려졌으며, 국문학자로서 고대 연구 및 예능사 연구 등에 새로운 분야를 개척한 인물이다. 1943년에 발표한 소설 「사자의 서(死者の書)」는 국문학자이자 민속학자 그리고 시인으로서의 재능이 결집된 작품이다.

논의가 이루어지지 않은 채로 남아 있는 문제가 많이 있다.

특히 전전의 신도 비종교론에 대신하여, 신도의 종교적 행사와 관습적으로 행해지는 습속과의 구별이 어렵다는 점에서 어디까지가 종교인가가 문제가 되는 예도 있었다. 예를 들면 지진제地鎮祭와 같은 행사에 공공단체가 공비를 지출하는 것에 대한 시비가 재판에서 가려지게 되었다. 이것은 단지 법률론의 문제가 아닌 구미에서 유래된 종교 개념을 어떻게 볼 것인가 라는 문제와 관계되어 있으며, 이에 대해서는 종교 개념에 대한 재고再考가 요구된다.

또한 야스쿠니신사에 관해서는 패전으로 인해 국가와의 관계는 없어졌지만, 전몰자의 이름이 후생성厚生省으로부터 야스쿠니신사로 송부되어 왔던 것처럼 여전히 국가와의 관계가 이어지고 있다. 한때 야스쿠니신사의 국립화國立化를 추진하는 움직임이 있었고 이것은 현행 헌법하에서는 불가능하다는 것이 명백했기 때문에 크게 문제시 되지 않았지만, 그것에 대신해 수상의 참배 문제가 클로즈업되고 있다. 또한 야스쿠니신사가 해외로부터 비판을 초래할 것을 우려하여 야스쿠니신사와 관계없는 국립 전몰자 위령慰靈 시설을 만들자는 목소리도 나오는 등 오늘날에 이르기까지 야스쿠니신사를 둘러싼 논의는 끊이지 않는다.

이와 같이 전쟁과 종교의 문제는 오늘날까지 갖가지 형태로 꼬리를 물고 이어지고 있다. 각각의 종교에 대한 전쟁책임론 또한 완전히 해명되었다고는 할 수 없다. 야스쿠니 문제처럼 여전히 앞으로의 해결을 요하는 문제도 있다. 해외에서 일본의 전쟁책임을 묻는 목소리가 오늘날 다시 확대되고 있는 것은 전쟁의 문제가 과거의 것으로 완전히 잊혀져 버릴 수 있는 것이 아니라는 것을 여실히 보여준다. 오늘날은 전쟁과 동시에 전후에 있어서의 전쟁기의 취급 방법 및 전쟁기와 전후와의 단절과 연속의 문제 등이 문제시

되어야 하며, 전쟁책임과 동시에 전후책임에 대해서도 문제시 되지 않으면 안 될 상황이 되었다.

신들의 러시아워

한편, 전후 지금까지의 억압이 풀려 신교의 자유가 확립되고 기성 종교인 불교와 기독교도 그 활동을 재개했다. 그 중에는 후지이 닛타쓰藤井日達(1885~1985)[2]가 주도한 니혼산묘호지日本山妙法寺와 같이 적극적으로 평화운동의 선두에 서는 입장도 있었지만, 화려한 활동은 오히려 기성 불교보다도 신종교의 각파에서 볼 수 있었다. 신종교는 시대의 혼란 속에서 사람들의 불안을 반영하여 갖가지 종교가 경쟁하면서 세력을 확대했다. '신들의 러시아워'라고 불리는 이유가 이것이다. 그것들 중에는 전전에 확립해 있었던 신종교가 활동을 재개한 것들이 많았지만, 전후 새롭게 활동을 개시한 것도 있었다. 특히 세간의 이목을 끈 것은 '춤주는 종교'로 불렸던 덴쇼코타이진구교天照皇大神宮教였다. 덴쇼코타이진구교는 야마구치山口현 출신의 기타무라 사요北村サヨ(1900~1967)가 일으킨 종교로서 과격한 논조로 기성 권위를 부정하는 설법과 신자들의 무아의 춤이 저널리즘의 흥미를 끄는 화제가 되었다.

그러나 진보적 노동운동 및 학생운동이 성행하는 가운데 종교는 부정적으로 비춰졌고, 특히 지식인의 언설에서 정면으로 논의된 것들이 적었다. 전후 큰 영향을 미쳤던 마르크스주의는 유물론唯物論·무신론無神論의 입장에

---

2 니치렌종의 승려로서 평화운동가. 1903년 니치렌종에서 득도하고, 니치렌종 대학(지금의 릿쇼[立正]대학)을 졸업한다. 그 후 중생교화를 목표로 북을 치고 걸으면서 창제(唱題, 법화경의 제목을 외우는 수행법)하는 독특한 스타일의 포교를 했다. 그 사이 간디를 만나 사상적 영향을 받고, 1947년 묘호슈(妙法宗)를 설립하고, 1952년에 '니혼산묘호지대승가'로 개칭한다. 비폭력주의에 근거한 평화운동을 표방하고, 안보조약반대, 군사기지반대 등의 운동에 적극적으로 참가했다.

서는 것으로서 종교에 대해서 비판적이었다. 또한 지식인들 사이에서는 기독교, 특히 프로테스탄트에 친근감을 가지는 경우가 적지 않았는데, 거기에는 전후의 사회과학을 이끌었던 막스 베버의 영향을 빼놓을 수 없다. 베버는 『프로테스탄티즘 윤리와 자본주의 정신』에서 근대 자본주의 정신의 원류를 프로테스탄티즘 윤리에서 찾았는데, 그것은 합리적 근대사회의 구축을 목표로 하는 전후 진보파의 공감을 불러일으키게 되었다. 그 때문에 종교라고 하면 프로테스탄티즘형의 기독교가 모범으로 여겨져 전통적 종교는 인기가 없었고, 또한 신종교는 '신흥 종교'라고 불리며 종종 경멸적으로 취급되었다. '신들의 러시아워' 속에서 신종교 중에는 진기한 의례도 자주 있었으며 스캔들이나 범죄도 적지 않았던 것 때문에 그것을 취급하는 매스컴의 논조도 주로 흥미 위주가 되어버려, 종교는 반드시 진지하게 논할 대상으로서 간주되지는 않았다.

창가학회라는 실험

이러한 분위기 속에서 특히 전후에 눈에 띄게 발전한 것이 창가학회創價學會다. 창가학회는 마키구치 쓰네사부로牧口常三郎가 옥사한 후, 전후 동란의 중심을 이루었던 제2대 회장 도다 조세이戶田城聖가 강력한 절복折伏운동을 통해 도시의 저소득자를 중심으로 급속하게 신자를 늘려갔다. 도다 이후 쇼와 35년(1960)에 제3대 회장이 된 이케다 다이사쿠池田大作는 그 절대적인 카리스마에 의해 창가학회를 한층 더 큰 발전으로 인도했다. 니치렌종 계열의 포교 방법에는 상대의 입장을 존중하면서 온건하게 인도하는 섭수攝受와, 상대가 어떠한 태도를 취하든지 정면에서 자기의 설을 주장하여 굴복시키는 절복折伏이 있는데, 창가학회가 채택한 방법이 절복이었다. 또한 현세주의적 입장에서 신앙의 결과는 현세에 곧바로 나타난다고 한 것도 널리 신자를 획득하는 결과를 낳았다. 그러나 절복이라는 강제적 태도는 기성 교단과의 알력을 낳았고 또한 사회적으로도 비판을 받게 되어 그 격심한 절복활동을 자제하게 되었다.

창가학회는 또한 절복의 연장으로 국가 정치에도 깊은 관심을 가지고 있었는데, 1964년 온 일본을 법화신앙으로 변화시키겠다고 하여 국립계단國立戒壇의 설립을 목적으로 공명당公明黨을 결성해 정계에 진입한다. 국립계단이란 법화신앙을 상징하는 본존을 안치하고 제목題目을 외는 장소를 나라가 설치하여 국교화한다는 것으로, 전전에는 다나카 지가쿠의 국주회가 특히 강력하게 주장했다. 공명당은 순조롭게 성장했지만, 그 형태 그대로 국립계단론을 유지하는 것이 불가능하게 되어 1970년에 국립계단론을 철퇴함과 동시에 창가학회와 공명당과의 사이에 정교분리를 명확하게 했다. 그러나 공명당을 지지하는 모체가 창가학회라는 사실은 변하지 않고 있다. 종교단체가 큰 정당을 가지고 정권 여당의 일원이 되어 국정에까지 영향력을 미치는 것은 일본에서 다른 예가 없다. 창가학회와 공명당의 관계는 일본에 있어서 정교관계에 관한 커다란 실험이라고 할 수 있다.

또한 창가학회는 본래 니치렌쇼슈의 재가신자 단체였지만, 니치렌쇼슈 측과의 대립이 격화되어 1991년에 니치렌쇼슈가 창가학회를 파문시킴으로써 양자의 관계가 결렬되고 창가학회는 기성 불교의 신자 단체에서 순수한 신종교로서 재출발하게 되었다. 또한 국제창가학회(SGI)는 국제적으로도 크게 발전하였지만 사이비종교Cult로서 위험시되는 경우도 있다. 창가학회는 여러 가지 점에서 좋건 나쁘건 간에 일본 종교의 가장 새로운 개척자로서의 길을 연 종교라고 말할 수 있다.

옴진리교 사건의 파문

학생운동이 한창 고조되었던 1960년대가 끝나고 1970년 전후의 전공투 운동全共闘運動[3]이 좌절된 후 좌익계의 정치운동은 힘을 잃었다. '과격파'로 변해버린 좌익계열의 후예는 연합적군連合赤軍이 되어 아사마 산장사건(1972)[4]으로 막을 내렸다. 결국에는 1991년의 소비에트연방의 붕괴로 인해 많은 사회주의 국가가 없어지고 정치적인 이데올로기를 정면에 내세워 이상을 추구하는 운동은 거의 궤멸적인 상황이 되었다.

그 중에서 정치로부터는 더 이상 희망을 찾을 수 없게 되었던 학생 및 젊은이들이 내면화의 방향을 강화하여 종교에 관심을 가지게 되었다. 이 무렵에 생겨난 새로운 종교는 종래의 신종교와 구별하여 신신新新종교라고도 부른다. 이제까지의 신종교가 사회적 활동에 힘을 쏟아 사회의 중하층 생활자들을 중심으로 발전해 왔던 것과 달리, 신신종교는 젊은이들을 중심으로 과학이나 일상적 이론으로 해명할 수 없는 정신세계의 개발을 목표로 하는 것이 특징이다. 이러한 운동은 신영성新靈性운동이라고도 불리며 초자연적인 신비적 현상에 대한 관심과 관계되는 것이었다.

그 중에서 정신세계의 개발을 목표로 했던 종교가 드디어는 살인자 집

---

3 전공투란 전학공투회의(全學共鬪會議)의 약자로 1968년경에 있었던 대학분쟁 때 일본 각지의 대학에 만들어진 학생운동조직 혹은 운동단체다. 전공투에 의해 1960년대 말에 일어난 일련의 학생운동을 전공투운동이라고 한다. 초기의 전공투는 각 대학의 개별적인 문제를 다루는 조직으로서 결성되었지만, 이후 대학 당국의 경직된 대응과 정부와 기동대의 개입을 경험하면서 기존의 정치, 국가의 체제 전체를 부정하게 되고, 최종적으로는 대학해체를 슬로건으로 학생이 대학을 초월하여 연대하여 일본제국주의 체제의 타도를 목표로하는 혁명운동의 성격으로 변해갔다. 1969년에 있었던 도쿄대학 야스다(安田)강당 공방전은 이러한 혁명투쟁의 상징이 되어 그 후 전공투 운동은 전국 대학으로 확산되었다.

4 1972년 나가노(長野)현 가루이자와(輕井澤)의 휴양지인 '아사마산장'에서 발생했던 연합적군 멤버들에 의한 농성사건.

단으로 변해버린 것이 옴진리교였다. 옴진리교는 본래 교조인 아사하라 쇼코麻原彰晃(마쓰모토 지즈오[松本智津夫], 1995~)가 1984년에 설립한 요가도장에서 출발한다. 그 후 인도로 건너가 '해탈'을 체험한 아사하라는 티베트불교 등에 의해 이론을 무장하고 1987년에 옴진리교로 개칭한 후 점차 널리 알려지게 된다. 그러나 그 후 수행 중의 신자가 사망한 사실을 은폐한 것을 시작으로 사카모토 쓰쓰미坂本堤 변호사 일가 살해사건(1989) 등 연이어 살인에 손을 대어 1995년의 지하철 사린사건에 의해 결국 아사하라를 비롯한 주요 간부들이 체포되기에 이르렀다.

옴진리교와 옴진리교가 일으킨 사건은 복잡한 요인들이 관계하고 있어 앞으로 해명되어야 할 문제들이 많이 있다. 때문에 옴진리교 자체에 대해서는 깊게 논의할 수가 없지만, 그것을 계기로 해서 종교가 위험한 존재로 인식되기 시작했다는 것은 주목된다. 세계적으로도 사회주의의 소멸은 오히려 각지의 종교 간의 전쟁을 부각시키는 결과를 낳았다. 특히 2001년에 전 세계를 놀라게 한 9·11사건은 이슬람 과격파에 의한 범행으로 추정되어, 그것에 대해 기독교 보수파를 기반으로 한 부시 미국대통령의 보복전쟁은 마치 세계 규모의 종교 전쟁의 양상을 띠었다. 예전에는 평화주의를 표방하여 나름대로의 공감을 모아왔던 종교가 이제는 전쟁과 살인으로 인간을 내모는 악마의 하수와 같은 평가를 받게 되었다.

이렇게 해서 오늘날 우리들은 종교란 무엇이며, 또한 애당초 인간이란 무엇인가에 대해 다시 따져보지 않으면 안 되는 지평에 서 있다. 지금 종교가 할 수 있는 것은 무엇일까? 이러한 가운데 과거를 돌아보는 우리들의 일견 우회적인 행위는 어떠한 의미를 가지는 것일까? 그것이 지금 문제시 되고 있는 것이다.

2. 지금, 종교를 되묻다

고층의 역사로서의 일본 종교사

지금까지 이 책에서는 매우 간략하게나마 고대에서 현대에 이르기까지 고층의 문제를 하나의 축으로 삼아 일본의 종교사를 개관해 보았다. 그것을 다시 한 번 되돌아보자.

역사 이전에서부터 역사를 일관하는 일본적 발상의 고층이란 없으며, 고층 자체가 역사적으로 형성되어 왔다는 것이 이 책의 출발점이었다. 애당초 문헌적으로 추적할 수 있는 것은 7세기 말에서 8세기 초가 그 한계다. 이 시대에는 천황을 중심으로 율령제도가 정비됨과 동시에 불교도 비약적으로 발전하였고, 그 속에서 『고지키』『니혼쇼키』 등에 의해 신화와 역사가 형성되었다.

그 후 고대에서 중세에 걸쳐 신불을 중심으로 복합적인 형태로 종교가 전개한다. 그것은 넓게 말해 신불습합이라고 불리는 현상인데, 실제로는 불교 측에서의 신기불배의 운동이 있었으며, 그 역으로 신도 측에서의 신불격리가 있었던 것에서도 알 수 있듯이 양자가 단순히 섞여 있었던 것은 아니다. 그러한 가운데 불교로부터 많은 영향을 받으면서 신도 이론이 형성된다. 불교의 영향을 받아 토착 종교가 자각적으로 재구성되는 것은 인도의 힌두교, 중국의 도교, 티베트의 본교 등 아시에서 널리 볼 수 있는 현상이다.

고층의 '발견'은 무엇을 가져왔는가?

근세가 되면, 기리시탄의 영향도 의외로 후대에 까지 남았지만, 주류는 무사계급의 이데올로기였던 유교를 포함한 신불유의 교섭시대라고 할 수 있다. 세속화의 동향이 눈에 띄는 가운데 고쿠가쿠에서 훗코신도로의 흐름을 통해 일본 고유의 고층의 '도道'를 추구하는 운동이 크게 펼쳐진다. 그것은 불교의 영향을 받기 이전의 순수한 일본의 모습에서 이상을 찾아내려는 것이었으며, 특히 기기신화가 큰 단서였다. 그러나 애당초 기기신화 자체가 7~8세기에 형성된 것이며, 게다가 불교의 영향이 전혀 없는 것이 아니다. 그 속에서 순수하고 이상적인 일본의 고층을 '발견'하려는 것은 오히려 새로운 고층의 창출이라고 보는 것이 타당하다.

그러나 이렇게 해서 '발견'된 고층이 존황양이에서 메이지에 걸친 정치적 이데올로기를 주도하고, 신불분리로부터 '만세일계'의 천황을 정점으로 하는 '곳카신도'의 체제로 진행하게 된다. 그리고 곳카신도가 '종교'의 틀 밖에 서게 됨에 따라 여러 '종교'는 그 활동을 제약받게 되었다. 그 중에서 기독교, 불교, 신종교(교파신도) 등이 각각 마음의 문제의 해결 및 사회 문제에의 대응 등 종교로서의 활동을 전개한다. 그러나 최종적으로 천황 국가에 의한 전쟁 체제에 말려드는 것을 피할 수는 없었다.

이러한 반성에서 전후 새로운 종교의 창건을 추구하는 움직임도 있었지만, 반드시 전전의 체제가 충분히 비판적으로 반성되었던 것은 아니며, 역사 이전으로 거슬러 올라가는 고층을 '발견'하려는 지향은 오늘날도 갖가지로 모습을 달리하면서 계속되고 있다. 마루야마 마사오의 고층론은 그러한 고층이 넘쳐나고 있음을 비판하고 제재를 가하려고 한 것이었지만, 고층의 일관성이라는 허구에 빠져버리게 되었다.

그러한 상황 속에서 옴진리교 사건 이후 급격하게 종교에 대해 비판적인 시선이 모아지게 되고, 세계적인 종교 전쟁의 격화와도 맞물려 오늘날 종교의 모습을 새삼 되묻게 된 것이다.

근대적 '종교' 개념의 재검토

자주 지적되는 바와 같이 오늘날 일본의 종교에는 매우 기묘한 점이 있다. 문화청文化廳의 통계를 보면, 신도 신자수가 1억을 넘고 불교 신자수가 9500만 정도이며 양자를 합하면 2억이 되는데, 이것은 일본의 총 인구의 두 배에 가까운 수가 되어 버린다. 한편 각종 여론조사에서 종교를 믿는 사람의 수는 30%대에서 최근에는 20%대까지 떨어져 있다. 어떻게 이러한 현상이 일어나는 것일까?

서문과 10장에서 논한 바와 같이 오늘날 사용되는 '종교'라는 단어는 'religion'의 번역어로 이용되어 개인의 마음의 문제로서 매우 제한된 의미로 사용되고 있다. 이 종교라는 범위에는 습속, 의례에 관한 요소가 배제되어 있다. 오늘날의 종교 연구에 커다란 영향을 미쳤던 종교학자 기시모토 히데오岸本英夫[5]는 "종교란 사람들이 인간생활의 궁극적인 의미를 분명히 하고, 인간 문제의 궁극적 해결에 관계되는 것이라고 믿고 있는 행위를 중심으로 하는 현상이다"(『종교학[宗教學]』)라고 정의하고 있다.

그러나 예를 들어 일반 일본인이 신사를 참배하거나 절에 성묘를 하러 갈 때 과연 '궁극적 의미'나 '궁극적 해결'이라는 것들을 생각하고 있을까? 아마도 그럴 리는 없을 것이다. 그렇다면 이러한 행위는 종교적이지 않은가 하면, 그렇다고도 할 수 없다. 종교를 '궁극적'이라거나 '절대적'이라고 말해 버리면 많은 일본인들은 '무종교'가 되어 버린다. 그러나 습속화된 행위까지 포함한다면, 많은 일본인은 어떠한 형태로든 종교와 관계하고 있으며 엄격

---

5 1903~1964. 효고현 출신의 종교학자. 다이쇼 15년(1926) 도쿄제국대학 종교학과를 졸업하고 대학원에서 연구를 계속했다. 쇼와 5년(1930) 미국 하버드대학에서 종교심리학을 연구하고, 귀국 후 도쿄제국대학 문학부 교수가 되어 종교학 종교사 강좌를 담당했다.

한 의미에서의 무신론 혹은 무종교인은 지극히 한정되어 있다. 일본에서 '종교'라고 할 때에는 이러한 이중적 의미가 있다는 것을 인식해 둘 필요가 있다.

'사람 사이'의 규칙으로서의 윤리

그렇다면 이 두 종류의 '종교'는 무관계한 것일까? 종교의 중층성은 다른 면에서도 볼 수 있다.

종교는 한편으로는 숭고한 것으로서 평안을 가져다주는 것이라고 하지만, 다른 한편으로는 폭력 및 전쟁의 온상이기도 하다. 특히 오늘날은 후자의 측면이 표면에 나와 큰 문제를 야기하고 있다. 따라서 이 책의 마지막 부분에서 다시 한 번 종교의 기본적 성격에 대해서 생각해 보고자 한다. 서문에서 언급했던 바와 같이 종교는 이 세계의 합리적 질서를 초월하는 것과 관계한다. 그 점을 조금 더 상세히 검토해 보자.

우리들의 일상생활은 기계화되어 사람이든 물건이든 행위든 간에 모든 것들에 이해 가능한 의미가 주어져 있다. 특히 사람과 사람의 관계는 각각 서로의 역할이 정해져 있고 그 역할에 따른 행위가 결정되어 있다. 예를 들면 부모와 자식, 부부, 친구, 스승과 제자, 회사의 상사와 부하, 동료, 교사와 학생 등 다양한 관계가 있지만, 그러한 관계들은 반드시 일반화되어 있지 않고 개별적인 관계에 따른 규칙이 있다. 인간은 복잡하게 얽힌 규칙 속에서 살고 있다. 이러한 사람과 사람 사이에서 정해지는 규칙이 윤리다.

윤리학자 와쓰지 데쓰로和辻哲郎[6]에 의하면 '인간'이란 문자 그대로 '사람

---

6 1889~1960. 효고(兵庫)현 히메지(姬路) 출신의 철학자이자 윤리학자. 도쿄대학에서 철학을 공부하고 교토대학과 도쿄대학에서 교수를 지냈다. 일본적인 사상과 서양철학의 융합 혹은

사이'의 존재라고 한다(『인간학으로서의 윤리학[人間の學としての倫理學]』). 우리들은 단지 물리적인 공간에 태어나는 것이 아니다. 처음부터 부모와 자식이라는 관계 속에서 태어나며, 그것을 통해 복잡한 '사람 사이'에 들어가게 된다. 개별적으로 접촉하는 '사람 사이'의 일상적 윤리만이 아니다. 더 넓히면 정치 및 경제 체계도 마찬가지로 '사람 사이'의 관계 방식이며, 그러한 관계를 통해 우리들은 직접 만날 일이 없는 지구상의 모든 사람과도 얼마간의 관계를 가지게 된다.

이러한 규칙이나 체계는 기본적으로 언어화 될 수 있는 것이다. 통상적으로는 언어화되지 않고 암묵적으로 이해되고 있는 것이라 할지라도 그것을 설명하려고 한다면 분명히 합리적으로 설명할 수 있을 것이다. 이러한 규칙을 엄격하게 명문화明文化하면 법률이 된다. 또한 과학이라고 하면 인간의 영위를 떠난 자연의 법칙을 탐구하는 것처럼 생각되기 쉽지만, 그것도 인간의 이해 가능한 논리에 따라 구성되어 있는 이상 '사람 사이'의 규칙에 따른 것이라고 할 수 있다.

'사람 사이'를 일탈하는 종교

그런데 모든 것이 유의미한 규칙의 틀 속에 들어갈 수 있는가 하면 그렇다고는 할 수 없다. 법률이라는 규칙에 반하면 범죄가 되고, 규칙 그 자체가 다른 집단들이 충돌할 경우 거기에는 싸움이 생겨나고 극단적인 경우에는 전쟁이 된다. '사람 사이'의 일탈은 이 밖에도 광기, 성, 죽음, 정념情念, 충동 등에 의해 야기된다. 이렇게 '사람 사이'를 초월해서 만나는 것이 '타자他者'이

지양(止揚)을 목표로 했던 철학자로 평가받고 있으며, 그 윤리학 체계는 와쓰지 윤리학이라고 불린다. 주요 저서에 『윤리학(倫理學)』이 있다.

며 그로 인해 '타자'는 이해불능의 무언가인 것이다.

종교도 역시 기본적으로는 이러한 '사람 사이'를 초월하고 유의미성을 초월한 '타자'와 만나는 곳에서 성립한다. 이런 점에서는 종교도 역시 '사람 사이'의 일탈이며 따라서 간단하게 정리될 수 없는 것은 당연하다. 그러나 종교는 단지 일탈만 하는 것이 아니라 갖가지 수련을 통해 그것을 다시금 '사람 사이'로 피트백하는 방법을 개발하고 있는 것이 특징이다. 즉 '사람 사이'와 그것을 일탈했던 곳, 혹은 언어화 된 세계와 언어를 초월한 세계와의 긴장관계에서 성립하는 것이다. 종교가 언어 및 질서를 초월한 영역과 관계하면서도 체계화된 교단 조직이나 언어화 된 교리사상을 가질 수 있는 것은 바로 이 때문이다. 그 피드백이 순조롭지 않을 때 종교는 폭력 및 전쟁으로 돌진해 버린다.

따라서 종교가 폭력 및 전쟁으로 이어졌다고 해서 그것이 바로 종교 본래의 모습이 아니라고는 말할 수 없다. 종교가 '사람 사이'를 일탈하는 면을 가지고 있는 이상 늘 폭력 및 범죄와 연결될 가능성이 있으며, 그것이 오히려 종교의 에너지가 되는 경우도 적지 않다. 10장에서 고찰한 바와 같이 기요자와 만시 등은 종교와 윤리의 모순을 예리하게 지적했다. 종교와 윤리, 종교와 정치 등의 문제는 결코 예정조화적으로 순조롭게만 진행되는 것은 아니다. 오히려 그 긴장관계 혹은 모순관계를 확실히 인식하고 대처해 나가지 않으면 안 되는 문제다.

죽은 자와의 관계와 종교

'사람 사이'의 규칙의 일탈이라고 하면 매우 특수한 것으로서 보통 사람들에게는 관계가 없는 것처럼 생각되기 쉽지만, 그렇지는 않다. 예를 들어 일상에서도 우리들은 자기 자신도 제어할 수 없는 격정에 빠지는 경우가 있다. 그것은 자신도 설명할 수 없는, 자기 자신 속에 둥지를 틀고 살고 있는 '타자'라고 할 수 있다. 혹은 앞에서 든 예로 말하면 사찰이나 신사에 참배하는 것은 설령 그것이 직접적로 '궁극적'이라던가 '절대적'이라고는 할 수 없다고 할지라도, 적어도 합리적으로 설명되는 이 세계의 질서를 초월한 무언가와 관계를 가지고 있는 것이다.

그 중에서도 특히 죽은 이와의 관계는 중요하다. 죽은 이도 역시 이 세계의 질서로부터는 삐져나온 '타자'다. 그렇기 때문에 신도가 불교로부터 완전히 자립하기 위해서는 히라타 아쓰타네 등이 말한 사후 세계관의 확립 및 신장제의 의례가 정해져야 할 필요가 있었다. 이제까지 장례불교라는 말은 근세 이래의 불교에 대한 경멸적 호칭이며, 근대의 불교신자들은 장례불교를 넘어선 산 사람을 위한 불교의 확립을 목표로 했다.

그러나 종교가 '사람 사이'의 질서를 초월한 영역과 관계하는 것이라고 한다면, 죽은 이와의 관계는 매우 중요하게 부각된다. 불교뿐 아니라, 다시 한 번 종교에 있어서 죽은 이와의 관계의 기능을 재고해야 할 필요가 있다. 이제까지는 단가제도에 따른 불교식 장의와 사찰 내에서의 집안 단위의 묘지가 당연한 것처럼 여겨져 왔지만, 오늘날 집안제도의 붕괴와 함께 장의 및 묘지의 형태가 급속하게 변하고 있다. 무종교식의 장의나 자연장自然葬, 공동묘지나 묘지를 만들지 않는 방식도 출현하고 있어, 죽은 이와의 관계방식은 다양화되고 있다.

죽은 이와의 관계는, 예를 들어 야스쿠니 문제를 고려할 때에도 중요한 요인이다. 갖가지 형태의 신사 중에서 전사자戰死者라는 한정이 있기는 하지만 불특정 다수의, 게다가 일반 민중을 제신祭神으로 모시고 있는 신사는 달리 예를 볼 수 없다. 오늘날 야스쿠니 문제가 중요한 정치적, 국제적 문제가 되고 있는 만큼 그 신사로서의 특수성을 충분히 고려하여 검토하지 않으면 안 된다.

신불이 분리하면서도 서로 역할분담을 하면서 공존하는 신불관계를 나는 '신불보완'이라고 했다(10장). 그러나 그것은 신불만이 아니다. 오늘날 결혼식은 기독교 교회에서 올리는 것이 가장 일반적이다. 그런 의미에서 신불만이 아닌 신불기독의 보완체제라고도 할 수 있다. 사후에 대해서도 많은 사람들이 극락도 황천도 아닌 천국으로 간다고 생각하고 있다. 이러한 막연한 종교 관념을 바로 나쁘다거나 불순하다고는 할 수 없다. 이러한 다양한 형태를 수용할 수 있는 것으로서, 종교를 이해하지 않으면 안 된다.

그리고 그러한 다양한 형태 속에서 어떻게 고층이 표출되고, 또한 새로운 형태의 고층이 형성되어 가는지, 유구한 역사의 축적을 되돌아보면서, 오늘날의 종교 상황을 분명히 직시하고 파악해 가는 것이 종교사 연구의 가장 큰 과제라고 할 수 있을 것이다.

저자 후기

이와나미쇼텐岩波書店으로부터 신서新書 집필의뢰를 받았을 당시, 나는 처음에는 주제를 불교에 한정하여 다소 전문적인 문제를 다룰 생각이었다. 그러나 가능한 한 개론적인 것을 원한다는 출판사의 요구에 과감히 나는 『일본 종교사』 전체에 대해 논해 보기로 했다. 하지만 신서의 범위에서 고대와 현대를 망라하는 주제를 종합적으로 다룬다는 것은 너무나 무모한 이야기였기에, 내가 동료들에게 이러한 구상을 이야기하자 친구들은 모두 할 말을 잃고 하얗게 질린 표정들이었다.

그렇지만 이미 확립된 성과를 적절하게 개관한다는 의미에서의 개론이 아닌, 통상적으로 지금까지는 개별적으로 다루어져 왔던 신불관계를 종합적으로 조망하고 일본 종교의 역동성을 어떻게 파악할 것인가 하는 어디까지나 하나의 시론試論으로서 이러한 대략적인 스케치가 가능할 수 있었을 것이다. 일본의 종교나 사상의 전통을 확실히 이해하고 현대에 대처하기 위해서는 누군가가 이러한 안案을 제시할 필요도 있을 것이다. 권위 있는 정설이 아닌 대담한 도전으로서 이 책을 읽어 준다면 더할 나위 없이 기쁜 일이다.

이 책의 성격상 인용한 원전原典의 출전을 일일이 명시하지는 않았다. 『일본고전문학대계日本古典文學大系』, 『일본사상대계日本思想大系』, 『신일본고전문학대계新日本古典文學大系』(모두 이와나미 쇼텐)와 이와나미문고岩波文庫 등에 수록되어 있는 문헌들은 이와나미문고본에 의거했다. 그 외에는 『시마지 모쿠라이전집島地黙雷全集』, 『기요자와 만시전집清澤滿之全集』 등의 전집류를 사용했으며, 혹은 생각나는 대로 주위에 있는 텍스트를 이용했다. 그리고 읽기 쉽게 하기 위해 원전의 표기를 고친 부분도 있다.

또한 가능한 한 최근의 연구동향을 반영하려고 애썼다. 그러나 번거로움을 피하기 위해 본문 속에서 참고한 연구자나 연구서의 제목을 일일이 각주에 표기하는 것을 피하고 책 끝에 참고문헌으로 제시하는 것에 그쳤다. 참고문헌은 가능한 한 일반인을 위한 것을 중심으로 수록했는데, 여러 장에 걸쳐서 참고한 문헌은 주로 참고한 장에 제시했다.

이 책의 기획에서 책 끝의 색인까지 이와나미 쇼텐의 하야사카 노조미早坂ノゾミ씨의 많은 도움을 받았다. 감사의 뜻을 표한다.

2006년 1월

후미히코 스에키

참고문헌

■ 전체에 관한 것

伊藤聡他, 『神道』(日本史小百科, 東京堂出版, 2002)
家永三郎 · 赤松俊秀 · 圭室諦成 감수, 『日本佛教史』3권(法藏館, 1967)
井上順孝 편, 『神道』(新曜社, 1998)
大久保良峻 외 편저, 『日本佛教34の鍵』(春秋社, 2003)
小野泰博 외 편, 『日本宗教事典(축쇄판)』(弘文堂, 1994)
笠原一男 편, 『日本宗教史』2권(山川出版社, 1977)
川崎庸之 · 笠原一男 편, 『宗教史』(體系日本史叢書18, 山川出版社, 1964)
國學院大學日本文化研究所 편, 『神道事典(축쇄판)』(弘文堂, 1999)
子安宣邦 감수, 『日本思想史辭典』(ぺりかん社, 2001)
佐藤正英, 『日本倫理思想史』(東京大學出版會, 2003)
佐藤弘夫 외 편, 『概說日本思想史』(ミネルヴァ書房, 2005)
末木文美士, 『日本佛教史』(新潮文庫, 1996)
末木文美士, 『日本佛教思想史論考』(大藏出版, 1993)
高木昭作 · 末木文美士 편저, 『日本文化研究』(放送大學教育振興會, 2005)
尾藤正英, 『日本文化の歷史』(岩波新書, 2000)
堀一郎 편, 『日本の宗教』(大明堂, 1985)
村岡典嗣, 『神道史』(日本思想史研究1, 創文社, 1956)
村上重良, 『日本宗教事典』(講談社學術文庫, 1988)
山折哲雄 감수, 『日本宗教史年表』(河出書房新社, 2004)

■ 서문

丸山眞男, 『忠誠と反逆』(ちくま學藝文庫, 1998)
柳田國男, 『先祖の話』(筑摩叢書, 1975)

■ 1장

上山春平, 『神々の體系』(中公新書, 1972)
神野志隆光, 『古事記と日本書紀』(講談社現代新書, 1999)
筑紫申眞, 『アマテラスの誕生』(講談社學術文庫, 2002)
田村圓澄, 『伊勢神宮の成立』(吉川弘文館, 1996)

遠山美都男 편,『日本書紀の讀み方』(講談社現代新書, 2004)
森博達『日本書紀の謎を解く』(中公新書, 1999)

■ 2장

大山誠一,『〈聖德太子〉の誕生』(吉川弘文館, 1999)
大山誠一 편,『聖德太子の眞實』(平凡社, 2003)
鎌田東二,『神道とは何か』(PHP新書, 2000)
逵日出典,『神佛習合』(六興出版, 1986)
義江彰夫,『神佛習合』(岩波新書, 1996)

■ 3장

末木文美士,『平安初期佛教思想の研究』(春秋社, 1995)
高取正男,『神道の成立』(平凡社ライブラリー, 1993)
速水侑,『日本佛教史・古代』(吉川弘文館, 1986)
速水侑,『呪術宗教の世界』(塙新書, 1987)
三橋正,『平安時代の信仰と宗教儀禮』(續群書類從完成會, 2000)

■ 4장

黑田俊雄,『日本中世の國家と宗教』(岩波書店, 1975)
黑田俊雄,『寺社勢力』(岩波新書, 1980)
佐々木馨,『中世國家の宗教構造』(吉川弘文館, 1988)
末木文美士,『鎌倉佛教形成論』(法藏館, 1998)
平雅行,『日本中世の社會と佛教』(塙書房, 1992)
松尾剛次,『鎌倉新佛教の成立 新版』(吉川弘文館, 1998)

■ 5장

黑田日出男,『龍の棲む日本』(岩波新書, 2003)
佐藤弘夫,『アマテラスの變貌』(法藏館, 2000)
佐藤弘夫,『僞書の精神史』(講談社選書メチエ, 2002)
田中貴子,『外法と愛法の中世』(砂子屋書房, 1993)
眞鍋俊照,『邪教・立川流』(ちくま學藝文庫, 2002)
宮家準,『修驗道』(講談社學術文庫, 2001)
山本ひろ子,『中世神話』(岩波新書, 1998)

■ 6장

勝俣鎭夫,『一揆』(岩波新書, 1982)
末木文美士,『中世の神と佛』(山川出版社, 2003)
大隅和雄・中尾堯 편,『日本佛教史・中世』(吉川弘文館, 1998)
小山悳子,『日本人の見出した元神』(ぺりかん社, 1988)
竹貫元勝,『日本禪宗史』(大藏出版, 1989)
圭室諦成,『葬式佛教』(大法輪閣, 1963)

■ 7장

五野井隆史,『日本キリスト教史』(吉川弘文館, 1990)
小松和彦,『神になった人びと』(淡交社, 2001)
曾根原理,『德川家康神格化への道』(吉川弘文館, 1996)
高木昭作,『將軍權力と天皇』(青木書店, 2003)
圭室文雄,『江戶幕府の宗教統制』(評論社, 1971)
圭室文雄,『日本佛教史・近世』(吉川弘文館, 1987)
村井早苗,『天皇とキリシタン禁制』(雄山閣, 2000)

■ 8장

オームス, ヘルマン,『德川イデオロギー』(黑住眞 외 역, ぺりかん社, 1990)
大桑齊,『寺檀の思想』(教育社歷史新書, 1979)
加地伸行,『儒教とは何か』(中公新書, 1990)
子安宣邦,『〈新版〉鬼神論』(白澤社, 2002)
尾藤正英,『江戶時代とはなにか』(岩波書店, 1992)
藤谷俊雄,『「おかげまいり」と「ええじゃないか」』(岩波新書, 1968)
ベラー, R・N,『德川時代の宗教』(池田昭역, 岩波文庫, 1996)
渡邊浩,『近世日本社會と宋學』(東京大學出版會, 1985)

■ 9장

安蘇谷正彦,『神道の生死觀』(ぺりかん社, 1989)
菅野覺明,『神道の逆襲』(講談社現代新書, 2001)
加藤隆久 편,『神葬祭大事典(縮刷版)』(戎光祥出版, 2003)
子安宣邦,『本居宣長』(岩波新書, 1992)
子安宣邦,『平田篤胤の世界』(ぺりかん社, 2001)
芳賀登,『國學の人びと』(評論社, 1975)

■ 10장

岸本英夫 편,『明治文化史6・宗教編』(洋々社, 1954)
阪本是丸,『近代の神社神道』(弘文堂, 2005)
末木文美士,『明治思想家論』(トランスビュー, 2004)
圭室文雄,『神佛分離』(教育社歷史新書, 1977)
村上重良,『國家神道』(岩波新書, 1970)
森岡清美,『日本の近代社會とキリスト教』(評論社, 1970)
安丸良夫,『神々の明治維新』(岩波新書, 1979)

■ 11장

井上順孝 외 편,『新宗教事典(縮刷版)』(弘文堂, 1994)
ヴィクトリア, ブライアン,『禪と戰爭』(光人社, 2001)
榮澤幸二,『近代日本の佛教家と戰爭』(專修大學出版局, 2002)
柏原祐泉,『日本佛教史・近代』(吉川弘文館, 1990)
小澤浩,『民衆宗教と國家神道』(山川出版社, 2004)
末木文美士,『近代日本と佛教』(トランスビュー, 2004)
マリンズ, マーク,『メイド・イン・ジャパンのキリスト教』(高崎惠역, トランスビュー, 2005)

■ 12장

阿滿利麿,『日本人はなぜ無宗教なのか』(ちくま新書, 1996)
岸本英夫,『宗教學』(大明堂, 1961)
島薗進,『新新宗教と宗教ブーム』(岩波ブックレット, 1992)
島薗進,『オウム眞理教の軌跡』(岩波ブックレット, 1995)
島田裕巳,『オウム』(トランスビュー, 2001)
島田裕巳,『創價學會』(新潮新書, 2004)
末木文美士,『佛教vs倫理』(ちくま新書, 2006)
和辻哲郎,『人間の學としての倫理學』(岩波書店, 1934)

찾아보기